TED 명연사에게 배우는 스피치 노하우 70

쉬정 지음

김정자 옮김

사람들이 듣고싶게 만드는

말하기의 기술

BM 황금부엉이

**사람들이
듣고싶게
만드는**

말하기의
기술

2018년 10월 1일 초판 1쇄 인쇄
2018년 10월 8일 초판 1쇄 발행

지은이 | 쉬정
펴낸이 | 이준원
펴낸곳 | ㈜황금부엉이

주소 | 서울시 마포구 양화로 127 (서교동) 첨단빌딩 5층
전화 | 02-338-9151
팩스 | 02-338-9155
인터넷 홈페이지 | www.goldenowl.co.kr
출판등록 | 2002년 10월 30일 제 2002-000358호

본부장 | 홍종훈
편집 | 강현주
표지 디자인 | 윤선미
본문 디자인 | 조서봉
전략마케팅 | 구본철, 차정욱, 나진호, 이동후, 강호묵
제작 | 김유석

ISBN 978-89-6030-512-0 13320

황금부엉이에서 출간하고 싶은 원고가 있으신가요? 생각해보신 책의 제목(가제), 내용에 대한 소
개, 간단한 자기소개, 연락처를 book@goldenowl.co.kr 메일로 보내주세요. 집필하신 원고가 있
다면 원고의 일부 또는 전체를 함께 보내주시면 더욱 좋습니다.
책의 집필이 아닌 기획안을 제안해주셔도 좋습니다. 보내주신 분이 저 자신이라는 마음으로 정
성을 다해 검토하겠습니다.

18분의 연설, 마법 같은 시간

TED는 기술(Technology), 오락(Entertainment), 디자인(Design)의 앞 철자를 딴 약자로, 미국의 비영리 재단이 운영하는 연설회를 지칭합니다.

TED는 원래 한 분야의 전문가나 특별한 경험이 있는 사람들을 초청해 생각을 나누는 작은 모임으로 시작되었습니다. 매년 3월 열리는 TED 컨퍼런스에는 과학, 디자인, 문학, 음악 등 각 분야의 전문가들이 대거 참여해 그들의 혁신적인 기술과 생각을 공유합니다. TED 무대에서 연설을 한 유명 인사로는 미국의 빌 클린턴 전 대통령, 세계적인 부호 빌 게이츠, 록 밴드 U2의 리드 싱어 보노, 구글 창시자 래리 페이지, 영화감독 제임스 카메론, 세계적인 디자이너 필립 스탁 등이 있습니다.

2006년부터 인터넷에 TED 영상이 올라가기 시작했는데, 5년 동안의 조회 수가 5억 회에 달했습니다. TED 영상을 접하고 깊은 인상을 받은 사람들은 영상을 계속 찾아보았고, 친구들과도 공유했습니다. TED가 사람들의 마음을 사로잡은 매력은 무엇일까요? 18분이라는 짧은 시간 동안 도대체 무슨 일이 일어난 걸까요?

생각의 힘은 세상을 바꿉니다. TED 대표 앤더슨은 이렇게 말했습니다.

"세상에서 가장 흥미로운 사람들을 한자리에 모으면, 활발한 교류를 통해 새로운 아이디어가 탄생할 거라고 여겼습니다. 저는 생각의 힘이 세상을 바꿀 수 있다고 믿어요."

앤더슨의 말처럼 사람들은 18분간의 연설을 통해 세상을 바꾸는 힘을 얻었습니다.

인간의 뇌는 재미있는 정보를 우선적으로 받아들입니다. 따라서 TED 연사는 유머와 개그, 보디랭귀지에 능하고 핵심을 놓치지 않으면서도 이야기를 흥미진진하게 이끌어가는 능력이 있어야 합니다. 그러면 청중은 신나게 웃으면서 연사가 전달하는 정보를 빠르게 흡수합니다.

TED 연설의 비결은 따로 없습니다. 연사가 18분간 자기만의 독특한 경험을 바탕으로 흥미롭고 재미있는 이야기를 들려준다면 사람들에게 환상적이고 마법 같은 시간을 선사할 수 있습니다.

여러분은 이 책을 펼친 순간부터 새로운 세계에 발을 디뎠습니다. 앞으로 새로운 시각으로 세상을 바라보고 자신을 돌아보는 시간을 가져보세요. 그리고 명연사들의 연설을 귀담아 듣고 자기만의 이야기를 완성해보세요.

TED 연사들을 통해 명연설은 물론이고, 사람을 감동시키는 다양한 스피치 기술과 아이디어를 창조하고 다루는 방법 등을 배우게 될 것입니다.

서문

PART 1 TED는 나눔이다

01 가치 있는 생각을 나누다 | 10
02 재미있는 이야기를 나누다 | 14
03 좋아하고 잘하는 것을 나누다 | 18
04 독특한 경험을 나누다 | 22

PART 2 왜 18분일까?

05 왜 18분 안에 연설이 끝날까? | 28
06 하나의 생각에 집중하고 깊게 파고들어라 | 32
07 연습 시간과 연설 길이는 반비례한다 | 35
08 시간을 재며 반복해서 연습하라 | 39
09 잊지 못할 슬로건을 만들어라 | 41
10 주제를 서두에 밝혀라 | 45
11 핵심을 설득력 있게 전달하라 | 49

PART 3 생각의 힘이 세상을 바꾼다

12 흥미로운 제목으로 눈길을 끌어라 | 54
13 창의적인 아이디어로 승부하라 | 58
14 숨기거나 피하지 말고 솔직하게 말하라 | 62
15 기억에 남는 연설을 하라 | 65
16 기발한 방법으로 정보를 포장하라 | 69

PART 4 처음에 시선을 끌어라

17 초반 15초를 잡아라 | 74
18 삼단논법으로 시작하라 | 78
19 놀라운 이야기로 시선을 끌어라 | 82
20 중요한 문제를 제기하라 | 86
21 먼저 이야기를 들려주어라 | 89
22 청중의 호기심과 궁금증을 자극하라 | 93
23 독특한 견해를 제시하라 | 97

PART 5 훌륭한 연사는 타고난 이야기꾼이다

24 가치 있는 이야기를 나누다 | 102
25 일인칭 시점으로 이야기하라 | 106
26 생동감 넘치는 이야기로 청중의 주목을 끌어라 | 110
27 이야기는 일종의 여행이다 | 113
28 이야기 하나로도 충분하다 | 117
29 흥미로운 플롯을 설계하라 | 121

PART 6 유머로 분위기를 사로잡아라

30 풍자를 적당히 이용하라 | 126
31 자조가 연설의 매력을 살린다 | 130
32 청중에게 농담을 던져라 | 134
33 전략적으로 웃음 포인트를 배치하라 | 137
34 유머를 '말'하지 말고 '연기'하라 | 141
35 주제에 맞는 유머를 구사하라 | 145
36 자연스러운 생활 유머를 들려주어라 | 149

PART 7 사람의 마음을 훔치는 기술

37 감동을 주기 위한 포석을 깔아라 | 154

38 내가 감동해야 청중도 감동시킬 수 있다 | 158

39 친근한 이야기로 공감대를 형성하라 | 161

40 열정으로 연설의 감화력을 높여라 | 164

41 철리적인 표현으로 생각의 깊이를 더하라 | 168

42 구체적으로 묘사하라 | 172

43 리듬이 살아 있는 연설을 하라 | 175

44 연설의 리듬감을 정복하라 | 179

45 자연스러운 감정으로 다가가라 | 183

46 열정으로 청중의 마음을 울려라 | 186

47 감정과 이론의 균형을 유지하라 | 190

48 진심은 항상 통한다 | 195

PART 8 연설을 풍성하게 만들어주는 표현법

49 청중의 시선을 사로잡는 과장법 | 200

50 생동감을 불어넣는 비유법 | 203

51 주제를 강조하는 의문문 | 207

52 설득력을 더해주는 인용문 | 211

53 분위기를 살려주는 대구법 | 215

54 딱딱한 통계를 흥미롭게 바꿔주는 환산법 | 218

55 힘 있는 연설을 위한 대비법 | 222

56 주제를 강조하는 반복법 | 225

PART 9 완벽한 연설을 위한 9가지 비법

57 긴장감을 극복하라 | 230

58 원고와 프롬프트에서 벗어나라 | 234

59 제스처를 연습하라 | 238

60 풍부한 표정으로 청중을 매료시켜라 | 242

61 매력적인 어휘를 사용하라 | 246

62 연설에 몰입하고 마음껏 즐겨라 | 250

63 청중과 적극적으로 소통하라 | 254

64 마음을 열고 진심으로 다가가라 | 257

65 잊지 못할 연설로 마무리하라 | 261

PART 10 연설을 성공으로 이끌어주는 필살기

66 옷차림도 연설의 일부다 | 266

67 연설대는 소통의 장애물이 아니다 | 270

68 소품으로 시선을 끌어라 | 273

69 PPT의 리듬감을 살려라 | 277

70 완벽한 PPT를 만들어라 | 281

Part 01

TED는 나눔이다

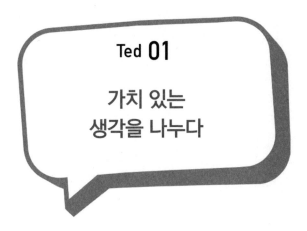

Ted 01

가치 있는
생각을 나누다

TED 연설의 핵심은 '나눔'에 있고, '세상에 퍼뜨릴 만한 아이디어(Ideas Worth Spreading)'를 모토로 한다. TED 본사는 나눌 만한 아이디어가 있는 이들을 연사로 선정한다. 그들은 딱딱한 설교가 아닌 부드러운 연설로 자신의 아이디어를 사람들과 공유한다.

명상 전문가 앤디 퍼디컴(Andy Puddicombe)은 TED 연설에서 이렇게 말했다.

"우리는 매우 복잡하고 빠르게 변하는 세상 속에서 살아갑니다. 인생은 정신없이 흘러가고 우리의 마음은 늘 바쁘게 움직입니다. 한시도 쉬지 않고 무언가를 하고 있죠. 여러분이 마지막으로 아무것도 하지 않은 때가 언제인지 곰곰이 생각해보세요. 10분 동안 아무런 방해도 받지 않고 그대로 있어본 적이 있나요? 이메일, 문자, 인터넷은 물론이고, 텔레비전을 보거나 수다를 떨지도 않으며, 뭘 먹거나 읽지도 않고, 과거를 회상하거나 미래를 계획하지도 않은 채로 말이에요.

마음은 가장 값지고 소중한 자산입니다. 우리는 마음을 통해 삶의 매 순간을 경험하고, 마음에 의존하여 창의적이고 즉각적인 일을 처리합니다. 우리가 하는 모든 일에 최선을 다하게 만들어주는 것도 마음이 하는 일이죠. 하지만 우리는 마음을 돌보기 위해서 전혀 시간을 쓰지 않습니다. 그보다는 자동차나 자신을 꾸미는 일에 더 많은 시간을 투자하죠. 마음은 세탁기처럼 빠르게 돌아갑니다. … 이상한 것은 모두 인생이란 원래 그런 거라고 치부하고 만다는 사실입니다. 하지만 그래야 할 이유는 전혀 없습니다.”

앤디 퍼디컴이 말한 '10분간 내버려두기'는 모두가 아는 사실이지만 상당히 가치 있는 생각이다. 그의 말처럼 생활리듬이 나날이 빨라지는 현대 사회에서 눈코 뜰 새 없이 바쁜 사람들은 시간이 어떻게 지나가는 줄도 모른 채 정신없이 살아간다. 이때 하루 10분만이라도 아무것도 하지 않고 자신을 내버려둔다면 몸과 마음이 편해질 것이다.

좋은 연설을 하기 위해서는 '나눌 만한 아이디어'가 필요하다. 좋은 아이디어가 없으면 불필요한 말을 반복하거나 지루한 연설을 하게 된다. 청중의 관심을 끌지 못하는 것은 두말할 필요도 없다. 그런 연설은 실패한 연설이다. 반대로 무대 위에 선 연사가 이제까지 들어보지 못한 기발하고 가치 있는 아이디어를 이야기한다면 단번에 청중의 시선을 사로잡을 것이다. 성공한 유명 인사의 연설이 환영받는 이유도 이와 마찬가지다. 사람들은 그들의 독특한 인생 철학과 성공 법칙을 듣고 싶어 한다.

▌ 아이디어는 연설의 핵심

영화감독 제레미 길리(Jeremy Gilley)는 TED 연설에서 이렇게 말했다.

"세계 평화는 언제 시작되었을까요? 사실 세계 평화가 시작된 날은 없습니다. 전 세계 사람들이 평화롭게 한자리에 모인 적도 없고, 기아나 전쟁이 없었던 적은 단 하루도 없으니까요.

세계 각국의 지도자들이 투표를 해서 하루를 '평화의 날(Peace One Day)'로 정하면 어떨까요? 그날을 전쟁과 폭력이 없는 날로 만드는 거예요. 9월 21일은 어떤가요? 9와 21은 우리 할아버지가 가장 좋아하던 숫자예요. 할아버지는 젊었을 때 전쟁 노예로 끌려가셨는데, 나가사키 원자폭탄의 후유증으로 고생하시다가 제가 열한 살 되던 해에 돌아가셨어요. 저는 '평화의 날'을 알리기 위해 1999년부터 각국의 지도자와 대사관은 물론이고 온갖 기구에 편지를 보냈습니다."

제레미 길리는 이렇게 말하며 연설을 마쳤다.

"저는 그렇게 많은 사람들이 세계 평화를 열망한다는 사실에 기뻤습니다. 그리고 전 인류가 하나가 될 수 있다고 믿는 사람들을 보며 큰 희망을 얻었습니다."

아이디어는 연설의 핵심이다. 청중은 늘 새로운 것을 원한다. 좋은 연설을 하고 싶다면 다음의 내용들을 주의해야 한다.

▌좋은 연설을 하기 위한 방법

연설 방향 정하기

연설 장소와 청중의 특징을 미리 파악하고 연설 방향을 정한다.

평소에 준비하기

훌륭한 연사는 갑자기 요청한다고 해서 허술한 원고에 기대거나 아무런 준비 없이 무대에 오르지 않는다. 평소 어떤 사안이나 주제에 대해 자신의 생각을 정리해놓는 사람은 언제라도 좋은 연설을 할 수 있다.

새롭게 말하기

사람들과 나눌 만한 가치 있는 아이디어가 떠오르지 않는다면, 이미 알고 있는 아이디어를 새롭게 표현할 방법을 강구한다. 또는 새로운 요소를 가미하여 신선한 느낌을 줄 수도 있다.

차별화 전략

참신하고 유의미한 아이디어는 사람들에게 많은 시사점과 생각할 거리를 던져주므로 충분히 나눌 만한 가치가 있다. '10분간 내버려두기'와 '평화의 날'을 주제로 한 연설이 성공한 이유도 참신하고 유의미한 아이디어로 청중의 마음을 사로잡았기 때문이다.

Ted 02

재미있는 이야기를
나누다

TED의 목적은 가치 있는 아이디어를 널리 퍼뜨리는 것이다. 사람들은 즐거운 분위기 속에서 연사가 들려주는 독특하고 재미있는 이야기에 집중한다. 그렇다고 TED 연설이 마냥 재미만 추구하는 것은 아니다. 훌륭한 연사는 재미있는 이야기에 가치 있는 아이디어를 잘 버무려 능숙하게 사람들에게 전달한다.

고생물학자 잭 호너(Jack Horner)는 TED에서 공룡에 관한 흥미로운 연구 결과를 이야기했다.

"사람들은 제게 묻습니다. '왜 그렇게 아이들은 공룡을 좋아할까요? 도대체 공룡의 어떤 점에 매료된 걸까요?' 그러면 저는 이렇게 대답합니다. '공룡은 상당히 크고, 다른 동물과 아주 다르며, 멸종했기 때문 아닐까요?' 네, 공룡은 모두 멸종했습니다. 물론 저는 그것이 사실과 다르다고 생각합니다. 이것에 관해서는 나중에 더 파고들 겁니다.

오늘 제 강의의 주제는 '변신하는 공룡'과 '공룡의 조기 멸종 원인'입니다. 세상에는 여러 크기와 다양한 형태의 많은 공룡이 있습니다. 오래전, 박물관들은 공룡에 관심을 갖고 앞다투어 공룡 화석을 찾아 나섰습니다. 흥미로운 사실은 박물관은 저마다 다른 박물관이 가진 것보다 좀 더 크고 좋은 공룡 화석을 원했다는 점입니다. 한편 1970년대에 들어 몇몇 과학자들은 이런 의문을 품었습니다. '왜 다들 큰 공룡 화석일까? 아기 공룡들을 모두 어디에 있을까?'

과학자들은 수많은 토론을 하고 논문을 쓰고 연구를 거듭했지만 명확한 결론을 내리지 못했습니다. 큰 공룡이 있다면 분명히 아기 공룡도 있어야 하는데, 전 세계 어디에서도 아기 공룡은 발견되지 않았습니다. 여기에 몇 가지 문제가 따라옵니다. 과학자들은 자존심이 세고, 이름 붙이기를 좋아합니다. 사실, 모든 사람은 본인이 이름 붙인 자기만의 동물을 갖고 싶어 합니다. 그래서 과학자들은 조금만 달라 보이는 무언가를 발견할 때마다 다른 이름을 붙였습니다. 그래서 온갖 이름의 공룡이 생기게 되었습니다."

호너는 직접 드라코렉스(Dracorex)의 두개골을 잘라 연구한 경험을 예로 들었다. 아기 공룡이 성장하면서 두개골의 뾰족한 뿔이 커지는데, 그것을 비교하면 어른 공룡과 아기 공룡을 구분할 수 있다는 설명이다.

"하지만 두개골의 뾰족한 뿔의 크기가 상이한 두 공룡은 이름이 서로 다릅니다. 왜냐하면 다들 알다시피 과학자들은 자존심이 세고 이름 붙이기를 좋아하거든요."

호너의 연설은 상당히 재미있다. 그의 재치 넘치는 입담도 좋았지만, 보다 중요한 것은 흥미로운 주제와 구성이다. 그는 본격적인 연설에 앞서 청중에게 질문을 던져 호기심을 유발했다.

"아기 공룡들은 모두 어디에 있을까요?"

평소 이 문제에 대해 생각해본 사람은 별로 없겠지만, 이것은 분명히 궁금해할 만한 질문이다. 박물관에는 커다란 공룡밖에 없으니 말이다. 호너는 과학자들이 이름 붙이기를 좋아한다는 말과 드라코렉스의 두개골을 절개한 이야기를 들려주며 자연스럽게 주제에 접근했다.

호너의 재치 넘치고 논리정연한 연설을 들은 사람들은 그가 말하는 주제에 관심을 보이게 된다. 여기서 주목할 점은 모든 훌륭한 연설의 주제는 흥미롭다는 사실이다. TED 연설의 주제에는 '급한 용변을 해결하는 법', '정신병에 관한 다른 시선', '야생동물 교배법' 등 독특하고 흥미로운 것들이 많다. 따라서 사람들과 나눌 만한 재미있는 이야기와 기발하고 흥미로운 주제만 있다면 TED에서 좋은 연설을 할 수 있다.

재미있는 이야기가 중요하다고 해서 시종일관 청중을 웃겨야 한다는 뜻은 아니다. 물론 깊은 감동과 울림도 있어야 한다. 하지만 회사나 결혼식, 친목 모임 등에서 연설하는 일반적인 경우에는 주로 재미있는 분위기를 조성하는 게 훨씬 낫다. 그래야 사람들도 유쾌한 마음으로 연사의 말에 집중하기 때문이다.

▋재미에도 요령이 있다

미국의 저널리스트 제니퍼 리(Jennifer 8. Lee)는 중국과 미국 음식에 대한 연구를 하던 중 재미있는 사실을 발견했다.

"미국에는 맥도날드, 버거킹, KFC, 그리고 웬디스를 모두 합친 것보다 많은 중국 식당이 있습니다. 미국 역사에서 중국 식당은 중요한 역할을 해왔습니다. 쿠바 미사일 위기를 옌징관(燕京官)이라는 중국 식당에서 해결하기도 했죠.

여기서 질문을 하나 해볼까요? 여러분은 미국의 상징으로 알려진 애플파이를 얼마나 먹어봤나요? 그리고 중국 음식은 얼마나 자주 드시나요? 여러분이 중국 음식이라고 생각했던 것들이 중국인들에게는 아주 낯선 음식이라는 사실을 아시나요? 브로콜리를 곁들인 쇠고기 요리와 에그 롤, 제너럴 조 치킨, 포춘 쿠키, 춥 수이, 그리고 포장용 박스 등이 다 그래요. 제가 포춘 쿠키를 잔뜩 들고 중국에 가서 중국인들에게 주면 어떻게 반응할까요?"

제니퍼는 실제로 중국인에게 포춘 쿠키를 주고 그들의 반응을 촬영한 화면을 보여주었다. 화면 속의 중국인들은 포춘 쿠키를 이리저리 뜯어보며 먹어도 되는 거냐고 물으면서 신기해했다.

"그렇다면 이건 어디서 온 걸까요? 간단히 말하면, 일본에서 온 겁니다. 교토의 외곽지죠. 거기에 가면 가족끼리 운영하는 작은 빵집이 있는데, 포춘 쿠키도 만들어요. 벌써 100년도 넘게 해오고 있지요. 포춘 쿠키가 미국에 소개된 건 30여 년 전이에요. … 그런데 어쩌다 일본에서 온 음식이 중국 음식으로 알려진 걸까요? 제2차 세계대전 때 미군에게 포로로 잡혀 간 일본인 중에 포춘 쿠키를 만드는 사람도 포함됐습니다. 그때 미국에 있던 중국인이 시장 가능성을 보고 그들의 빈자리를 채우게 된 겁니다."

제니퍼는 재미있으면서도 생각할 만한 여지를 주는 좋은 연설을 했다. 그녀의 연설이 좋은 반응을 얻은 이유는 참신하고 흥미로운 주제를 재미있게 설명했기 때문이다. 따라서 연설에서 이야기할 좋은 아이디어가 떠올랐다면 연설 원고에 재미있는 이야기를 곁들여야 한다. 제니퍼가 포춘 쿠키의 기원을 소개한 것처럼 흥미진진한 이야기를 집어넣는다면 청중의 좋은 반응을 끌어낼 수 있다.

Ted 03

좋아하고
잘하는 것을 나누다

좋아하고 잘하는 것을 나누는 사람은 TED 연사로 선정되기에 충분하다. TED에는 셰프, 디자이너, 교사 등 자신의 직업과 관련된 경험을 나누는 사람도 있지만, 직업과 상관없이 자신이 좋아하는 일에 대한 이야기를 나누는 사람도 있다. 예를 들어, 빌 게이츠는 TED에서 여러 차례 연설을 했지만 한 번도 마이크로소프트나 창업에 대한 이야기를 한 적이 없다. 그는 늘 기부 문화에 대해 이야기했고, 연설을 통해 많은 사람들이 기부에 관심을 가지길 희망했다.

영국의 영화제작자 카렌 배스(Karen Bass)도 TED에서 자신의 직업과 무관한 이야기를 했다.

"저는 운이 좋은 사람이에요. 지구의 아름다운 장소와 거기 사는 수많은 사람들을 직접 보는 행운을 누렸으니까요."

이어서 그녀는 일곱 살 때 겪은 경험을 짤막하게 소개했다.

"일곱 살 때 처음으로 부모님과 함께 모로코에 있는 사하라 사막에 갔어요. 생각해보세요. 영국에서 온 꼬마에게 춥지도 습하지도 않은 그곳이 얼마나 놀랍고 신기한 장소였을지. 그 경험은 저를 탐험의 세계로 이끌었답니다."

카렌은 아름다운 장소를 찾기 위해 세계 방방곡곡을 여행한 이야기와 그곳에서 느꼈던 황홀한 경험들을 이야기했다. 그녀는 전 세계의 수많은 사람들을 만나면서 에너지가 충만해지는 느낌을 받았다고 전했다. 카렌은 촬영 팀과 알래스카 불곰의 모습을 찍던 당시의 일화도 들려주었다.

"알래스카 불곰은 아주 높고 비탈진 곳에 살고 있었어요." 말이 끝나자 카렌 뒤로 그녀가 직접 촬영한 영상이 재생되었다.

카렌은 자연을 좋아해서 전 세계를 누비며 아름다운 장면을 화면에 담았다. 그녀는 TED 무대에서 좋아하고 잘하는 것들에 대해 이야기했다. 그녀는 자신이 영상을 촬영한 이유는 경이로운 지구의 모습을 사람들과 나누기 위해서라고 말하며 이렇게 덧붙였다.

"그 장면을 생각하는 것만으로도 에너지가 차올라요."

카렌의 연설은 성공적으로 끝났다.

사람들은 연사의 직업을 듣는 순간, 무의식적으로 그들에게 전문적인 이야기를 듣길 바란다. 워렌 버핏(Warren Buffett)에게 주식 투자 비법을 배우거나 마윈(馬雲)에게 전자상거래 이야기를 듣길 바라고, 스티븐 호킹(Stephen Hawking)을 통해 우주의 신비를 알고 싶어 한다. 실제로 그들이 전문 분야의 이야기를 들려주면 청중은 당연하다는 듯이 고개를 끄덕인다. 반대로 스티븐 호킹이 주식 투자에 대해 이야기한다면 청중은 그가 왜 그런 말을 하는지 의아해할 것이다. 그래서 TED 연사들은 주로 자신의 직업을 소개하는 말로 연설을 시작한다.

"저는 셰프입니다. 20년째 이 일을 해왔어요." 이 소개말은 간단해 보이지만, 20년 넘게 한 가지 일을 해온 연사의 전문성과 신뢰성을 청중에게 인식시키는 역할을 한다.

열정은 어떤 일에 흥미를 가지고 꾸준히 할 수 있는 원동력이 된다. 일반적으로 한 가지 일에 열정을 가지고 즐겁게 하는 사람은 그것을 아주 잘하게 된다. 그러한 사람들은 청중의 신뢰를 쉽게 얻는다. 따라서 좋아하고 잘하는 일에 대한 이야기를 하는 연사는 청중에게 깊은 감동을 주며, 연설을 성공적으로 마칠 수 있다.

좋아하는 것과 잘하는 것 중 무엇을 선택할 것인가?

세계적인 사진작가 레이첼 서스만(Rachel Sussman)은 TED를 통해 고생물 사진을 공유했다.

"지금 보시는 것은 '조몬스키'라는 나무입니다. 일본의 야쿠시마 섬에서 자라는 나무죠. 이 나무는 우리 프로젝트의 기폭제가 되었습니다. 그때 저는 사진 찍는 일 외에는 어떤 계획도 없이 일본을 여행하고 있었는데, 수령이 2,180년이나 된 나무가 있다는 얘기를 듣고는 꼭 가봐야겠다고 생각했습니다.

저는 지금까지 장수하는 생물에 대한 연구가 이뤄지지 않았다는 사실을 알고 깜짝 놀랐어요. 지금 보시는 것은 '지도 이끼(map lichen)'라고 불립니다. 나이는 약 3,000년 정도고, 그린란드(Greenland)에 서식합니다. 저는 오로지 지도 이끼를 보기 위해 그린란드까지 달려갔답니다. 한 번은 배를 타고 외딴 피오르 지역까지 갔어요. 거기에 가면 다른 지역에서는 만날 수 없는 고고학자들을 볼 수 있을 거라고 생각했거든요. 그들에게 문자나 이메일을 보내는 건 불가능했기에 그저 무작정 찾아간 거였죠.

결론을 말하자면, 덕분에 저는 엄청난 경험을 했어요. … 캠프 근처에 빙하가 녹아 만들어진 강이 있어서 낚시하러 갔는데, 물고기가 정말 많았어요. 물속으로 손만 뻗으면 맨손으로도 30센티미터짜리 송어를 잡을 수 있었죠. 순수했던 원시 지구로 돌아간 듯한 기분이 들었어요."

레이첼은 TED 무대를 통해 지구에서 장수하는 생물을 찾아가는 여정을 소개했다. 이것이 바로 앞서 언급했던 잘하는 것과 좋아하는 것의 힘이다. 자신이 좋아하고 잘하는 일에 관한 레이첼의 연설은 TED 관계자뿐 아니라 많은 청중에게도 큰 감동과 울림을 전했다.

TED 무대에서 연설을 하게 되었다면 우선 자신이 가장 잘하는 것이 무엇인지부터 생각해봐야 한다. 나만의 요리 비법이 될 수도 있고 정원을 가꾸는 노하우가 될 수도 있다. 이것들은 훌륭한 소재가 될 것이다. 청중은 전문성을 갖춘 연사를 신뢰하며 그들에게 다양한 것을 배우길 바란다.

설령 잘하는 분야가 아니더라도 좋아하는 일이라면 연설의 주제로 삼아도 괜찮다. 본격적인 연설을 시작하기 전에 자신이 얼마나 그 일에 관심과 애정을 쏟고 있는지를 이야기하는 것도 좋다. 그러면 청중은 연사의 말을 더 집중해서 듣게 될 것이다.

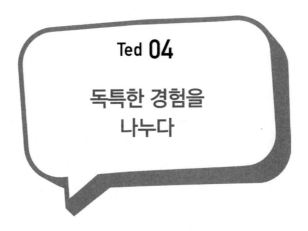

Ted 04

독특한 경험을
나누다

TED 무대에 남들보다 많이 배우거나 크게 성공한 사람들만 서는 것은 아니다. TED 연사 중에는 일반인이 쉽게 하지 못하는 독특한 경험을 하고 돌아온 사람들도 많다.

동굴 탐험가 에디 카타야(Eddy Cartaya)는 탐험을 하며 겪은 이야기를 들려주었다.

"여러분 중에 동굴에 가본 사람이 있나요? ··· 별로 없군요. 동굴이라고 하면 대부분의 사람들이 바위로 둘러싸인 터널을 떠올립니다. 실제로 많은 동굴이 그렇죠. 하지만 오늘 여러분과 함께 둘러보고 싶은 동굴은 얼음으로 된 것입니다. 정확하게는 빙하예요.

이 빙하는 오리건 주에서 가장 높은 후드 산 측면에 형성되어 있습니다. 저와 동료인 브렌트 맥그리거(Brent McGregor)는 2011년 7월, 빙하를 탐사하던 중 근처에서 커다란 틈새를 발견했습니다. 우리는 눈과 얼음으로 지지대를 만들어 밧줄을 묶은 뒤, 줄을 타고 구멍 아래로 내려갔습니다. 그 구멍 끝에서 커다란 터널을 발견했는데, 산 위쪽을 향해 있었고, 수천 톤의 빙하로 만들어져 있었습니다. 우리는 동굴을 따라 800미터쯤 들어가서야 끝에 다다랐죠. 우리는 탐사 도구를 이용해 동굴을 빠져나오면서 3차원 지도를 만들었습니다."

에디는 이 동굴의 신비한 모습도 소개했다.

"이 동굴은 정말 신비했습니다. 천장에서 들어오는 빛이 얼음을 통과하면서 푸른색과 초록색으로 빛나고 있었습니다. 이 동굴은 다른 동굴에 비해 훨씬 더 추웠는데, 동굴 끝에 가서야 그 이유를 깨달았어요. 위에 '빙하구혈'이라고 하는 커다란 구멍이 빙하 표면까지 뚫려 있었거든요. 높이가 40미터는 돼 보였어요. 차가운 공기가 이 구멍을 통해 들어와 동굴 안에 있는 것을 꽁꽁 얼어붙게 했습니다. … 브렌트는 이 동굴을 '순수한 상상의 세계(Pure Imagination)'라고 불렀죠. 거기에서 본 환상적인 모습은 우리의 상상력을 훨씬 뛰어넘었습니다."

남들과 다른 독특한 경험은 청중에게 환영받는 소재다. 따라서 연설에서 무슨 이야기를 해야 할지 모르겠다면 독특한 경험담을 들려주자. 뜻밖의 좋은 반응을 불러일으킬 것이다. 에디의 동굴 탐사 경험담에 사람들이 크게 환호한 이유는 대다수 청중이 그런 경험을 할 수 없는 도시인이기 때문이다. 에디는 심오한 견해나 주장을 내세우거나 특별한 화술을 사용할 필요도 없이 동굴 탐사 경험담만으로 연설을 성공적으로 마무리했다.

대부분의 청중은 연사의 특별한 이야기를 궁금해한다. 그것이 독특한 경험을 한 사람이 TED 연사로 선정되는 이유다. TED 연설의 핵심은 '나눔'에 있지만 평범하고 흔한 것들은 관심을 끌기 어렵다. 세계 각국에서 온 청중은 이곳에서 기발하고 참신한 이야기를 듣고 싶어 한다. 따라서 남들이 쉽게 하지 못하는 독특한 경험은 연사의 중요한 무기가 된다.

다시 말해, 독특한 경험담이 있는 사람이라면 누구나 TED 무대에 오를 수 있다. 독특한 경험이 있는 연사는 청중의 큰 호응을 이끌어내는 것은 물론이고, 청중에게 생생한 체험담을 들려주어 보다 풍성하고 다채로운 연설을 완성할 수 있다.

█ 일상에서 접하는 독특한 경험

타니아 루나(Tania Luna)는 단 5분짜리 연설로 큰 감동을 주었다.

"다섯 살 때까지만 해도 저는 자부심이 넘치는 아이였어요. 저희 아빠는 우크라이나의 작은 마을에서 제일 좋은 야외 화장실을 지었는데, 그게 정말 자랑스러웠어요. 그때는 제가 골목대장이었죠.

그보다 4년 전, 제가 한 살이었을 때 체르노빌(Chernobyl) 사고가 터졌어요. 하늘에서는 검은 비가 내렸고, 우리 언니는 머리카락이 뭉텅이로 빠졌고, 저는 9개월간을 병원에서 보내야 했죠. 당시 제 병실에는 외부인이 출입할 수 없었는데, 엄마는 병원 직원을 뇌물로 구슬렸어요. 엄마는 간호사복을 구해서 매일 밤마다 몰래 찾아와 제 곁을 지켰어요.

5년 후 뜻밖의 행운이 찾아옵니다. 체르노빌 사고 덕분에 우리 가족이 미국으로 망명하게 된 거예요. 그때 저는 여섯 살이었는데 고향을 떠나면서 눈물 한 방울 흘리지 않았어요. 왜냐하면 제게 미국은 바나나와 초콜릿, 풍선껌처럼 귀하고 멋진 것들로 가득한 곳이었으니까요. 뉴욕에 도착한 첫날, 할머니와 저는 우리 가족이 머무는 노숙자 보호소 바닥에서 1페니짜리 동전을 발견합니다. 사실 우리는 그곳이 노숙자 보호소라는 것도 몰랐어요. 그저 쥐가 많은 호텔이라고만 생각했죠. 저는 동전을 손바닥으로 쥐어봤어요. 끈적끈적하고 녹슬었지만 엄청난 보물을 들고 있는 기분이었죠. 저는 1페니로 풍선껌을 사야겠다고 생각했어요. 그 순간만큼은 백만장자라도 된 것 같았어요. 약 1년 뒤,

저는 그 기분을 다시 느끼게 돼요. 쓰레기장에서 봉제 인형이 가득 든 봉지를 주웠는데, 갑자기 평생 가졌던 것보다 더 많은 인형이 생긴 거예요."

타니아의 이야기는 짧고 간단하지만 사람들에게 큰 감동을 선사했다. 우크라이나 체르노빌에서 미국으로 망명한 경험은 아주 특별하다. 따라서 TED에서도 큰 관심을 끌었다. 하지만 모든 사람이 타니아처럼 굴곡진 인생을 사는 것은 아니지 않은가? 평범한 사람들은 어떻게 해야 할까?

일상생활 속에서 남들과 다른 독특한 경험을 발견하는 것이 중요하다. 출퇴근을 하고 밥을 먹고 잠을 자는 일상은 똑같아 보이지만, 자세히 보면 사람마다 다른 지점이 존재한다. 당일치기 여행기나 신기한 꿈에 대한 이야기도 좋다. 그것이 얼마나 독특한지는 중요하지 않다. 중요한 것은 감동을 줄 수 있느냐에 달렸다. 타니아가 연설에서 말하려던 주제는 현재의 삶에 만족하며 살자는 것이었다. 그녀는 경험을 통해 현재 만족하는 삶을 살게 된 자신의 이야기를 들려주었고, 연설은 훌륭하게 마무리되었다.

Part 02

왜 18분일까?

Ted 05

왜 18분 안에
연설이 끝날까?

TED 연설의 제한 시간은 18분이다. 왜 18분일까? 20분이나 30분이면 안 되는 걸까? TED 큐레이터의 말에 따르면, 18분은 복잡한 개념이나 주장을 설명하기에 절대 짧은 시간이 아니며 이것은 사람들이 어떤 일에 집중할 수 있는 최대 시간이다. 18분은 커피 한잔을 마시거나 간단한 토크쇼를 볼 수 있는 시간이기도 하다. 또 18분은 연설을 듣고 친구들에게 그 내용을 전해줄 수 있는 시간이기도 하다.

▌간결하고 깊이 있는 연설

1984년, 리처드 솔 워먼(Richard Saul Wurman)은 캘리포니아의 몬터레이에서 최초의 TED 연설회를 개최했다. 첫 번째 연사는 애플 창업자 스티브 잡스(Steve Jobs)였다. 하지만 엄밀히 말해 그것은 상품 발표회에 가까웠다. 잡스는 장장 50분을 새로 개발한 컴퓨터를 소개하는 데

할애했으며, 뒤이은 무대에서는 소니의 최신 콤팩트디스크가 전시되었다. 그렇게 최초의 TED 연설회는 엄청난 손실을 입은 채 마무리되었다. 두 번째 연설회는 그로부터 6년이 지난 뒤에야 열릴 수 있었다.

TED 무대에 오른 많은 유명 인사들은 시간제한이 없었기에 하고 싶은 말이 있으면 얼마든지 했다. 시간제한이 생긴 것은 크리스 앤더슨이 600만 달러에 TED를 인수한 뒤부터다. 그는 이렇게 말했다.

"18분은 길다면 길고 짧다면 짧은 시간으로, 사람들의 집중력을 충분히 잡아둘 수 있습니다. 단순히 말을 전달하는 게 아니라 다양한 표현력을 적극적으로 활용해야 청중의 마음을 사로잡을 수 있습니다. 그러니 의례적인 인사말은 줄이고 바로 본론으로 들어가세요. 잡다한 이야기는 접어두고 핵심 주제에 집중하세요."

앤더슨은 18분이 연설에 가장 적합한 시간이라고 강조했다.

"물리학자이자 천문학자인 데이비드 크리스천(David Christian)은 2011년 TED 무대에 올라 연설을 했습니다. 그가 우주와 지구의 역사에 대해 설명하는 데 걸린 시간은 고작 17분 40초였습니다."

연설 시간을 효과적으로 제한하는 것은 TED의 중요한 원칙이다. 18분은 지나치게 길지도 짧지도 않으면서 사람들이 집중력을 유지하는 시간이자, 연사가 장광설을 늘어놓지 않고 핵심을 전달할 수 있는 충분한 시간이다. 사람들은 18분 동안 세계적인 생물학자 제임스 왓슨(James Watson)이 DNA 이중나선 구조를 발견한 과정과 빌 게이츠의 기부 철학 등 놀라운 이야기를 들었다. 연설장에 가지 못한 사람들도 많은 시간을 할애할 필요 없이 단 18분짜리 동영상으로 연설을 들을 수 있었다.

사람의 집중력에는 한계가 있는데, 일반적으로 한 가지 일에 집중할 수 있는 최대 시간은 20분 정도다. 20분이 지나면 집중력이 조금씩 줄어들기 때문에 시선은 계속 유지하더라도 정신이 산만해져 이해력이 떨어진다. 매일 수많은 정보가 쏟아지고 빠르게 변하는 시대에 50분짜리 장광설을 집중해 들으려는 사람은 없다. 효율을 추구하는 사회에서 사람들은 간결하고 명료한 연설을 더 신뢰한다.

연사들이 45분짜리 내용을 18분으로 줄이는 과정은 쉬운 일이 아니다. 심사숙고를 하며 단어를 문맥에 맞게 배치하고, 주제를 효과적으로 전달할 명료한 문장을 만들어야 한다. 그리고 청중과 긴밀하게 소통하면서도 주제의 깊이를 놓치지 않는 것이 중요하다.

▎장광설은 금물

연설의 기술 중 하나인 '엘리베이터 스피치'는 세계적인 컨설팅회사 맥킨지에서 탄생했다. 맥킨지는 대규모 컨설팅 업무를 진행하던 중 엘리베이터에서 고객사 대표를 만났다. 고객사 대표가 맥킨지와 함께 있던 업무 담당자에게 물었다.

"현재 진행 상황을 들을 수 있을까요?"

아무런 준비가 되어 있지 않은 담당자는 30층에서 1층까지 내려오는 30초 동안 명쾌한 답변을 주지 못했고, 결국 중요한 고객을 잃고 말았다. 그 일이 있은 뒤부터 맥킨지는 직원들에게 짧은 시간 안에 스피치하는 법을 익히게 했다. 이것은 '30초 엘리베이터 스피치' 또는 '엘리베이터 스피치'라는 이름으로 널리 알려지게 되었다.

'엘리베이터 스피치'와 18분 연설, 둘 다 장광설을 피하고 간단하고 명료하게 핵심 주제를 전달할 것을 강조한다. 연설에 관한 이야기 중에서 유명한 말이 있다.

"연설의 길이는 여자의 치마처럼 짧을수록 좋다."

그렇다고 무대에서 한두 마디만 하고 내려오라는 뜻이 아니다. 짧은 시간 안에 자신의 생각을 정확하게 표현하는 건 말처럼 쉬운 일은 아니지만, 핵심 주장을 효과적으로 전달한다면 상대방을 훨씬 빠르게 설득할 수 있다.

연설 원고의 초고를 작성한 뒤에는 여러 차례 보면서 삭제와 수정을 반복한다. 그리고 소리 내어 읽으며 시간에 맞춰 길이를 조절한다. 특히 중복되는 내용은 청중을 지루하게 만들 수 있으므로 반드시 확인하고 삭제한다. 공식적인 연설이 아니라 일상에서의 가벼운 대화라면 말하기 전에 우선 하고 싶은 말이 무엇인지 스스로에게 물어본다. 마음 속으로 말하는 연습을 반복하면 사람들에게 좀 더 간결하고 분명하게 자신의 주장을 전달할 수 있다.

지루하고 긴 이야기는 줄이고 간결하게 의사를 표현하는 것이 좋다. 예를 들어 "내일 저랑 같이 식사할래요? 매콤한 쓰촨(四川) 요리가 먹고 싶어요. 근처에 잘하는 식당이 있더라고요."라고 말하는 것보다는 "내일 쓰촨 요리 먹으러 갈래요? 가까운 곳에 있어요."라고 말하는 것이 훨씬 간결하다. 이처럼 일상의 대화든 무대 위의 연설이든 질질 끄는 장광설은 피하고, 간결하고 명확하게 자신의 주장을 전달하는 것이 중요하다. 이것이 바로 TED의 핵심이다.

Ted 06

하나의 생각에 집중하고 깊게 파고들어라

TED 연설은 18분을 초과하지 않는다. 심지어 어떤 연사들은 10분 만에 연설을 끝내기도 한다. 크리스 앤더슨은 말했다. "하나의 생각 을 넓게 확장하는 것보다 깊이 파고드는 게 낫다." 그는 연사들이 18분 안에 많은 것을 이야기하기보다 가장 가치 있는 하나의 이야기를 하 길 원했다. 그리고 PPT를 사용하든 안 하든 좋은 연설은 할 수 있지만, '글자만 빼곡하게 채운 PPT는 최악의 연설'이라고 혀를 내둘렀다.

행성 과학자 캐롤린 포르코(Carolyn Porco)는 무대에 올라 말했다.

"앞으로 18분 동안 저는 여러분과 여행을 떠날 겁니다. 인간이 처음 지구를 떠난 50여 년 전부터 우리는 달에 발자국을 남겼고 8개의 행성에 로봇 탐사선 을 보냈습니다. 그리고 지금 명왕성을 향해 가고 있습니다. 이러한 로봇 탐사 선의 임무는 인류의 더 큰 여행의 일부입니다. 우주를 탐구하고, 인간의 근원 을 알아가는 여행이며, 우리의 행성 지구와 거기서 살아가는 사람들을 이해하 기 위한 여행입니다."

캐롤린은 8개의 행성을 일일이 나열하지 않고 오직 토성에 대해서만 이야기했다.

"2004년 카시니(Cassini) 탐사선은 토성 궤도로 진입하면서 인류가 태양계에 세운 로봇 전초 기지 중 가장 먼 곳에 있는 탐사선이 되었습니다."

캐롤린은 토성의 흥미로운 2가지 특징에 집중했다. 즉, 토성에는 아주 크고 다양한 위성들이 존재하는데 대기의 대부분이 공기로 이루어졌다는 사실과 그 생태 환경이 지구와 유사하다는 사실이다. 캐롤린은 토성의 최신 정보를 바탕으로 심도 있는 연설을 이끌었다.

▌한 가지 이야기에 집중하기

크리스 앤더슨은 좋은 연설이란 말하는 기술이 아니라 충실한 내용에서 나온다고 믿었다. 아무리 위대한 업적을 가진 연사라도 18분 안에 연설을 끝내기 위해서는 취사선택을 해야 한다. 하지만 원고에 지나치게 많은 내용을 담으려고 하면 오히려 '핵심 없는 연설'이 되고 만다. 그리고 연설에 어려운 전문용어가 자주 등장하면 청중의 이해가 떨어질 수 있으니 주의해야 한다. 앤더슨은 말했다.

"연사들에게 짧은 시간에 하고 싶은 이야기를 전부 쏟아내지 말고 한 가지 이야기를 깊게 파고들라고 충고합니다. 연구 성과를 일일이 설명하는 것보다 독보적인 한 가지를 소개하는 게 훨씬 효율적이라는 거죠."

연사들이 가장 많이 하는 실수가 바로 한 번의 연설로 자신이 평생 습득한 내용을 전달하려고 하는 것이다. 그보다는 하나에 집중하는 것이 훨씬 낫다. 그리고 아무리 좋은 사례가 있어도 정확한 정보가 아니라면 과감히 포기할 줄 알아야 한다. 음악이면 음악, 꿈이면 꿈에 대해서만 말해야지, 음악과 꿈 이야기를 줄줄이 하다가 환경보호에 대해 이야기한다면 청중에게 혼란만 가중시킬 뿐이다.

연사 중에는 끝날 때가 됐는데도 자기 연설에 취해 이말 저말 덧붙이다가 주제와 무관한 이야기를 늘어놓는 경우가 많다. 그러면 연설의 흐름이 깨지고, 청중은 마지막 말만 기억하게 되고 앞의 중요한 내용은 잊어버리기 십상이다.

▌주제의 일관성 유지하기

연설을 할 때 연사는 주제를 이탈하거나 친구와 수다를 떠는 것처럼 이 얘기, 저 얘기 왔다 갔다 해서는 안 된다. 그럴 의사가 없는데도 너무 긴장해서 말이 뜻대로 나오지 않는다면, 순서대로 요점을 나열해 나가는 것이 효과적이다. 말에 조리가 없고 표현이 부정확하면 다음에 무슨 말을 해야 할지 갈피를 잡지 못하기 때문이다.

따라서 청중을 설득하기 위해서는 주제의 일관성을 유지하며 논리적으로 말해야 한다. 무턱대고 여러 가지 주장을 펼칠 게 아니라, 일목요연하게 핵심을 정리할 필요가 있다. 예를 들면 '독서의 장점, 셰익스피어의 문학성, 독서법의 변화'보다는 '독서의 장점, 올바른 독서법, 독서의 의의'에 대해 순서대로 이야기하는 편이 낫다는 것이다.

Ted 07

연습 시간과 연설 길이는 반비례한다

18분짜리 연설과 50분짜리 연설을 비교했을 때, 연설 시간이 짧다고 준비기간도 짧을 거라고 생각한다면 큰 오산이다. '1분의 무대를 위해서는 10년의 내공이 필요하다'는 말이 있다. 50분 동안 만담식 연설을 하는 것은 어렵지 않다. 18분짜리 연설이 어려운 이유는 제한시간을 초과하진 않는지, 말의 속도가 빠르진 않는지, 주제는 명확하게 전달되었는지 등에 유의해야 하기 때문이다. 따라서 연습 시간과 연설 길이는 반비례한다.

항간에는 TED 큐레이터는 연사를 찾고 훈련시키는 일만 하면 끝이라는 우스갯소리가 있었다. TED 무대에서 훌륭한 연설을 보여준 연사들은 모두 준비된 원고를 가지고 있었다. 평소 언변에 능하지 않은 기업가나 유명 인사들이 TED 무대에서 능숙한 연설을 펼칠 수 있었던 이유는 피나는 연습을 했기 때문이다.

TED는 설립된 이래 다양한 분야의 전문가를 연사로 초청했다. 그중 에는 화술이 뛰어난 정치인, 교육가뿐만 아니라 화술이 부족한 과학 자, 예술가도 포함된다. 하지만 TED는 준비하는 과정 자체만으로도 충분히 말하기 훈련이 되기 때문에 화술이 부족한 사람이라도 걱정할 필요가 없다. 연설 준비는 6~9개월 전부터 시작된다. 연사는 큐레이 터와 소통하며 원고를 작성하고 끊임없이 수정한다. 그리고 PPT로 작 성해 발표 연습을 한다.

크리스 앤더슨은 최종 리허설에 참석해 연설 내용, 연사의 표정과 말투 등을 전반적으로 확인하며, 연설 전날까지 잠도 거의 이루지 못 한 채 연설을 준비한다. 고작 18분짜리 무대를 위해 이렇게 많은 시간 과 노력이 소모된다는 것을 아는 사람은 많지 않다.

▎연습하고 또 연습하라

연설 준비의 첫 단계는 원고를 작성하는 것이다. 훌륭한 원고는 연 설의 질을 크게 높여주므로 제목과 내용의 일관성, 논리성 등을 고려 하여 정성껏 작성한다. 원고를 작성했다면 남은 건 연습밖에 없다.

안타깝게도 연습의 중요성을 간과하는 사람들이 많다. 연습은 원고 를 외우는 것뿐만 아니라 연설의 흐름에 익숙해지도록 하는 과정이다. 연설에서 말의 속도가 느리면 제한시간 18분을 초과하고, 말의 속도가 빠르면 청중이 내용을 이해하기 어렵다. 적절한 말의 속도를 지키되, 빠르게 말할 때와 천천히 말할 때의 균형을 유지하는 것이 중요하다. 그렇지 않으면 청중에게 혼란을 가중시킬 뿐이다.

원고를 외우는 것 외에도 연설 장소와 분위기에 익숙해져야 한다. 연사들 중에는 원고를 달달 외우고 연습도 많이 했으니 무대에 오르기만 하면 완벽한 연설을 할 수 있을 거라고 생각하는 사람이 많다. 하지만 그런 사람일수록 실제로 무대에 서면 긴장해서 실수를 저지르거나 아무 말도 하지 못해 쩔쩔맨다. 이것은 연습을 충분히 하지 않은 결과다. 따라서 원고를 유창하게 외울 수 있다고 연습을 그만둘 게 아니라, 끊임없이 연습하고 또 연습해야 사람들 앞에서 자연스러운 연설을 할 수 있다.

미국의 제16대 대통령 에이브러햄 링컨(Abraham Lincoln)은 선거운동을 하면서 대중 앞에서 연설을 하거나 경쟁 상대와 토론해야 하는 경우가 많았다. 링컨은 유창한 화술을 익히기 위해 30마일이나 떨어진 법원에 가서 변호사들의 변론과 제스처를 열심히 분석하고 따라했다. 그리고 나무가 우거진 숲이나 옥수수 밭에서 큰 소리로 책을 읽거나 말하는 연습을 반복했다. 링컨이 미국 역사상 가장 위대한 연설로 꼽히는 게티즈버그 연설을 할 수 있었던 이유는 바로 이런 노력이 있었기 때문이다. 그는 300단어로 이루어진 2분 남짓한 짧은 연설로 최고의 찬사를 받았다.

연설을 준비할 때 주의할 점

개요 정리

연설의 개요를 짜고 내용을 구성하는 것은 준비과정에서 가장 중요한 부분이다. 공식적인 연설이라면 평상시보다 원고의 내용은 물론이고 사용된 단어가 자신의 말투와 목소리에 적합한지 철저히 검토한다. 유능한 연사들은 서사적인 이야기 방식을 선호하는데, 그것이 청중의 마음을 사로잡고 감동적인 분위기를 형성하기에 유리하기 때문이다.

연설에 실패하는 이유는 원고가 미흡하거나 머릿속에 떠오르는 생각을 잘 정리하지 못했기 때문이다. 또는 긴장해서 원고의 내용을 까먹는 경우도 비일비재하다. 이것은 전부 준비를 소홀히 한 결과다.

원고 외우기

원고를 완성했다면 거울을 보고 읽으면서 어색한 부분을 찾아 수정한다. 원고를 다 외웠다면 벽을 보고 말해본다. 벽을 보고 말하면 집중력이 강해져 부자연스러운 문장을 쉽게 찾을 수 있다. 그렇게 퇴고를 반복하며 원고의 완성도를 높인다.

거울을 보면서 눈빛과 제스처가 적절한지 확인하고, 끊임없이 관찰하고 수정하며 자기만의 연설 방법을 찾는다. 이 밖에도 빠르게 외우기, 큰 소리로 외우기는 유창한 억양과 정확한 발음을 익히는 데 큰 도움이 된다.

피드백 받기

믿을 만한 사람에게 원고를 보여주고, 그 앞에서 연설을 해본다. 원고의 내용과 제스처 등에 관한 솔직한 의견을 듣고 적극적으로 수정한다. 대부분의 사람들은 자기 원고에 애착이 강해 삭제하는 게 쉽지 않은데, 그럴 때는 상대방에게 부탁하는 것도 좋다. 첫 번째 청중에게 원고의 미흡한 부분을 직접 듣고 수정한다면 연설의 질이 크게 올라갈 것이다.

Ted 08

시간을 재며
반복해서 연습하라

연설 준비를 할 때 원고를 외우는 것은 가장 쉽고 기본적인 일이다. 원고를 외운 뒤에도 해야 할 일은 많다. 제한시간 안에 말하는 연습도 아주 중요하다.

제한시간 안에 말하는 연습이 중요한 이유는 대부분의 연설을 제한된 시간 안에 끝내야 하기 때문이다. 비교적 규모가 큰 무대에는 타이머가 설치되어 있지만 그것만 믿고 있다가는 큰 코 다치기 십상이다. 제한시간 안에 말하는 연습을 소홀히 한 연사는 분위기에 취해 신나게 떠들다가 타이머로 고개를 돌린 순간, 시간이 20초밖에 남지 않았음을 발견하곤 당황한 나머지 마무리도 잘 못하고 연설을 망치게 된다.

제한시간 안에 말하는 연습을 많이 한 연사는 속도 조절과 시간 분배를 완벽하게 하여 현장의 분위기를 장악할 수 있다. 또한 시계를 보지 않고도 남은 시간을 예측할 수 있어서 연설의 길이를 마음대로 조절할 수 있다.

연설 시간을 통제하는 방법

타이머가 없는 무대에서 연설해야 한다면 제한시간 안에 말하는 연습을 반드시 해야 한다. 이 연습을 하면 머릿속에 가상의 시계를 떠올리며 연설 속도를 자유롭게 조절할 수 있다.

1단계로 연사는 연습을 시작하기 전에 친구에게 시계를 맡긴다. 연습 도중에 친구를 쳐다보면 친구가 그때까지 몇 분이 흘렀는지 말해준다. 2단계로 손가락 마디를 이용해 연설에 필요한 시간을 계산한 뒤, 말하는 속도에 맞춰 손가락 마디를 나눈다. 3분, 6분, 9분 등 시간이 지날 때마다 손가락 마디를 짚는 방법으로 연설 속도를 조절한다.

연설에서 PPT를 사용할 때는 그러지 않을 때보다 더 유창하게 말하는 연습을 해야 한다. PPT 슬라이드가 넘어가는 것을 확인하며 슬라이드 내용에 맞춰 적절한 말을 하는 것이 중요하다.

이런 과정에서도 끊임없이 원고를 수정한다. 지나치게 짧거나 긴 문장은 알맞게 조절하고 중언부언하거나 불필요한 내용은 과감히 삭제한다. 원고의 모든 문장과 단어가 입에 익숙해질 때까지 반복해서 연습해야 준비한 연설을 제대로 구현할 수 있다.

Ted 09

잊지 못할
슬로건을 만들어라

TED의 모든 연설에는 제목이 붙는다. 제목은 연설의 주제나 연사의 생각을 단적으로 보여주는데, 연설의 이해도를 높이고 사람들의 시선을 사로잡기 위해서는 좋은 제목이 필요하다. 예를 들어 '꿈'에 대한 이야기를 한다고 해서 제목을 '꿈'으로 지으면 청중의 흥미를 끌지 못한다. 요즘 제목은 주제를 담은 슬로건이 대체하는 추세다. 따라서 연설의 주제를 잊지 못할 슬로건으로 만들면 청중에게 깊은 인상을 남길 수 있다. 연사의 긴 연설을 일일이 기억하기는 어렵지만 강렬한 슬로건이라면 청중도 쉽게 까먹지 않는다.

작가 사이먼 사이넥(Simon Sinek)은 '골든 서클(Golden Circle)'을 발견한 것으로 유명하다. 그가 TED에서 발표한 〈위대한 리더들이 행동을 이끌어내는 법〉은 조회 수가 7번째로 높은 연설로 손꼽힌다. 사이먼은 몇 가지 질문을 던지며 연설을 시작한다.

"왜 애플 사는 창조적인 기업이라고 불릴까요? 애플 사는 해를 거듭할수록 그 어떤 경쟁사보다 혁신적인 길을 걷고 있습니다. 그저 컴퓨터 회사일 뿐인데 말이죠. 다른 컴퓨터 회사와 크게 달라 보이지도 않습니다. (중략) 어떻게 마틴 루터 킹 목사가 인권 운동을 이끌 수 있었을까요? 당시 고통받은 사람이 그만은 아니었을 텐데요. 위대한 연설가가 그만 있는 것도 아니었죠."

사이먼은 위대한 리더에게는 남들과 다른 점이 있다고 설명한다.

"세상의 훌륭하고 영감을 주는 리더는 모두 같은 방식으로 생각하고 행동합니다. 이것은 다른 사람들과 완전히 다른 방식이에요. 저는 이것을 '골든 서클'이라고 부릅니다."

사이먼은 이어서 3개의 슬로건을 제시한 뒤 흰 종이에 3개의 동심원을 크게 그렸다. 가장 바깥 동심원에는 '왜(Why)'라고 쓰고, 가운데 동심원에는 '어떻게(How)', 가장 안쪽의 동심원에는 '무엇을(What)'이라고 썼다. 그리고 간단한 3개의 슬로건으로 '골든 서클'을 설명하기 시작했다.

사이먼의 TED 동영상이 높은 조회 수를 기록한 이유는 간단하다. 복잡하고 구구절절한 설명보다는 간결하고 단순한 방식을 택했기 때문이다. 그는 3개의 동심원과 3개의 슬로건으로 청중을 설득했다. 연설을 열심히 듣지 않은 청중도 사이먼이 강조한 '왜', '어떻게', '무엇을'이라는 3단어는 기억할 것이다. 이것은 연설의 핵심 내용을 구성하는 중요한 단어기도 하다. 사이먼이 하려는 말의 요지는 다음과 같다.

"지구상의 모든 사람들은 자신이 누구이며 어떻게 살아야 하는지 잘 압니다. 하지만 그 이유를 아는 사람은 극소수에 불과합니다."

인상적인 슬로건의 중요성

청중은 연설을 들은 후 아마도 이런 대화를 나눌 것이다.

A: 방금 저 사람이 뭐라고 한 거야?
B: 나도 몰라. 벌써 다 까먹었는걸.

연설의 길이에 상관없이 현장에 나와 있는 청중 입장에서는 연설이 일회성 이벤트에 불과하다. 따라서 연사의 말이 약간이라도 빠르게 느껴지면 집중력이 금세 떨어져 연설 내용이 무엇인지조차 기억하지 못한다. 이것이 바로 연사가 청중에게 깊은 인상을 남기기 위해 노력하는 이유다.

앞에서 연설 주제를 하나로 집중하라고 말했는데, 그것만으로는 부족하다. 인상적인 슬로건을 만들어 보충한다면 주제를 더욱 부각시키고 청중에게도 잊지 못할 기억을 심어줄 수 있다. 슬로건을 제목으로 삼거나 연설 중간에 삽입문으로 넣는 것이다. 특히 무언가를 호소하거나 청중을 설득해야 할 때 슬로건을 사용하면 큰 효과를 볼 수 있다. 연설이 끝난 뒤에도 청중이 슬로건을 정확히 기억하거나 큰 소리로 슬로건을 외친다면 성공적인 연설로 평가된다.

간결성, 리듬성, 명확성을 갖춘 슬로건

조지 부시(George Walker Bush) 전 대통령이 남겨놓은 이라크 침공, 아프가니스탄 전쟁, 경제 위기, 실업률 고조, 테러와의 전쟁 등 일련의 문제에 직면한 버락 오바마(Barack Obama)는 '우리는 할 수 있다(Yes, we can)'라는 간결한 슬로건을 내걸었다. 이 슬로건은 미국 도처를 장식했다. 오바마 지지자들은 슬로건을 넣은 스카프를 제작해 매고 다니기도 했을 정도로 사람들에게 큰 사랑을 받았다.

혹자는 슬로건을 미국 대통령 경선의 꽃으로 비유한다. 후보자들은 시정 목표를 압축한 슬로건을 알리고, 국민들의 공감을 불러일으키는 지 살핀다. 뉴욕 타임스 칼럼니스트는 슬로건에 대한 다음과 같은 분석을 내놓았다.

"좋은 슬로건은 운율과 리듬감이 있어 입에 잘 붙고 기억하기 쉽다."

위대한 정치 슬로건은 국민을 감동시키고 마음속의 울분과 원망을 누그러뜨린다.

본격적인 대선 국면으로 접어든 오바마는 슬로건을 '우리에게 필요한 변화(Change We Need)'로 수정하고, 연설에서 변화의 필요성을 역설했다. 그 결과 오바마는 미국 최초의 흑인 대통령으로 당선되었다.

연설 슬로건에서 중요한 요소는 간결성, 리듬성, 명확성이다. 간결성은 슬로건의 간결한 길이를 말한다. 오바마가 제시한 슬로건은 3개의 단어로 이루어져 사람들이 쉽게 기억할 수 있었다. 리듬성은 입으로 발음했을 때 잘 읽히는 것을 뜻한다. 발음하기 어려운 문구는 기억하기 어렵지만, 발음하기 쉽고 입에 잘 붙는 문구는 쉽게 기억할 수 있다. 명확성은 슬로건의 분명한 행동 신호나 명확한 주제를 의미한다. 예를 들어 '시간과 꿈'이라는 슬로건은 간결하고 명확해 보이지만 사람들의 흥미를 끌기에는 부족하다. 따라서 원고를 작성할 때 간결성, 리듬성, 명확성을 고루 갖춘 슬로건을 만든다면 성공적인 연설을 기대할 수 있을 것이다.

Ted 10

주제를
서두에 밝혀라

치밀하게 복선을 깔고 서서히 주제를 끄집어내는 이야기 방식은 18분짜리 연설에서는 불가능하다. 설령 시간이 더 주어진다 해도 복선에 관심을 기울일 청중은 많지 않다. 복잡하고 빠르게 변하는 현대 사회에서는 연설 방식에도 변화가 필요하다. 복선은 생략하고 서두에서 바로 주제를 밝히는 것이다.

페이스북의 최고 운영 책임자 셰릴 샌드버그(Sheryl Sandberg)는 TED 무대에서 〈왜 여성 리더는 소수인가〉라는 제목으로 연설을 했다.

"우선 저를 포함해 이 자리에 참석한 여러분은 상당히 운이 좋은 편이라는 사실을 인정하면서 이야기를 시작해볼까요? 우리는 다행히 어머니나 할머니 세대가 살던 시대에 태어나지 않았고, 여성의 기본적인 인권이 보장되는 사회에서 성장했습니다. 하지만 그렇다고 문제가 없는 게 아닙니다. 그 문제가 뭐냐고요? 사회에 진출한 여성들이 고위층으로 올라가지 못한다는 것입니다. 190개 나라의 지도자 중에서 여성은 고작 9명에 불과합니다. 전 세계 국회의

원 중에서 여성이 차지하는 비율은 13%구요. 법인 단체에서 최고경영자 혹은 이사회에서 요직을 차지한 여성 비율은 15%에 그칩니다. … 문제는 어떻게 현재의 심각한 상황을 해결할 것이며, 어떻게 고위층의 여성 비율을 높일 것인가, 입니다."

▌주제부터 밝히면 청중의 집중도는 올라간다

연설은 복선을 깔고 설명하다가 마지막에 웃음을 터뜨리는 만담이 아니다. 연설은 즉시성이 강하며, 연사는 자신의 생각을 청중에게 전달하기 위해 무대에 오른다. 따라서 소설처럼 단서를 숨기고 복선을 깔 필요가 없다. 청중은 연사가 무대에 오르는 순간부터 뭔가를 듣고 싶어 한다.

훌륭한 연사는 주제를 먼저 공개하고 그 주제에 관심을 보이게 된 이유를 설명한다. 이것은 청중과의 거리를 빠르게 좁히는 비결이자, 특별한 기교 없이도 자연스럽게 연설을 시작할 수 있는 효과적인 방법이다.

영국의 작가 트리스트람 스튜어트(Tristram Stuart)는 TED 무대에서 이렇게 연설을 시작했다.

"저는 15살 때부터 전 세계의 식량 낭비 문제를 폭로하기 시작했습니다."

이 말을 들은 청중은 연설의 주제가 식량 낭비이며, 연사가 아주 오랫동안 이 문제를 연구해왔다는 사실을 알 수 있다. 스튜어트는 서두에 주제를 밝힘으로써 치밀한 구성이나 계산 없이도 자신이 하고 싶은 말을 효과적으로 전달했다.

일반적인 작법에 따르면, 어떤 사건에 어떤 경험을 한 연사가 그것을 계기로 이러이러한 생각을 품게 되었다는 식으로 이야기가 전개된다. 하지만 그렇게 연설을 시작한다면 자리에 앉아 꾸벅꾸벅 조는 청중을 보게 될 것이다. 그보다는 핵심 주제와 그 주제에 주목하게 된 이유를 일목요연하게 설명하는 것이 훨씬 낫다.

연설을 시작하면서 주제를 먼저 밝히면 연사가 일부러 에두르거나 과장할 필요가 없어진다. 청중은 연사가 하려는 말을 간단명료하게 이해할 수 있어서 연설에 대한 집중도가 올라간다.

▌서두에 주제를 밝히는 다양한 방법

독일 철학자 헤겔(Hegel)은 대중 앞에서 말했다.

"저는 미학에 대해 말하고자 합니다. 이것은 '미(美)'의 광범위한 분야를 대상으로 합니다. 좀 더 정확히 말하자면, 예술 또는 '미의 예술'이라고 볼 수 있습니다."

연설 서두에 주제를 미리 얘기하면 즉시 본론으로 들어가기 때문에 청중의 집중력이 고조된다. 가장 간단한 서두는 "오늘 제가 말하려는 주제는.…"으로 시작하는 것이다. 이것은 평범해 보이지만, 청중의 시선을 단번에 사로잡는 것은 물론이고, 연설의 핵심을 일목요연하게 전달하는 데 아주 효과적인 방법이다.

그렇다고 이 방법이 모든 연설에 적합하다는 건 아니다. 흡입력이 떨어지는 일반적인 주제라면 서두에 주제를 밝힌다고 해도 청중의 흥미를 끌기 어렵다. 이때는 연설에서 가장 흥미로운 문장을 앞으로 배치하는 것이 유리하다. '불평하지 않는 법'에 대한 연설이라면 이렇게 시작할 수 있다.

"저는 지금부터 상대가 때려도 맞받아치지 않고 욕을 해도 대꾸하지 않는 법에 대해 이야기해볼까 합니다."

연설을 시작할 때 반드시 제목을 이야기할 필요는 없다. 그때의 기분 상태나 연설을 하게 된 이유를 설명하는 것도 괜찮다. 1987년, 미국의 유인 우주왕복선 챌린저 호(Challenger)가 공중에서 폭발했을 당시 레이건 대통령은 추모식에서 다음과 같이 연설을 시작했다.

"오늘 우리는 목숨을 잃은 7명의 용감한 시민을 애도하고 비통함을 나누기 위해 이 자리에 모였습니다."

연설을 시작하자마자 주제를 밝힌다고 해서 긴장감이 사라지는 것은 아니다. 중국 작가 루쉰(魯迅)은 어떤 대학에서 이렇게 연설했다.

"오늘 저는 '중국 책을 읽지 않고도 성공하는 사람들'에 대한 이야기를 하려고 합니다. 저는 이곳에서 중국 문학을 연구하고 있습니다. 따라서 여러분에게 중국 고전을 읽으라고 권하는 게 더 어울릴지도 모르겠습니다. 하지만 저는 중국 책을 많이 읽는 것보다 중국 책을 읽지 않는 것이 더 낫다고 생각합니다."

대학에서 문학사를 가르치던 루쉰이 정작 학생들에게는 중국 책을 읽지 말라고 당부했다고 하니 사람들의 호기심을 불러일으키기에 충분했다. 이처럼 서두에 궁금증을 유발하는 질문이나 화제를 던진 뒤에 서서히 이야기를 풀어나가는 방법도 있다. 이것으로 연사는 긴장감을 유지하면서도 청중의 시선을 한 번에 사로잡을 수 있다.

Ted 11

핵심을 설득력 있게
전달하라

TED 연설의 가장 큰 특징은 청중에게 주제를 정확하게 전달한다는 점이다. TED 조직위원들은 이 부분에 중점을 두고 연사의 훈련을 돕고 있으며, 연사들은 주제의 명확성을 높이기 위해 원고의 수정과 퇴고를 반복한다.

기업가 주디 맥도날드 존스톤(Judy MacDonald Johnston)은 TED 무대에서 단 6분의 연설로 청중에게 엄청난 감동을 안겨주었다.

"멋진 인생의 끝이란 어떤 걸까요? 인생의 마지막 순간, 죽음이라는 것 말이에요. 사람들은 다들 잘 사는 법에 대해 고민하지만, 오늘 저는 멋진 임종을 맞이하는 법에 대해서 말하고자 합니다."

사람들은 주디의 몇 마디 말만 듣고도 그녀가 아주 특별한 이야기를 들려줄 거라고 기대했다. 주디는 말했다.

"지난 몇 년 동안, 저는 두 명의 친구들이 스스로 원하는 임종을 맞을 수 있도록 도와주었습니다. … 저는 짐과 셜리가 80대였을 때 처음 만났습니다. 부부는 자녀가 한 명 있었지만 그들의 보살핌을 원하지 않았죠. 두 사람과 친분을 쌓으면서 저는 두 사람의 법률적인 문제를 돕는 수탁자이자, 의학적인 조언을 해주는 친구가 되었습니다. 더욱 중요한 것은 그들의 임종을 준비하는 사람이 된 것입니다. 그렇게 우리는 멋진 임종을 맞이하는 법을 배우게 되었습니다.

짐과 셜리는 마지막 몇 년 동안, 암, 골절, 감염, 신경질환을 겪어야 했습니다. 부부는 그들이 떠나면 자연보호단체가 그들의 목장을 인수하도록 지명했습니다. 그리고 친구들에게 자신들이 살날이 얼마 남지 않았다는 사실을 알리기 시작했습니다.”

주디는 연설을 하는 6분 동안 주제와 관련 없는 이야기는 한마디도 하지 않았다. 서두에 주제를 밝히고 노부부의 이야기를 들려준 뒤, 멋진 임종을 맞이하기 위한 5가지 방법을 소개했다. 그리고 마지막으로 이렇게 덧붙였다.

“저는 인생의 마지막 순간을 위해 계획을 세우는 것이 높은 삶의 질을 유지할 수 있는 최선의 방법이라고 생각합니다.”

주디의 연설은 짧지만 폭발적인 반응을 불러왔다. 주디는 연설을 시작하면서 ‘멋진 임종을 맞이하는 법’에 대해서 말하겠다고 밝힌 뒤, 노부부의 이야기를 들려주었다. 그리고 연설의 주제를 다시 한 번 환기시켰다.

“사람은 누구나 죽기 전에 어떻게 살 것인지 선택할 수 있어야 합니다.”

‘중요한 순간에는 말을 아껴라’라는 옛말처럼 짧은 시간 안에 연설을 마쳐야 하는 연사들은 군더더기는 들어내고 간단명료하면서도 핵심을 찌르는 말만 전달해야 한다.

미국 소설가 마크 트웨인(Mark Twain)은 교회에서 목사의 설교를 듣고 감명받아 헌금을 하려고 준비했다. 10분이 지나도 설교가 계속 이어지자 짜증이 난 마크는 지폐는 빼고 잔돈만 헌금하기로 마음먹었다. 하지만 30분 뒤에도 여전히 끝나지 않는 목사의 설교에 진절머리가 난 마크는 헌금은 없던 일로 하고 헌금 상자에서 2달러를 들고 밖으로 나가버렸다. 지루한 수다가 사람을 얼마나 힘들게 하는지 잘 보여주는 일화다.

연설에서도 마찬가지다. 청중은 지루하게 같은 말을 반복하거나, 설명이 필요한 내용인데도 번갯불에 콩 볶아 먹듯 얼렁뚱땅 넘어가는 연사를 좋아하지 않는다. 연사가 10분 동안 10가지 주제를 늘어놓는 수다쟁이라면, 청중은 연사의 말을 하나도 기억하지 못할 것이다. 특히 연사가 주제를 명확하게 이해하지 못한 상황이라면, 이야기가 삼천포로 빠지거나 불필요한 말이 많아져 분위기를 지루하게 만들 수 있다.

1948년, 영국 옥스퍼드 대학은 윈스턴 처칠(Winston Churchill) 총리에게 '성공 비법'에 대한 졸업식 축사를 부탁했다. 옥스퍼드 대학생들은 처칠의 '성공 비법'을 듣기 위해 앞 다투어 강연장으로 몰려들었다. 강연장은 아침 일찍부터 대학생과 취재를 위해 달려온 기자들로 북새통을 이루었다. 분위기가 한껏 고조된 상황에서 처칠은 군인들을 거느리고 무대 위로 올랐다. 사람들은 처칠이 위엄한 모습으로 등장하자 열렬한 환호와 박수를 보냈다. 그 모습을 본 처칠은 손을 한 번 흔들고는 조용히 해달라는 제스처를 취했다.

"제 성공 비법은 3가지입니다. 첫째, 포기하지 마십시오. 둘째, 절대 포기하지 마십시오. 셋째, 절대 절대 포기하지 마십시오."

처칠은 그렇게 짧은 연설을 끝내고 무대에서 내려갔다. 처칠의 축사는 역사상 가장 짧은 연설이자, 세계에서 가장 영향력 있는 연설로 손꼽힌다.

| 연설의 주제를 돋보이게 하는 방법

원고 다듬기

연설의 기초가 되는 원고를 다듬는 것은 아주 중요한 일이다. 정리되지 않은 원고로는 좋은 연설을 기대하기 어렵다. 따라서 준비과정에서 반드시 원고를 반복해서 수정해야 한다. 주제와 무관하거나 불필요한 문장은 삭제하고, 문장의 인과 관계를 논리적으로 연결하면 핵심 주제가 좀 더 분명해질 것이다.

말하기 연습

평소에 말하기를 연습하는 습관을 기른다. 긴 이야기를 짧게 줄이거나 어려운 용어나 개념을 쉬운 단어로 바꾸는 연습을 해보자. 정리되지 않은 말을 수다스럽게 내뱉는다고 느껴지면 입을 닫고 머릿속으로 하고 싶은 말을 정리해보는 것도 좋다. 이렇게 평소에 조금씩 연습하다 보면 실제 연설 무대에서도 좋은 결과를 얻을 수 있다.

완벽한 마무리

연설에서 결론은 주제의 핵심이 드러나는 중요한 부분이다. 따라서 결론에서는 설령 반복되더라도 주제를 한 번 더 강조하는 것이 좋다.

Part 03

생각의 힘이
세상을 바꾼다

Ted 12

흥미로운 제목으로 눈길을 끌어라

TED 홈페이지에서 어떤 연설을 봐야 할지 감이 잡히지 않는가? 그저 연설 제목만 뚫어지게 보고 있는가? 일단 끌리는 제목에 클릭한 적은 없는가? 이것이 바로 제목이 중요한 이유다. 사람은 실력을 쌓는 것 외에 자신을 포장하는 법도 잘 알아야 한다.

돼지 한 마리를 통해 생산되는 모든 식품 및 제품군을 연구하는 '돼지 05049' 프로젝트로 유명한 네덜란드 디자이너 크리스틴 마인더스마(Christien Meindertsma)는 TED 무대에서 〈돼지의 세계일주〉라는 제목으로 연설을 시작했다.

"안녕하세요? 우선 강의를 시작하기 전에 2가지 질문을 해보겠습니다. 평소 돼지고기를 드시는 분 있나요? 손을 들어주세요. 그러면 살아 있는 돼지를 보신 분은 몇 분이나 될까요? 작년 한 해 동안요. 저는 네덜란드 출신인데요, 네덜란드에서는 살아 있는 돼지를 거의 볼 수 없습니다. 참 이상한 일이죠? 네덜란드 인구는 1,600만 명이고, 돼지는 1,200만 마리나 되는데도 말이에요. 물론 네덜란드 사람들이 이 돼지를 전부 먹는 건 아닙니다. 유럽의 여러 나라와 세계 각지로 수출됩니다.

역사적으로 돼지는 마지막 한 조각까지 사용되어 버려지는 것이 없다고 하는데요, 지금도 여전히 그런지 알아보고 싶었습니다. 저는 장장 3년 동안 '05049'라는 번호가 새겨진 돼지 한 마리를 추적했습니다. 그리고 돼지가 어떤 제품으로 만들어지는지 조사했습니다. 조사기간 동안 저는 농부에서 도축 업자는 물론이고, 알루미늄 금형을 만드는 사람, 탄약 만드는 사람에 이르기까지 다양한 사람들을 만났습니다. 그런데 놀라운 사실은, 농부들은 돼지로 무엇을 만드는지 전혀 모르고 있다는 점입니다. 그것은 소비자들도 마찬가지죠."

마인더스마는 책에 삽입된 사진을 보여주며 계속 말을 이어갔다.

"우리가 샤워할 때 사용하는 비누에는 돼지 뼈에 있는 지방을 끓여서 만들어낸 지방산이 응고제로 들어가 있습니다. 그리고 욕실에 비치된 샴푸, 린스, 노화 방지 크림, 치약과 같은 제품도 돼지로 만들어졌습니다. 여러분은 아침 식사를 하기도 전에 이미 많은 돼지 제품들을 마주한 셈입니다."

▌ 주목받고 싶다면 흥미로운 제목을 지어라

TED 컨퍼런스에서 주목받고 싶다면 흥미로운 제목을 지어야 한다. 재미 교포 출신의 행위예술가 이재림의 〈나의 버섯 수의〉가 대표적인 예다. 그 밖에도 〈성공하고 싶나요? 한숨만 자고 생각하세요〉, 〈SNS의 '좋아요'는 단순히 좋다는 뜻이 아니다〉, 〈정신병이 우스운 이유〉, 〈철학 조찬 모임〉, 〈내 입안의 오케스트라〉 같은 어딘가 독특하고 흥미로운 제목은 한 번에 사람들의 시선을 사로잡게 된다.

시시각각 엄청난 정보가 쏟아지는 정보의 홍수 시대에 사람들의 시선을 사로잡으려면 독특한 제목이 필요하다. 그렇다고 주제와 상관없는 자극적이고 충격적인 제목을 지으라는 말은 아니다. 비슷비슷한 제목들 사이에서 호기심을 불러일으킬 만한 신선한 제목을 지으라는 뜻이다. 마인더스마의 〈돼지의 세계일주〉처럼 다른 사람들이 쉽게 생각해내지 못하는 제목이면 더 좋다.

물론 제목처럼 연설의 내용도 신선하고 흥미로워야 한다. 제목이 사람들의 시선을 끄는 요소라면, 내용은 연설이 끝나고 박수갈채를 받을지 야유가 쏟아질지를 결정하는 요소이기 때문이다. 흥미로운 제목에 설득력 있는 내용이 뒷받침되지 못한다면 '낚시성 제목'이란 비난을 피하지 못할 것이다.

▎내용에 어울리는 제목을 지어라

홍콩의 대표 재벌회사인 청쿵(長江) 그룹의 리카싱(李嘉誠) 회장은 〈나에게는 자부지수가 있다〉라는 흥미로운 제목으로 연설을 했다.

"오늘 아침, 저는 멋진 미래를 상상하며 이곳으로 향했습니다. 이 자리에서 저는 여러분과 제 성공 비결을 나눠볼까 합니다. 이것은 평생 저의 감정과 본능을 초월하고, 저를 지혜로 인도해준 지침과도 같습니다. 저는 이것을 '자부지수'라고 부릅니다. 자부지수는 탁월성과 교만함 사이에서 균형을 찾아가려는 마음가짐을 수치화한 것입니다. 자부지수를 계산하는 방식에는 4가지 기준이 있습니다.

첫째, 나는 교만한 사람인가? 둘째, 나는 타인의 충고를 잘 받아들이는가? 셋째, 내 말과 행동에 책임을 지는 사람인가? 넷째, 나는 문제와 결과, 해결책에 대한 통찰력을 지니고 있는가?

장자는 이런 말을 했습니다. '천자의 세력도 반드시 귀한 것은 아니고, 필부의 곤궁함도 천한 것만은 아니다. 귀천의 차이는 행동의 미추에 달려 있다.' 장자의 이런 가르침을 따르며 자부지수의 4가지 기준을 잘 기억한다면, 반드시 원하는 바를 달성할 수 있을 겁니다."

리카싱은 연설에서 끊임없는 자기반성을 통해 교만해지지 말라고 강조했다. 그는 '자기반성'이나 '겸손하기'와 같은 평범한 말이 아닌 '자부지수'라는 단어를 제목에 사용함으로써 사람들의 흥미를 유발하는 데 성공했다. 그리고 이 제목은 연설의 내용과도 잘 어울렸다.

설득력 있는 원고와 흥미로운 제목은 창의적인 아이디어에서 나온다. 신선한 제목으로 사람들의 시선을 끄는 것만으로는 한계가 있다. 성공적인 연설을 위해서는 반드시 창의적인 아이디어가 필요하다.

Ted 13

창의적인 아이디어로
승부하라

TED의 가장 큰 특징은 한자리에 모여 서로의 생각을 나누는 데 있다. 흔하지만 사람들이 쉽게 놓치는 것들을 주제로 삼았을 때 청중은 탄성을 지르며 감탄한다.

곤충학자 마르셀 디키(Marcel Dicke)는 TED 컨퍼런스에서 〈곤충을 먹어보는 건 어때요?〉라는 제목의 연설을 했다. 그는 청중에게 단도직입적으로 곤충을 먹어보는 건 어떤지 묻고는, 식용으로 곤충을 먹는 사람들의 이야기를 들려주었다.

"육류 식품은 단가가 매우 높지만 그에 대한 소비는 나날이 증가하고 있습니다. 육류 외에도 단백질을 함유한 식품은 많은데도 말입니다. 육류 식품은 생산단계에서 많은 문제가 발생합니다. 특히 건강 문제는 아주 심각합니다. 예를 들어 돼지는 인간과 질병을 공유하고 있죠. 하지만 곤충을 먹으면 그런 일은 일어나지 않습니다.

여러분이 소와 메뚜기에게 사료 10킬로그램을 먹일 경우, 소고기는 1킬로 그램을 얻지만 메뚜기 고기는 9킬로그램을 얻을 수 있습니다. 소에 비해 메뚜기의 배설물이 더 적은 것도 큰 장점으로 꼽힙니다. 물론 이런 의문이 생기는 분들도 있을 겁니다. 곤충을 먹어도 육류와 같은 영양분을 얻을 수 있을까? 전문가들의 분석에 따르면, 곤충은 단백질, 지방, 비타민이 아주 풍부한 식품입니다. 현재 우리가 소비하는 어떤 육류와 비교해도 떨어지지 않죠."

이어서 마르셀은 현재 경작지의 70%가 가축을 기르기 위한 용도로 사용되며, 이 비율은 점차 증가하고 있기 때문에 육류에서 곤충으로 넘어갈 필요가 있다고 덧붙였다. 새우, 게, 가재는 이미 메뚜기와 아주 유사한 별미로 자리 잡았다. 또한 과학자들은 곤충의 단백질 생산량에 대한 연구를 계속 진행하고 있다.

마르셀 디키는 식용 곤충에 관한 얘기로 단번에 사람들의 시선을 사로잡았다. 마르셀의 주제는 아주 창의적이다. 곤충을 먹을 수 있는 음식으로 생각해보지 않은 사람들은 마르셀의 연설을 듣고 그 가능성을 생각하게 되었을 것이다. 당장 곤충을 먹는 사람이 늘어나지는 않겠지만 생각해볼 여지를 만들어 준 것만은 분명하다.

청중의 호기심을 불러일으키기 위해서는 뻔하고 전형적인 이야기가 아닌, 눈을 번쩍 뜨이게 할 신선하고 창의적인 아이디어가 필요하다. 똑같은 주제로 연설을 한다고 해도 남들과 다른 관점으로 주제를 바라볼 줄 아는 연사만이 성공적인 연설을 할 수 있다.

중국 최고의 갑부인 알리바바 그룹의 마윈 회장은 〈에디슨이 세상을 속이다〉라는 제목으로 연설했다.

"똑똑하고 좋은 학교를 졸업한 사람은 성공하기 어렵습니다. 어릴 때부터 잘못된 교육을 받아 지나치게 열심히 하는 습관이 있기 때문입니다. 그들은

'천재는 99%의 노력과 1%의 영감으로 만들어진다'라는 에디슨의 말만 철썩같이 믿고 살죠. 하지만 열심히 해도 아무것도 이루지 못하는 경우가 더 많습니다. 에디슨이 성공한 이유는 게으름을 피우며 공상을 많이 했기 때문입니다. 따라서 우리는 에디슨에게 속은 셈입니다."

마윈은 에디슨의 명언을 뒤집음으로써 청중의 호기심과 궁금증을 유발하고 연설을 성공적으로 마무리했다.

┃ 고전을 뒤집고 새로운 아이디어를 창조하라

중국의 유명 작가 왕멍(王蒙)은 〈언어의 기능과 함정〉이라는 제목으로 연설했다.

"아큐는 어떻게 사랑을 고백했을까요? 아큐는 우 어멈 앞에 무릎을 꿇고 말했습니다. '나하고 자자. 나하고 자.' 그러자 우 어멈은 질겁하고 울면서 뛰쳐나갔죠. 그래서 사람들은 아큐가 도덕과 규범도 모르고 천하의 몹쓸 짓을 저질렀다는 사실을 알게 됩니다. 결국 아큐는 반성의 뜻으로 일 년 치 품삯을 전부 우 어멈에게 바칩니다."

『아큐정전』은 워낙 유명한 작품이라서 청중도 이미 다 알고 있었기 때문에 청중은 왕멍이 왜 아큐의 이야기를 꺼냈는지 알 수 없었다. 왕멍은 곧바로 청중의 호기심을 해소해주었다.

"아큐가 오늘날의 중문과 수업을 들었다면 우 어멈에게 그런 식으로 고백하지 않았을 겁니다. 그가 쉬즈모의 아름다운 서정시와 낭만적인 문장을 배웠다면 어땠을까요? 아마 이렇게 말했을지도 모릅니다. '나는 하늘에 떠 있는 조각구름, 이따금씩 당신 마음에 머물다 가네. 눈 깜짝할 순간에 불과하니 놀라거나 동요치 마오. 어두운 바다에서 만나거든 서로 가야 할 곳으로 가면 그만인 것을.' 그랬다면 아큐의 사랑도 이루어졌겠죠!"

왕멍의 말이 끝나자 곳곳에서 웃음소리가 들렸다. 연사가 아큐와 쉬즈모를 연결시켜 말할 거라곤 아무도 예측하지 못했던 것이다.

마윈과 왕멍은 둘 다 '고전 뒤집기'를 통해 새로운 아이디어를 창조했고 연설을 성공적으로 이끌었다. 하지만 청중의 환심을 사기 위해 억지로 끼워 맞춘 '고전 뒤집기'는 안 된다. 직접 관찰하고 발견한 아이디어를 바탕으로 고전을 접목해야 청중도 자연스럽게 받아들인다.

Ted 14

숨기거나 피하지 말고
솔직하게 말하라

TED 무대에 오른 대부분의 연사들은 자기소개를 생략하고 바로 주제에 대한 이야기를 시작한다. 자기소개를 하는 연사도 "저는 ○○○입니다." 정도의 간단한 말만 하고 끝낸다. TED에서는 제한된 시간 안에 자신의 주장을 일목요연하게 말해야 하므로 시간을 끌거나 돌려서 얘기할 여유가 없다. 사회적인 이슈나 사건에 대해서도 피하거나 돌려 말하지 않고 단도직입적으로 자신의 생각을 밝히는 것이 바로 TED의 매력이다.

오랫동안 양성평등 운동과 성폭력 예방 활동을 해온 작가 잭슨 카츠(Jackson Katz)는 TED 무대에 올라 조금도 지체하지 않고 빠르게 연설을 시작했다.

"저는 여러분과 성폭력에 대한 이야기를 하려고 합니다. 성폭력, 가정폭력, 학대성 관계 성희롱, 아동 성적 학대 같은 문제들 말이죠. 우리는 이런 문제들을 '성폭력 문제'라고 부릅니다. 사람들은 성폭력 문제를 몇몇 착한 남성들이 도와줘야 하는 문제로 여기지만, 저는 이러한 견해에 동의하지 않습니다. 저는 성폭력 문제가 근본적으로는 남성의 문제라고 생각합니다."

잭슨은 거리낌 없이 말을 이어갔다.

"성폭력 문제를 전적으로 여성의 문제로 보는 건 옳지 않습니다. 이것은 남성들에게 그 문제에 대해 신경 쓰지 않아도 된다는 구실을 줍니다. 그렇죠? 남성들은 '여성 문제'라는 말을 들으면 자신과는 전혀 상관없는 문제로 받아들입니다. '나는 남자야. 저건 여자들의 문제잖아.'라고 말이죠. … 남자들은 마치 '투명인간'이 된 것처럼 행동합니다. 이런 방관자적 심리로 인해 남성이 중심이 되어야 할 토론에서 남성이 제외되어 버렸습니다."

잭슨은 TED 컨퍼런스에서 성폭력 문제는 남성의 문제임에도 불구하고 그들이 방관자적 태도를 취하는 것은 대단히 잘못된 것이라고 지적했다. 청중은 시원시원하고 직설적인 잭슨의 화법에 매료되었다.

잭슨은 처음부터 끝까지 솔직하고 거침없는 연설을 들려주었다. 중간에 한 번도 망설이거나 우물쭈물하지 않았다. 잭슨이 중간에 망설이거나 말문이 막혔다면 청중에게 뭔가를 숨기고 있다는 인상을 남겼을 것이다. 그런 상황에서 연사에 대한 신뢰도는 크게 떨어진다.

연사는 청중 앞에서 숨기거나 피하지 말고 솔직하게 말해야 한다. 사회적으로 민감한 이슈에 대한 연설이라면 원고를 작성할 때부터 무엇을 얘기하고 무엇을 얘기하지 말아야 하는지 구분하고, 무대 위에서는 즉흥적으로 떠오르는 말들은 하지 않으려 할 것이다. 그러면 말을 얼버무리거나 자세히 설명하지 않고 대충 넘어가는 일들이 발생하고, 청중의 마음을 사로잡을 수 없다.

▌직설적이되 망설이지 마라

1952년, 드와이트 아이젠하워(Dwight Eisenhower)가 대통령 선거를 치를 때 리처드 닉슨(Richard Nixon)은 부통령 후보로 그와 함께했다. 닉슨이 경선으로 한창 바쁠 때, 《뉴욕 타임스》는 닉슨이 불법 선거자금을 운용했다는 기사를 터뜨렸다. 소식은 순식간에 퍼져나갔고 선거에도 불리한 영향을 미쳤다. 이에 닉슨은 공개 연설을 통해 대중에게 통장을 보여주며 내역을 낱낱이 공개했다.

"지인으로부터 후원금을 받은 것은 사실이나 개인적인 용도로는 단 한 푼도 쓰지 않았습니다. 다만 한 가지 얘기하고 싶은 것이 있습니다. 유세 여행을 떠나기 전, 텍사스에 사는 한 지지자가 제 딸이 강아지를 가지고 싶어 한다는 사실을 알고 코커스패니얼을 선물한 적이 있습니다. 여섯 살 난 딸은 흰색과 검은색이 섞인 강아지를 받고 뛸 듯이 기뻐했습니다. '체커스'라는 이름도 지어줬지요. 사람들이 뭐라고 하든 저희는 그 강아지를 그대로 키울 생각입니다."

닉슨의 연설이 끝나자 사람들 사이에서는 그에 대한 동정론이 크게 일었다. 그렇게 닉슨은 부정적인 분위기를 단번에 뒤집는 데 성공했다. 이것이 바로 닉슨의 유명한 '체커스 연설'이다.

좋은 연설은 간단명료하고 논리적이며 객관적인 내용을 기본으로 한다. 직설적인 연설에서는 머뭇거리거나 우물쭈물하지 말고, 청중이 자신의 말을 이해하고 있는지 세심히 살펴야 한다. 자칫하다가는 망설인다는 부정적인 인상이 솔직해서 좋다는 칭찬을 까먹을 수도 있으니 특별히 주의해야 한다.

Ted 15

기억에 남는
연설을 하라

TED 컨퍼런스에서는 세계 각지에서 온 전문가들이 모여 생각을 나눈다. 엄선된 그들은 1,500여 명의 청중 앞에서 놀랄 만한 경험이나 창의적인 아이디어를 공유한다.

오랫동안 영어를 가르쳐왔던 페트리샤 라이언(Patricia Ryan)은 〈영어만 고집할 필요는 없어요〉라는 제목으로 연설을 했다.

"두바이에서는 늘 이런 질문을 받습니다. '어머님, 여기는 휴가 차 오신 건가요?', '얼마나 계실 건가요?' 아직까지는 좀 더 머물 생각입니다. 저는 30여 년간 걸프 만 지역에서 학생들을 가르쳤습니다. 그동안 많은 변화들을 보았지요. 이 통계를 보면 상당히 충격적이에요.

저는 오늘 언어의 소멸과 영어의 세계화에 대해 말하고자 합니다. 아부다비에서 성인들에게 영어를 가르치는 제 친구 얘기부터 해볼까요. 어느 날, 그녀는 정원으로 학생들을 데리고 나가 자연에 관한 어휘를 가르치려고 했답니다.

그런데 반대로 그녀가 지역 식물에 대한 아랍어 단어들을 배우고 말았죠. 전부 그들의 할머니, 할아버지로부터 배운 단어들입니다. 안타까운 사실은 오늘날 많은 언어가 빠른 속도로 죽어가고 있다는 사실입니다. 14일마다 하나의 언어가 사라지고 있어요. 이 와중에 영어는 세계 공용어의 자리를 굳건히 지키고 있습니다,

오해는 하지 마세요. 제가 영어 교육을 반대하는 것은 아닙니다. 세계 공용어가 있다는 것은 좋은 일이죠. 하지만 저는 그것이 장벽이 되어서는 안 된다고 생각합니다. 전 여러분께 현대 지식인들의 귀감이 되는 위인들은 영어 능력이나 영어 시험을 통과할 필요가 없었음을 상기시키고자 합니다. 아인슈타인만 봐도 그렇습니다. 아인슈타인은 학교에서 보충수업이 필요한 아이로 취급받았습니다. 실제로 그는 난독증이었죠. 하지만 다행스러운 건 그는 영어 시험을 통과할 필요가 없었다는 사실입니다."

페트리샤 라이언은 오늘날 영어 세계화의 흐름 속에서 각 국가와 민족의 언어를 보호해야 한다고 주장했다. 이러한 주장을 한 사람은 라이언이 처음은 아니지만, 그녀는 TED 컨퍼런스에서 이에 대한 신선한 관점을 제시했다. 사람들은 "가장 기억에 남는 연설은 전례가 없는 창의적인 연설이며, 최악의 연설은 뻔하고 상투적인 연설이다."라고 말한다.

TED 홈페이지를 보면 대학이나 학원에서 강조하는 '꿈'이나 '노력'에 대한 주제는 거의 없다. 그보다는 '사랑과 성', '임종 전에 준비해야 할 것', '인류 식량의 미래' 등 신선하고 창의적인 주제가 많다. 이런 주제는 우리가 눈을 감고 자리에 누웠을 때 머릿속을 차지하고는 좀처럼 사라지지 않는다. 이유는 간단하다. 복잡하고 빠르게 흘러가는 일상에서 연사가 들려주는 독특하고 참신한 주제는 사람들의 뇌를 자극하기에 충분하다. 이것이 바로 18분짜리 TED 연설이 추구하는 지점이다.

청중은 뭔가를 배우길 바라는 마음으로 연설을 듣기에 연사의 신선하고 창의적인 견해에 열광한다. 반대로 뻔하고 상투적인 이야기에는 아무런 흥미도 느끼지 못한다. 따라서 참신한 주제나 견해를 가지지 못한 연사는 TED 무대에 오를 자격이 없다.

▎내용이 아니라면 어휘나 구조라도 신선하게

말라리아 연구자 바트 눌스(Bart Knols)는 모기를 이용해 말라리아를 없애는 방법에 대한 연설을 했다.

"현재 전 세계 인구의 절반 이상은 단순히 모기에 한 번 물린 것 때문에 말라리아에 걸릴 위험에 놓여 있습니다. 지금도 어디에선가는 30초에 한 명의 어린아이가 말라리아에 걸려 죽어가고 있습니다. 만약에 우리가 이런 모기들을 냄새로 유인해서 잡는다면 질병의 전파를 막을 수 있을지도 모릅니다. … 인간의 발 냄새와 비슷한 림버거 치즈로 아프리카 모기를 유인해봤습니다. 그 결과 대성공이었습니다. 실제로 효과가 너무 좋아서 탄자니아에서는 림버거 치즈향이 나는 화학 합성물로 모기를 죽이고 있습니다. 이것으로 모기한테는 사람의 체취보다 림버거 치즈향이 두세 배는 더 유혹적이라는 것이 증명되었지요."

그는 이어서 개를 이용해 말라리아에 맞서는 방법에 대해 이야기했다.

"모기를 죽이는 가장 좋은 방법은 그들이 성충이 되어 날아다니면서 질병을 퍼뜨릴 때까지 기다리지 않고, 아직 유충으로 물속에 있을 때 죽이는 겁니다. 유충들은 웅덩이에 뭉쳐서 서식합니다. 따라서 모기 유충이 있는 웅덩이에 살충제를 뿌리면 박멸할 수 있죠. 문제는 유충들이 서식하는 웅덩이들이 여기저기에 분산되어 있어서 모든 서식지를 찾을 수 없다는 점입니다. 하지만 모기 유충들 역시 독특한 냄새를 풍기고 있으므로 그들의 냄새를 천에 묻히고 그것을 개에게 맡게 하면, 개의 후각으로 유충의 서식지를 찾을 수 있습니다."

이 밖에도 바트는 모기를 죽일 수 있는 인체에 무해한 독약을 소개했다. 바트가 알려준 림버거 치즈로 모기를 유인하는 방법과 개의 후각으로 모기 유충의 서식지를 찾는 방법은 신기하고 재밌다. 전부 그가 직접 실험을 통해 검증한 방법이라 믿음이 간다.

오랫동안 기억에 남을 연설을 하고 싶다면 독특하고 신선한 견해나 청중을 깜짝 놀라게 할 만한 신기한 경험이 있어야 한다. 독특하고 신선한 내용이 없다면 어휘나 연설의 구조라도 참신해야 한다. 상투적인 단어는 빼고, 서술 방식과 순서 등을 특별하게 준비한다면 청중에게도 잊지 못한 연설이 될 것이다.

Ted 16

기발한 방법으로
정보를 포장하라

연사는 원고를 준비할 때부터 포장을 시작한다. 대부분의 연사는 일반적인 방법으로 연설을 준비하지만, 영리한 연사는 연설의 내부에서 외부까지 철저하게 포장한다. 마치 잘 빚은 술을 평범한 유리병이 아니라 다이아몬드로 만든 병에 보관하는 것과 같다.

심리학자 폴 블룸(Paul Bloom)의 연설 제목은 〈편견이 좋은 것이 될 수 있을까?〉이다.

"편견과 편향에 대해 생각할 때 사람들은 이를 어리석고 나쁜 짓이라고 받아들입니다. 이에 대해 영국의 비평가 윌리엄 해즐릿(William Hazlitt)은 이렇게 정리했습니다. '편견은 어리석음의 자식이다.'라고요. 저는 여러분에게 이것은 잘못된 생각이라고 말씀드리려 합니다. 편견과 편향은 자연스러운 것이며, 때로는 이치에 맞고 때로는 아주 도덕적이기도 합니다. 이러한 사실을 잘 이해한다면, 일이 잘못 돌아가거나 끔찍한 결과를 가져왔을 때 어떻게 대처해야 할지 알 수 있습니다.

우선 고정관념에 대해 말해봅시다. 여러분은 제 이름과 저에 대한 여러 가지 사실들을 알고 있으니 그것으로 어떤 판단을 내릴 수 있습니다. 예를 들어, 여러분은 저의 민족성, 정치적 견해, 종교와 신념 등을 추측할 수 있습니다. 실은 이러한 판단은 꽤 정확합니다. 우리는 이런 일을 잘합니다.

사람들에게 고정관념을 갖는 것은 마음이 멋대로 하는 장난이 아닙니다. 우리는 세상의 사물과 사람들에 대한 경험을 분류하고, 그 경험을 근거로 각 분류에 따른 새로운 일들을 일반화합니다. 여러분은 의자, 사과, 개에 대한 다양한 경험을 지니고 있습니다. 이 경험을 바탕으로 여러분은 익숙하지 않은 일들을 추측할 수 있습니다. 여러분은 의자에 앉거나 사과를 먹을 수 있고, 개가 여러분을 보고 짖을 수도 있습니다. 어쩌면 틀릴지도 모르죠. 여러분이 앉은 의자가 부서지거나 사과에 독이 들었을 수도 있고, 개가 짖지 않을지도 모릅니다. 하지만 우리는 대체로 이런 일, 즉 추측을 잘 하죠. 그렇지 않고, 앞으로 마주칠 새로운 상황을 추측하지 못한다면, 우리는 살아남지 못할 겁니다.

저는 편견과 편향이 인간 본성의 이중성을 잘 보여준다고 생각합니다. 우리는 직감, 본능, 감정을 지니고 있고 그것은 우리의 판단과 행동에 긍정적이거나 부정적인 영향을 미칩니다. 하지만 우리는 이성적인 사고력과 판단력을 지니고 있습니다. 때로는 이러한 것들이 우리의 감정을 풍부하게 하거나 더 증폭시키고, 때로는 감정을 막습니다. 이렇게 편견과 편향은 우리가 더 나은 세상을 만들 수 있도록 도와줍니다."

▌연설도 포장할 필요가 있다

폴은 19분 동안 구체적이고 논리적인 논거로 편견에 대해 이야기했다. 제목만 보면 편견에 대한 부정적인 이야기를 할 것 같았지만, 실제로 그는 연설을 통해 편견의 긍정적인 기능을 입증했다. 이것은 이번장에서 말하려는 주제와 일치한다. 즉 신선한 방식으로 정보를 포장하는 것이다. 도식화된 연설은 딱딱하고 무미건조하여 청중의 흥미를 불러일으키지 못한다. 사실, 연설 초반에 청중의 시선을 사로잡는 일은 어렵지 않다. 포장을 멋지게 하면 된다.

연설은 일종의 정보를 전달하고 생각을 나누는 과정이다. 예를 들어, 모성애의 위대함을 알리기 위해 연사가 "제 연설의 주제는 위대한 모성애입니다."라고 말한다면, 청중은 바로 고개를 저으며 이렇게 투덜댈 것이다. "또 그 얘기야?" 그런 분위기에서는 연사가 어떤 말을 해도 사람들의 마음에 와 닿지 않는다. 따라서 주제를 신선하고 재밌는 것으로 포장할 필요가 있다. 주제가 모성애라면, 모성애와 전혀 상관없는 제목을 달고 서사적인 이야기를 들려준 뒤, 마지막에 모성애의 위대함을 강조하는 식이다.

연설을 특별하게 포장하는 방법

신선한 표현 사용하기

틀에 박힌 연설은 지양하고, 새로운 각도로 주제를 바라본다. 스피치 대회에서 다른 사람들과 같은 제목으로 연설을 해야 한다면 새로운 표현방법을 찾아볼 수 있다. 이는 상품의 포장지를 새로 바꾸면 소비자에게 신선한 느낌을 주는 것과 같다.

중국 최대의 민영기업 레노버의 류촨즈(柳傳志) 회장은 회사의 인재 양성 방법을 '신발 밑창 꿰매기'와 '양복 만들기'라고 불렀다. 우수한 인재를 양성하는 것과 바느질이 비슷하기 때문이다. 처음부터 고급 옷감으로 양복을 만들 수 있는 사람은 없다. 처음에는 누구나 신발 밑창을 꿰매는 작은 일부터 시작해야 한다. 신발 밑창을 꿰맨 뒤에 바지와 셔츠를 만들 수 있다. 이처럼 우수한 인재를 양성하는 일도 작은 것부터 차례대로 해야 한다는 뜻이다.

익숙한 표현 인용하기

속담과 관형어, 고전 등 사람들에게 이미 익숙한 표현을 인용한다. 주제에서 벗어나지만 않는다면 일부 내용을 수정하거나 추가하여 좋은 효과를 볼 수 있다.

역설

생각을 전환하고 과감한 표현으로 시선을 사로잡은 뒤, 심층적인 분석을 통해 주제를 드러낸다.

Part 04

처음에
시선을 끌어라

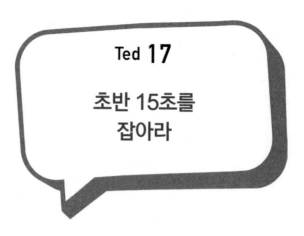

Ted **17**

초반 15초를
잡아라

많은 TED 연사들이 멋진 도입부를 구상하기 위해 고심하지만 말처럼 쉽지 않다. 좋은 연설은 도입부가 참신하고 실용적이어야 한다. 뻔하고 상투적인 말로는 청중의 시선을 사로잡을 수 없다.

신경과학자 산드라 애모트(Sandra Aamodt)는 TED 컨퍼런스에서 다이어트에 대한 연설을 하며 이렇게 시작했다.

"3년 반 전이었어요. 저는 제 인생에서 가장 훌륭한 선택을 했습니다. 새해를 맞이해 다이어트를 포기하고 몸무게에 대한 걱정을 하지 않기로 결심했어요. 그리고 아주 신중하게 음식을 대했죠. 지금 저는 배고프면 언제든지 먹는데도 다이어트를 할 때보다 5킬로그램이나 줄어들었어요."

이것은 TED 무대에서 가장 흔하게 볼 수 있는 도입부다. 간단해 보이지만 상당히 실용적이다. 산드라는 사례 분석을 통해 다이어트를 할 수 있는 다양한 방법을 소개했다. 그녀는 연설을 시작하자마자 다이어트를 포기한 이야기를 솔직하게 들려줌으로써 청중의 호기심을 자극했다. 사람들은 그녀가 왜 다이어트를 포기했는지, 어떻게 마음껏 먹는데도 몸무게가 5킬로그램이나 빠질 수 있는지, 연사가 하려는 말은 무엇인지 궁금해했다.

청중의 참여도가 가장 높을 때는 연설 초반 1~2분 또는 연설 초반 10~20초에 불과하다. 이때 청중의 시선을 붙잡지 못하면 그들의 집중력은 곧 분산되고 만다. 따라서 연설 초반 15초 안에 그들의 마음을 반드시 사로잡아야 한다.

▎처음부터 연설 목적을 밝혀라

연사는 연설 도입부에서 연설의 목적과 특징을 이야기하여 청중의 호기심을 불러일으켜야 한다. 그렇지 않으면 청중은 연설의 목적을 오해하거나 연설에 대한 흥미를 잃을 수 있다. 심한 경우 연사의 동기마저 의심스러워한다.

미국에서 택배회사를 운영하는 제임스 로빈슨 3세(James Robinson III)는 15초라는 짧은 시간 안에 연설의 목적을 설명했다.

"신사 숙녀 여러분, 안녕하세요? 이렇게 여러분을 뵙게 되어 영광입니다. 미국광고연맹은 미국 미디어 산업의 중요한 구성요소입니다. 현재 미국 미디어 산업은 다양한 문제에 직면해 있으며, 막중한 책임감을 느끼고 있습니다. 오늘 저는 미디어 산업이 직면한 문제와 그들 앞에 놓인 도전에 대해 이야기해 보겠습니다."

연설을 시작할 때 연사는 형식에 얽매일 필요가 없으며, 정해진 어떤 형식도 존재하지 않는다. 그럼에도 몇 가지 규칙이 필요한 이유는,

청중이 처음부터 흥미를 잃었다는 사실을 깨닫지 못하는 연사들이 아주 많기 때문이다.

┃ 연설 도입부에서 주의해야 할 사항

자기소개에 시간을 낭비하지 마라

대다수 연사들의 고질병 중 하나가 무대에서 자기소개와 그 자리에 서게 된 구체적인 이유를 일일이 열거하려 한다는 점이다.

"안녕하세요? 제 이름은 율두스(Uldus)입니다. 저는 러시아에서 온 사진예술가입니다. 저는 6년 전부터 풍자적인 자화상을 통해 국가, 성별, 그리고 사회 문제에 대한 수많은 편견들을 공개해왔습니다."

율두스는 자기소개를 간단히 한 뒤에 곧바로 청중에게 자신이 하는 일에 대해 설명해줌으로써 연설 주제를 밝히고 본론으로 들어갔다. 율두스처럼 이름과 직업, 연설 주제 3가지만 소개한 뒤 바로 본론으로 들어가는 것이 좋다. 연설 초반에 잡다한 이야기가 길어지면 청중은 흥미를 잃는다. 초청을 받아 그 자리에 온 거라면 관계자가 직접 연사를 소개하도록 한다.

적절한 유머는 좋지만, 썰렁한 농담은 금물

적절한 유머와 썰렁한 농담의 차이를 잘 알아야 한다. "실내가 좀 썰렁한데 여러분이 열심히 박수를 치면 달아오르지 않을까요?" 이런 썰렁한 농담에 박수를 쳐주는 청중은 없을 것이다. 오히려 연사가 상당히 긴장했으며 자신감이 부족하다는 인상을 줄 뿐이다. 썰렁한 농담을 한 번으로 그치지 않고 질질 끌며 이야기를 이어간다면 최악의 결과를 불러올 수도 있다.

겸손해하지 마라

"죄송합니다. 제가 연설은 처음이라 잘할지 모르겠네요."

일부 연사들은 이런 말로 청중의 양해를 구한다. 물론 그런 말을 들은 청중은 연사를 이해하려고 노력할 것이다. 하지만 연설에 대한 흥미는 크게 떨어진다. 연사의 겸손한 말은 훌륭한 연설을 기대하고 온 청중에게 실망을 안겨줄 뿐이다.

처음으로 연설에 도전한다면 무대 아래에서 무수하게 연습하며 준비했던 자신을 믿어야 한다. 실제로 무대 위에서 너무 긴장한 나머지 자신이 지금 무슨 말을 하는지 갈피조차 잡지 못했다면, 연설을 마치기 전에 양해의 말을 하는 것이 좋다. 무대에 올라서는 자신감 있는 모습을 보여주기 위해 최선을 다한다. 초반 15초 안에 청중의 시선을 사로잡는다면 일단 성공이다.

Ted 18

삼단논법으로
시작하라

삼단논법은 연설 초반에 전체적인 내용과 주제를 미리 밝힘으로써 청중에게 생각할 거리를 던져주는 연설 방법이다.

영국의 교육학자 켄 로빈슨(Ken Robinson)은 TED 무대에서 여러 차례 연설을 했는데, 그중에서 가장 많은 조회 수를 기록한 것은 〈학교는 창의력을 죽이는가?〉이다.

"안녕하세요. 정말 좋지 않으세요? 연설들이 너무 좋아 정신을 못 차리겠어요. 저는 그냥 집에 가는 게 낫겠어요. 이번 컨퍼런스에는 3개의 주제가 있는데, 전부 제가 오늘 연설할 내용과 겹칩니다.

첫째는 인류의 위대한 창의력입니다. 그 창의력이 얼마나 다양하고 광범위한지요.

둘째는 창의력이라는 것을 미래의 관점으로 보면 무슨 일이 일어날지, 어떤 식으로 전개될지 아무도 알 수 없다는 점입니다. 저는 교육에 아주 관심이 많습니다. 교육에는 엄청난 이해관계가 걸려 있죠. 왜냐하면 교육은 알 수 없는 미래를 엿볼 수 있게 해주니까요. 생각해보세요. 이번에 초등학교에 입학한 어린이들은 2065년에 은퇴를 하게 됩니다. 지난 4일 동안 미래 사회를 예견하기 위해 모든 전문 지식을 찾아보았지만 5년 뒤에 세계가 어떻게 변할지조차 알 수 없었습니다. 아이들이 알 수 없는 미래를 대비하도록 하기 위해 필요한 것이 바로 교육입니다.

셋째는 어린이들이 무한한 창의력을 지니고 있다는 사실입니다. 하지만 우리는 창의력을 가진 아이들을 가차 없이 억누르죠. 그래서 저는 오늘 교육과 창의력에 대해 이야기해볼 생각입니다."

켄 로빈슨은 긴 서론에도 불구하고 훌륭한 연설을 했다. 초반에 연설의 목표와 주제를 명확히 밝히면서 청중의 시선을 사로잡았기 때문이다. 켄은 인류의 위대한 창의력과 예측 불가능한 미래에 교육이 필요한 이유를 먼저 언급한 뒤, 교육과 창의력의 관계를 설명했다. 그의 논리적이고 명확한 설명은 청중의 호기심을 불러일으켰다.

삼단논법으로 시작하는 연설의 장점은 잘 짜인 구조에 있다. 연사는 연설을 시작하자마자 3가지 주제를 차례로 설명한다. 따라서 청중은 연설이 어떻게 진행되고 끝날지 파악할 수 있다. 연사는 주제를 이탈하지 않고 정해진 순서대로 말하면 되므로 실수할 가능성이 줄어든다.

삼단논법은 연설의 도입부뿐만 아니라, 전체 연설 구조에 적용할 수도 있다. 1단계, 도입부에서 연설을 하게 된 배경을 설명하거나 단도직입적으로 주제에 대한 질문을 던진다. 2단계, 연설 주제에 대한 논리적인 근거와 이치를 밝히거나 의문을 해결한다. 그리고 3단계에서 결론을 내고 연설을 마친다.

삼단논법으로 연설하기

2005년, 스티브 잡스가 스탠퍼드 대학교 졸업식에서 한 축사는 아주 유명하다.

"오늘 세계 최고의 명문으로 꼽히는 이곳에서 졸업식 축사를 하게 되어 매우 영광으로 생각합니다. 저는 대학을 졸업하지 못했습니다. 솔직히 오늘 이 자리가 제가 처음으로 참석한 대학 졸업식입니다. 오늘 여러분께 3가지 이야기를 들려드리고자 합니다. 대단한 이야기는 아니고, 딱 3가지만 이야기하겠습니다."

첫 번째는 잡스가 리드 대학을 자퇴하고 친구네 집 마룻바닥에서 자며 힘들게 살았다는 이야기다. 그때 그는 서체에 관심이 생겨 대학에서 도강을 하며 공부했는데, 10년 뒤 컴퓨터를 구상할 때 큰 도움이 되었다. 두 번째는 사랑과 실패에 대한 이야기다. 그는 서른 살에 애플에서 쫓겨났을 때를 회상하며 말했다.

"저는 서른 살에 쫓겨났습니다. 제 인생 전체를 쏟아 부었던 모든 것을 잃어버렸죠. … 저는 실패했지만 여전히 제 일을 사랑했습니다. 그래서 다시 시작하기로 결심했습니다."

잡스는 재기하는 시간이 정말 행복했다며 이렇게 말했다.

"정말 독하고 쓴 약이었지만 이게 필요한 환자도 있었습니다. 때때로 인생이 여러분의 뒤통수를 치더라도 절대 믿음을 잃지 마세요. 그때 제가 계속 나아갈 수 있었던 이유는 제 일을 사랑했기 때문입니다."

세 번째는 죽음에 관한 이야기다. 잡스는 췌장암 진단을 받고, 언제라도 죽을 수 있다는 생각에 엄청난 공포를 느꼈다. 그래서 매일 아침 일어나면 그날이 마지막 날인 것처럼 생각하며 살았다. 잡스는 말했다.

"죽음은 언제든지 우리를 찾아올 수 있습니다. 아무도 피할 수 없죠. 죽음은 인생의 중요한 선택을 할 수 있도록 도와줍니다. 인생을 낭비하지 말고 매 순간을 의미 있게 보내세요."

스티브 잡스는 삼단논법을 사용해 연설했다. 그는 연설 도입부에서 청중에게 3가지 이야기를 들려주겠다고 했다. 그리고 차례로 이야기한 뒤, 마지막에 3가지 이야기를 하나로 합쳐 결론을 내렸다. 이와 같이 논리적이고 명확한 삼단논법 연설은 청중의 마음을 한 번에 사로잡았다. 연설에 삼단논법을 적용하면 큰 효과를 기대할 수 있다.

Ted **19**

놀라운 이야기로 시선을 끌어라

연설 초반에 청중의 시선을 사로잡고 싶다면 놀랄 만한 이야기로 시작하는 것도 좋다. 그러면 순식간에 분위기를 뜨겁게 달굴 수 있다. 유명한 요리사 제이미 올리버(Jamie Oliver)의 연설을 예로 들 수 있다.

"안타깝게도 앞으로 제가 이야기할 18분 동안 미국인 4명이 음식 때문에 목숨을 잃을 겁니다. 제 이름은 제이미 올리버이고 서른네 살입니다. 영국 에식스 출신이고, 지난 7년간 생명을 구하기 위해 제 방식대로 최선을 다해왔습니다. 저는 의사가 아니라 요리사입니다. 고가의 장비도 없고 약도 없습니다. 저는 정보와 교육을 이용합니다. 저는 음식에 대한 확고한 믿음이 있습니다. 음식은 인생 최고의 순간들을 누리게 해줍니다."

올리버는 연설을 시작하자마자 깜짝 놀랄 만한 이야기로 청중의 주목을 끌었다. 매일 음식 때문에 목숨을 잃는 사람은 셀 수도 없이 많은데, 그들 중 대부분은 못 사는 나라 사람들이 아닌 미국인이라는 이야기는 정말 놀랍다. 올리버는 삶과 죽음이라는 관점에서 이런 일이 발생하는 이유와 앞으로 해야 할 일에 대해 이야기했다. 올리버처럼 연설 초반에 청중의 시선을 단번에 사로잡기 위해, 평소 사람들이 종종 놓치는 객관적인 정보나 수치를 활용하는 것도 좋은 방법이다. PPT를 이용한다면 설득력을 더 높일 수 있다. 올리버는 처음부터 놀라운 이야기를 들려주었다.

"안타깝게도 앞으로 제가 이야기 할 18분 동안 미국인 4명이 음식 때문에 목숨을 잃을 겁니다."

이 말을 들은 청중은 올리버의 말에 호기심을 느끼며 그가 잘못된 정보를 흘린 건 아닌지 의심하게 된다. 하지만 객관적인 수치와 근거로 그 말이 사실임이 입증되는 순간, 청중은 올리버의 이야기를 믿으며 집중한다.

일반적으로 연사는 무대에 올라 자기소개를 한 뒤 연설의 주제를 이야기한다. 이때 지루하거나 따분한 분위기가 형성되면 나중에 연사가 아무리 노력해도 청중의 흥미를 유발하지 못한다. 하지만 정공법을 버리고 깜짝 놀랄 만한 이야기로 연설을 시작한 뒤 객관적인 근거와 수치를 제시한다면, 청중의 호기심을 불러일으킬 수 있다. 주제가 환경보호라면, 멸종위기 동물과 희귀식물에 대한 정보를 들려준다. 관련 사진을 함께 첨부하면 연사에 대한 신뢰도를 높일 수 있다.

이렇게 연설 초반에 놀라운 이야기로 청중의 시선을 사로잡으면, 계속 좋은 분위기를 유지할 수 있다. 연설을 통해 평소 생각지 못했던 이야기에 관심을 갖게 된 청중은 연사의 말을 계속 신뢰하며 귀를 기울인다.

| 객관적인 정보의 힘

집중치료 전문가인 피터 사울(Peter Saul) 박사는 TED 컨퍼런스에서

〈죽음에 대하여〉라는 제목으로 연설을 했다. 그는 사람은 모두 죽는다는 이야기로 연설을 시작했다.

"여러분처럼 활력 넘치는 청중에게 이런 주제에 대해 이야기해도 될지 곰곰이 생각해 보았습니다. 그러다 글로리아 스타이넘(Gloria Steinem)의 말이 떠올랐습니다. '진실은 당신을 자유롭게 할 것이다. 하지만 그 전에 먼저 당신을 화나게 할 것이다.'라는 말입니다.

이 말을 염두에 두고, 저는 여러분과 21세기의 죽음에 대해 이야기해 보고자 합니다. 우선 여러분을 화나게 할 사실은 사람은 모두 죽는다는 점입니다. 예외는 없습니다. 설문 조사에 따르면 여러분 중 8분의 1은 자신이 불멸의 존재라고 생각하겠지만, 유감스럽게도 그런 일은 일어나지 않을 겁니다. 앞으로 연설하는 10분 동안 제 몸에서는 1억 개의 세포들이 죽을 겁니다. 오늘이 끝날 때쯤이면 2,000여 개의 뇌세포들이 죽어 다시는 재생되지 않을 거구요. 이런 사실로 미루어보면, 저는 이미 부분적으로 죽기 시작했다고 할 수 있죠."

피터가 제시한 객관적인 정보에 청중은 놀라움을 금치 못했다.

이와 같은 예는 많다. 프랭클린 루스벨트(Franklin Roosevelt) 대통령은 1941년 일본의 진주만 기습 다음날 대일본 선전포고 연설을 했다.

"어제 일본은 하와이 제도를 공격해 수많은 미국인의 목숨을 앗아갔습니다. 어제 일본 정부는 또한 말레이 반도에 대한 공격을 개시했습니다. 어젯밤 일본군은 홍콩을 공격했습니다. 어젯밤 일본군은 필리핀 군도를 공격했습니다. 어젯밤 일본군은 웨이크 섬을 공격했습니다. 그리고 오늘 아침 일본군은 미드웨이 군도를 공격했습니다."

루스벨트는 일본군의 침략 소식 외에 별다른 말을 덧붙이지 않았다. 그럼에도 의회에 모인 사람들은 크게 분노하며 일본에 대한 선전포고에 찬성표를 던졌다. 주목할 점은 루스벨트가 나열한 정보로 의회가 발칵 뒤집어졌다는 사실이다. 그렇지 않았다면 의원들의 마음이 크게 움직이지 않았을지도 모른다.

회사 상황이 좋지 않을 경우, 더 분발해서 다음 분기에 좋은 모습을 보여주자는 연설은 큰 효과를 불러일으키지 못한다. 그보다는 각 부서의 실적 하락과 인재 유출 등에 관한 구체적인 데이터를 제시한다면, 직원들도 위기감을 느끼고 더 열심히 해야겠다는 사명감이 고조될 것이다.

Ted 20

중요한 문제를
제기하라

비중 있는 문제를 제시하며 연설을 시작하는 것은 TED 컨퍼런스에서 흔히 볼 수 있는 방법으로, 청중의 시선을 사로잡을 수 있는 아주 효과적인 도입부다.

재해의학 전문가 어윈 레드너(Irwin Redlener)는 〈핵 공격에서 살아남기〉라는 제목으로 연설을 시작했다.

"우리는 지금 커다란 문제에 직면해 있습니다. 이것은 상당히 오래된 문제로, 우리는 핵공격 위험에 노출되어 있는가 하는 문제입니다. 그런데 우리는 이보다 더 크고 중요한 문제에 당면해 있을지도 모릅니다. 그것은 바로 핵공격의 가능성을 영원히 제거할 수 있느냐에 대한 문제입니다. 제가 하고 싶은 말은, 핵무기가 처음 개발된 이래로 지금까지 우리는 위험한 핵무기 세상 속에서 살고 있다는 사실입니다."

이어서 레드너는 핵무기의 발전사를 간략하게 소개하고 현재 존재하는 핵무기 개수를 제시했다. 그리고 냉전시기 핵전쟁이 발발할 수 있었던 가능성에 대해 이야기했다.

연설 초반, 레드너는 아주 오래된 문제를 끄집어냈다. 그는 너무 오래돼서 사람들 관심에서 멀어진 이 문제가 사실은 우리와 아주 가까운 문제라는 사실을 지적했다. 이것은 아주 영리하고 효과적인 연설 방법이다. 레드너는 도입부에서 중요한 문제를 제기해 청중의 주목을 끌고 공감대를 형성하는 데 성공했다. 그는 청중이 생각할 만한 문제를 제시하여 연설에 집중하게 만들었다.

노예 출신의 작가 프레더릭 더글러스(Frederick Douglass)는 1854년 7월 4일, 미국 매사추세츠 주의 낸터킷에서 노예제 반대에 대한 연설로 사람들의 공감을 이끌어냈다.

"여러분에게 한 가지만 묻겠습니다. 오늘 저는 왜 이 자리에 서게 되었을까요? 이 땅의 노예를 대표하는 제가 여러분과 무슨 상관이 있어서 이렇게 연설을 하게 되었을까요? 《독립선언문》에서 제창한 자유와 평등 원칙은 저 같은 노예들에게도 적용되는 말인가요?"

청중의 주목을 끌기 위해서는 연설 초반에 '핵공격의 위협'이나 '인종차별' 같이 생각할 거리나 큰 공감대를 형성할 수 있는 문제를 제기해야 한다. 중요한 것은 보편적이고 영향력 있는 질문을 해야 한다는 점이다. "오늘 아침에 제가 어떤 반찬을 먹었는지 아세요?"와 같은 질문으로는 청중의 시선을 사로잡을 수 없다.

▌좋은 질문을 던져라

대만 작가 리아오(李敖)는 베이징 대학에서 다음과 같은 연설을 했다.

"학장님과 교수님, 내외 귀빈, 그리고 이 자리에 참석한 학생 여러분, 안녕하십니까? 연설을 앞두고 제가 긴장한 것처럼 보이나요? 무척 긴장됩니다. 천군만마를 지휘하는 장군도 긴장하면 사람들 앞에서 입도 뻥긋하지 못합니다. 미국의 남북전쟁을 승리로 이끈 율리시스 그랜트(Ulysses Grant)는 수천만 군사를 지휘할 정도로 대담한 인물입니다. 하지만 링컨 대통령이 훈장을 수여하며 그에게 몇 마디 소감을 묻자 한마디도 못 했죠. 왜 그랬을까요? 너무 긴장했기 때문입니다."

리아오가 사용한 질문형 연설법은 곤란한 상황에서 분위기를 전환하기에 아주 유용한 방법이다. 청중이 연설에 집중하지 않고 시끄럽게 떠들 때 사용하면 사람들의 주목을 끌 수 있다. 한 일본 교수는 대학에서 연설을 하는데 학생들이 계속 웅성거리자 주머니에서 검은 돌멩이를 꺼내 이렇게 말했다.

"이 돌멩이는 아주 특별합니다. 일본에서 이걸 가진 사람은 저밖에 없어요. 이 돌멩이가 특별한 이유를 아세요?"

그러자 학생들은 검은 돌멩이에 호기심을 갖고 연사에게 집중하기 시작했다. 검은 돌멩이는 연사가 남극 탐험 중에 가져온 것이었다.

궁금증을 자아내거나 질문을 던지는 연설법은 속임수가 아니라, 청중에게 생각할 거리를 던져주고 그들과 함께 고민하며 공감대를 형성하기 좋은 방법이다. 이때 주의할 점은 선생이 일방적으로 학생들에게 가르치듯이 하면 안 된다는 것이다. 청중과 함께 생각하고 고민하는 모습을 보여주는 게 중요하다. 연설 초반에 청중에게 적절한 질문을 던져 주목을 끌 수 있다면 연설의 절반은 성공한 셈이다.

Ted 21

먼저 이야기를
들려주어라

TED 컨퍼런스에서 성공한 연설들은 이야기로 도입부를 시작한다. TED 동영상 중에서 유명 인사의 연설을 제외하고 가장 많은 조회 수를 기록한 것도 특별한 이야기를 들려준 사람들의 연설이다. 특별한 이야기가 아니더라도 연설 도입부를 소소한 이야기로 시작한다면 청중에게 깊은 인상을 남길 수 있다.

중국의 유명 방송인 양란(楊瀾)은 TED 컨퍼런스에서 〈중국을 새롭게 만드는 세대〉라는 연설을 시작하며 다음과 같은 이야기를 들려주었다.

"스코틀랜드로 오기 전날, 저는 상하이에서 8만 명의 관중이 모인 자리에서 '차이나 갓 탤런트(China's Got Talent)'의 결승 무대를 진행했습니다. 초청 가수로 누가 왔는지 아세요? 스코틀랜드 가수 수잔 보일(Susan Boyle)이 왔습니다. 그녀는 아름다운 노래를 들려준 뒤 마지막에 중국어로 '쏭니충(送你葱)'이라고 했습니다. 이 말은 '안녕하세요'나 '감사합니다'라는 간단한 중국어가 아니라, '푸른 양파가 공짜'라는 뜻이에요. 왜 그런 말을 했을까요?

이 말은 '중국의 수잔 보일'로 알려진 50대 채소 장수 차이홍핑(蔡洪平) 씨가 처음 사용한 말이에요. 그녀는 오페라를 좋아했지만 영어나 프랑스어, 이탈리아어를 전혀 몰라서 가사 대신 중국어 야채 이름을 넣어서 불렀다고 해요. 그날 수잔 보일이 무대에서 불렀던 '공주는 잠 못 이루고(Nessun Dorma)'의 마지막 가사가 '푸른 양파가 공짜'였습니다. 수잔 보일이 그 마지막 소절을 부르자 8만 관중이 다 같이 따라 불렀죠. 정말 대단했어요.

제가 보기에는 수잔 보일과 차이홍핑 둘 다 '별난 사람'이에요. 그들은 엔터테인먼트 세계에서 성공과 가장 멀어 보이는 사람들이지만 용기와 재능으로 원하던 성공을 이루었어요. 두 사람을 보면 남들과 다르다는 게 그렇게 나빠 보이지 않습니다. 서로 다른 관점에서 보면 우리는 모두 다릅니다. 하지만 저는 다르게 사는 것이 좋다고 봅니다. 그것은 남들과 다른 관점을 제시하고, 세상을 바꿀 기회를 제공하기 때문입니다."

┃ 이야기로 시작하는 연설은 생동감이 넘친다

양란은 스코틀랜드, 수잔 보일, 차이나 갓 탤런트, 중국의 수잔 보일이라는 키워드를 엮어 생동감 있는 이야기를 들려주었다. 양란은 스코틀랜드에서 연설을 시작하면서 스코틀랜드 가수 수잔 보일과 '중국의 수잔 보일'로 불리는 채소 장수를 연결시키며 청중과의 거리감을 좁혔다. 그렇게 흥미로운 이야기로 청중의 시선을 끈 뒤 자연스럽게 연설의 주제로 넘어갔다.

이야기로 시작하는 연설은 청중의 호기심을 끌어 연사의 말에 집중하게 하는 힘이 있다. 대부분의 사람들은 이야기를 좋아하며, 재밌거나 독특한 이야기라면 더더욱 환영한다. 게다가 도입부에서 이야기를 들려주면 연설에 생동감이 더해진다. 그래서 많은 연사들이 특이한 경험이나 모험담을 들려주며 연설을 시작한다.

중국에서 유명한 교육가 리엔제(李燕杰)는 〈사랑과 아름다움〉이라는 연설을 시작하며 다음과 같이 말했다.

"저는 사랑을 연구하는 사람은 아닙니다. 그렇다면 왜 이런 주제로 연설을 할까요? 얼마 전, 베이징에 있는 한 회사에서 제게 강연을 해달라고 몇 번이나 요청한 적이 있습니다. 회사는 제게 자살자 목록을 보여주며 그들 대부분이 연애 문제로 목숨을 끊었다는 안타까운 이야기를 들려주었죠. 그날을 계기로 저는 사람들과 사랑에 대한 이야기를 많이 나누어야겠다고 다짐했습니다."

리엔제의 이야기는 짧지만 청중의 시선을 끌며 깊은 인상을 남겼다.

▌이야기를 주제와 연결하기

1962년, 82세의 맥아더 장군은 모교인 육군사관학교를 방문했다. 그는 학교를 둘러보며 옛 생각에 젖어들었고, 마치 젊은 시절로 돌아간 것 같은 기분이 들었다. 맥아더는 육군사관학교 훈장 수여식 행사를 마치고 연설을 시작했다.

"오늘 아침, 호텔을 나서는데 문지기가 물었습니다. '장군, 어디 가십니까?' 그래서 육군사관학교에 간다고 했더니 이렇게 말하더군요. '정말 대단한 곳이죠. 가본 적은 있으신가요?'"

맥아더 장군의 이야기는 짧고 간단해서 특별할 것도 없어 보이지만, 미국에서 육군사관학교의 영향력이 얼마나 큰지를 단적으로 보여준다. 그는 유머러스한 이야기로 육군사관생도들의 자부심을 높여준 셈이다. 이어서 맥아더는 국가와 명예, 책임에 대한 주제로 연설을 성공적으로 마쳤다.

도입부에 들려줄 이야기는 진부한 우화나 신화가 아닌 연사가 직접 경험한 것이어야 하며, 그때 느낀 감정과 생각을 청중과 나누는 것이 가장 좋다. 앞에서처럼 반드시 주제와 관련된 이야기여야 한다. 연사가 이야기를 실감나게 전달해야 청중도 쉽게 공감하고 호기심을 느낀다. 그렇다고 연설 전체를 이야기로 채워서는 안 되며, 연설 도입부에 적절히 사용한다.

Ted 22

청중의 호기심과 궁금증을 자극하라

최고의 연설은 서사 구조가 추리 소설처럼 치밀하다. 연사는 도입부에서 문제를 제기한 뒤 본론에서 해결책을 찾는 과정을 소개한다. 그러면 청중은 그 순간 깨달음을 얻고 자연스럽게 모든 서사의 의미를 이해하게 된다. 청중은 호기심에 끌려 연설에 빠져들고, 심지어 감동을 받기도 한다.

미국 작가 카렌 톰슨 워커(Karen Thompson Walker)는 TED 무대에서 〈두려움이 우리에게 가르쳐주는 것〉이라는 제목으로 연설을 시작했다.

"1819년 어느 날, 칠레 해변에서 3,000마일 떨어진, 태평양에서 가장 외진 지역에서 미국인 선원 20명은 그들의 배로 바닷물이 차오르는 모습을 지켜보고 있었습니다. 그들의 배는 향유고래와 부딪혀 커다란 구멍이 났습니다. 배가 바다 속으로 가라앉기 시작하자 선원들은 세 대의 작은 구조선에 몰려들었죠. … 이는 포경선 에섹스(Essex) 호 선원들의 이야기이며, 그들의 이야기는 소설

『모비 딕(Moby Dick)』의 모티브가 됩니다."

이어서 톰슨은 두려움에 관한 이야기를 덧붙였다.

"1819년, 포경선 에섹스 호의 선원들이 직면했던 상황으로 돌아가볼까요? 태평양을 표류하며 그들의 상상력이 만들어낸 두려움을 살펴봅시다. 배가 뒤집힌 지 막 24시간이 지났습니다. 그들에게 주어진 선택지는 거의 없었고, 마침내 결단을 내려야 할 순간이 왔습니다."

연사는 후반부에 가서야 선원들이 내린 결론을 들려주었다.

"오랜 고민 끝에 선원들은 결론을 내렸습니다. 가장 가까이에 있는 섬은 위협적인 식인종 때문에 포기했습니다. 대신에 더 멀고, 더 어려운 항로인 남아메리카로 출발했습니다. … 생존자들은 마침내 지나가는 두 대의 선박에 구조되었습니다. 그때 살아남은 선원은 전체의 절반도 채 되지 않았습니다."

카렌 톰슨은 태평양 한가운데서 표류한 선원들의 이야기로 연설을 시작했다. 그는 청중의 호기심을 불러일으킨 뒤 이야기를 연설의 주제와 연결시켰다. 그리고 주제에 대한 심도 있는 분석을 마치고 다시 선원들의 이야기로 돌아가 결말을 맺었다.

호기심 유발은 주로 연설의 도입부나 전반부에서 이루어진다. 그래야 청중의 흥미와 궁금증을 불러일으킬 수 있기 때문이다. 연사는 적절한 순간에 궁금증을 해소하여 청중의 호기심을 충족시켜야 연설을 성공적으로 마무리할 수 있다. 물론 호기심을 유발하는 이야기는 연설 도입부 외에도 연설 중간이나 후반부에도 할 수 있다. 하지만 연설 도입부에서 호기심을 불러일으키는 것이 가장 효과가 좋다.

스티브 잡스는 2007년 신제품 프레젠테이션에서 이렇게 말했다.

"오늘은 여러분에게 혁신적인 제품 3가지를 선보일 예정입니다."

잡스가 가리킨 화면에는 아이팟, 휴대폰, 인터넷 통신기기에 해당하는 아이콘이 등장했다. 잠시 후 잡스가 말했다.

"이해하시겠어요? 놀랍게도 이 3가지 제품은 각기 다른 기기가 아니라 하나의 기기입니다. 우리는 이것을 아이폰이라고 부릅니다."

▌호기심을 유발하는 다양한 방법

중국의 베스트셀러 작가 비수민(畢淑敏)은 저서 『누구나 확실한 목표가 있어야 한다』에서 이렇게 말했다.

어느 날, 앨 고어(Al Gore) 부통령 부부는 강아지를 선물 받아 기분이 무척 좋았다. 고어는 강아지를 훈련시키고자 직접 훈련사를 찾아갔다. 훈련사는 강아지와 고어를 번갈아 쳐다보며 물었다. '강아지 훈련의 목표가 뭐죠?' 뜻밖의 질문에 당황한 고어는 어깨를 으쓱하며 대답했다. '글쎄요. 개답게 키우고 싶어서 데리고 왔어요. 고양이나 쥐가 되면 안 되니까요.' 그러자 훈련사가 말했다. '죄송합니다. 저는 목표가 없는 훈련은 도와드릴 수 없습니다.' 그날 고어는 강아지를 데리고 집으로 돌아올 수밖에 없었다.

고어는 하루 종일 서재에 처박혀 강아지의 훈련 목표에 대해 생각했다. 저녁이 되어 강아지와 산책을 나간 그는 강아지가 네 자녀와 신나게 노는 모습을 보자 훈련 목표가 떠올랐다. 다시 훈련사를 찾은 고어는 강아지를 그에게 맡길 수 있었다. 얼마 후 훈련소를 나온 강아지는 아이들의 가장 친한 친구이자 정원을 지키는 충직한 문지기가 되어 있었다. 고어가 원한 목표 그대로였다.

강아지도 목표가 있어야 훌륭한 개로 성장하는데, 사람은 더 말할 것도 없다. 평생 목표 없이 사는 것은 불가능하다. 목표를 정하고 그것을 이루기 위해 노력하는 것은 인생에서 가장 중요한 일이다.

비수민은 책에서 독자들의 호기심을 유발할 만한 문제를 제시했다. 처음에 훈련사가 고어에게 질문한 의도는 무엇일까? 훈련사에게 거절 당한 고어는 어떻게 했나? 고어가 세운 훈련 목표는 무엇인가? 훈련 사는 고어의 강아지에게 어떤 훈련을 시켰을까? 비수민은 독자의 호 기심을 불러일으킨 뒤에 그것을 '누구나 인생의 목표가 있어야 한다'는 주제와 자연스럽게 연결시켰다.

연설에서 들려줄 이야기가 없거나, 진지한 학술적인 내용을 주제로 삼는다 해도 청중의 궁금증과 호기심을 불러일으킬 방법은 있다. 예를 들면, 연설 도입부에서 청중에게 질문을 던진다. 이때 질문은 청중이 쉽게 대답할 수 없고, 생각할 거리를 주는 것이어야 한다. 또는 독특하 고 놀랄 만한 사건을 언급하여 관심을 끄는 방법도 있다.

그 밖에도 중요한 순간에 잠시 멈추고 청중을 바라보는 것만으로도 사람들의 호기심을 자극할 수 있다. 옛날 이야기꾼들은 종종 중요한 순간에 잠시 멈추고 청중을 둘러보곤 했다. 그리고 몇 초 뒤 나무 막대 로 탁자를 한 번 치고는 이야기를 계속 이어갔다. 이것은 청중의 호기 심을 불러일으키는 좋은 방법이며, 연설에서도 큰 효과를 볼 수 있다.

Ted 23

독특한 견해를
제시하라

연설을 시작하는 방법은 아주 다양하다. 중요한 것은 어떤 방법을 선택할 것인가가 아니라 그것을 어떻게 사용할 것인가이다. 참신하고 기상천외한 견해로 청중의 시선을 사로잡아보는 건 어떨까?

영국의 TV 다큐멘터리 작가 일레인 모간(Elaine Morgan)은 TED 컨퍼런스에서 〈인류의 조상은 수생 유인원〉이라는 제목으로 연설을 시작했다.

"올해는 2009년입니다. 찰스 다윈 탄생 200주년이죠. 우리는 왜 침팬지와 다를까요? 유전학자들은 우리와 침팬지가 유전적으로 얼마나 비슷한지 계속 이야기합니다. 하지만 외형을 보면 인간과 침팬지는 전혀 닮지 않았습니다. 침팬지는 털이 많고 네 발로 걷지만 인간은 두 발로 걷습니다. 왜 그럴까요?

50년 전만 해도 이건 아주 간단한 질문이었습니다. 모두 그 답을 알고 있었죠. 유인원의 조상은 나무에서 살았지만 우리의 조상은 평지로 나왔습니다. 이

걸로 모든 게 설명됐습니다. 우리는 키 큰 풀 너머를 보기 위해, 동물을 사냥하기 위해, 손으로 무기를 들기 위해 두 발로 섰습니다. 그리고 동물을 쫓을 때 체온이 오르는 걸 막기 위해 '털옷'을 벗어야 했습니다. 이것은 여러 세대에 걸쳐 모두가 아는 이야기죠."

이어서 모간은 인류의 조상이 왜 수생 유인원인지에 대한 자세한 설명과 분석을 시작했다.

▌상식을 뒤집다

연설의 도입부라고 몇 마디 인사말이나 자기소개만 하는 것은 아니다. 일레인 모간처럼 도입부에서 긴 이야기를 들려주는 연사도 많다. 글자 수로 따지면 적지 않지만, 직접 말로 하면 2분이면 충분하다. 도입부에서 모간은 참신하고 기상천외한 주장을 펼쳤다. 그는 독특한 견해를 제시하는 것만으로도 충분히 청중의 호기심을 자극했고, 연설을 성공적으로 이끌었다.

일반적으로 연사들은 도입부에서 이렇게 말한다. "안녕하세요! 제 이름은 ○○○이고, 연설 주제는 …입니다." 이것은 가장 평범하고 안전해 보이는 도입부지만, 청중의 호기심을 끌기에는 역부족이다. 기상천외한 도입부는 듣자마자 청중을 놀라게 하여 삽시간에 주목을 끄는 효과가 있다.

미국의 건축가 프랭크 라이트(Frank Wright)는 피츠버그에서 연설한 적이 있는데, 도입부에서 기상천외한 말로 청중을 놀라게 했다.

"피츠버그는 지금까지 제가 본 도시 중 가장 추한 도시입니다."

당시 피츠버그는 미국에서 가장 매력적인 도시로 손꼽히는 곳이었다. 라이트는 "안녕하십니까! 아름다운 도시 피츠버그에 오게 되어 매우 기쁘게 생각합니다." 같은 말로는 청중의 흥미를 끌지 못한다는 사실을 알았다. 따라서 정반대의 말로 청중의 시선을 사로잡은 후 해명을 덧붙였다.

▎도를 넘지 않는다

영국 철학자 오노라 오닐(Onora O'Neill)은 TED 컨퍼런스에서 〈신뢰에 대한 오해들〉이란 제목으로 연설을 했다.

"오늘 저는 신뢰에 대해 말하고자 합니다. 먼저 신뢰에 대한 여러분의 견해를 짚어보겠습니다. 신뢰라는 말은 이미 진부해졌으며 여기저기서 함부로 남용되고 있습니다. 신뢰에 대한 3가지 이야기부터 해보겠습니다. 첫째는 '주장'입니다. 바로 신뢰가 상당히 줄어들었다는 주장이에요. 이건 널리 받아들여지고 있죠. 둘째는 '목표'입니다. 신뢰를 더 쌓아야 한다는 목표죠. 셋째는 '과제'입니다. 잃어버린 신뢰를 다시 회복해야 한다는 겁니다.

저는 이러한 주장, 목표, 과제가 잘못되었다고 생각합니다. 그래서 저는 오늘 여러분에게 주장, 목표, 과제에 대한 다른 이야기를 들려드리고자 합니다. 제 이야기로 신뢰에 대한 오해가 풀렸으면 좋겠습니다."

미국의 한 방송국은 라디오의 뛰어난 기술력을 강조하며 이렇게 홍보했다.

"라디오는 뉴욕 빌딩 유리창에서 파리가 걸어 다니는 소리를 중앙아프리카까지 전달하고, 나아가 그 소리를 나이아가라 폭포처럼 크게 확대시킬 수도 있습니다."

이 말에 호기심이 발동한 청중은 라디오가 어떻게 파리의 발소리를 전달하는지 궁금해할 것이다.

연설 도입부에서 기상천외한 견해를 제시하는 것은 청중의 호기심을 유발하는 좋은 방법이지만, 도를 넘어서는 안 된다. 그렇지 않으면 단순히 청중을 놀라게 하거나 환심을 사기 위한 수단이 될 뿐이다. 따라서 먼저 청중의 생각과 마음을 헤아릴 줄 알아야 한다. 독특하고 기상천외한 것만 추구하느라 터무니없는 주장이나 궤변을 내세운다면 청중의 반감을 살 뿐이다. 아무리 참신한 견해도 연설의 주제와 목적에 부합하지 않으면 소용없다는 사실을 명심하자.

Part 05

훌륭한 연사는
타고난 이야기꾼이다

Ted 24

가치 있는
이야기를 나누다

말재주가 없고 연설 기술이 부족해도 청중을 감동시킬 이야기만 있다면 연설을 성공적으로 마칠 수 있다. 연설의 본질을 살펴보면, 아무리 뛰어난 연설 기술도 이야기의 호소력을 높이기 위한 수단으로밖에 작용하지 않는다. 가치 있는 이야기라면 말재주가 없어도 청중에게 깊은 감동을 선사할 수 있다.

TEDxNanjing 팀은 케냐에서 리처드 투레레(Richard Turere)라는 12세 소년을 만났다. 투레레는 케냐 나이로비 국립공원 남쪽 지역에 사는데, 밤만 되면 사자들이 가축을 공격해 걱정이 이만저만이 아니었다. 투레레는 이 문제를 해결하기 위해 다양한 방법을 시도했다. 그러다 사자들이 움직이는 불빛을 무서워한다는 사실을 알고 손전등을 이용하기 시작했다. 그때부터 투레레는 전자기기에 관심을 갖게 되었고, 집안의 라디오를 몇 번이나 분해했다 조립했다. 투레레는 마침내 오래된 자동차 배터리와 표시등을 이용해 스위치가 순차적으로 켜졌다 꺼졌다 하는 조명 시스템을 만들었다. 조명 시스템을 설치한 뒤로는 사자들이 더 이상 습격하지 않았다. 얼마 후 투레레의 발명품은 마을 전역에 설치되었다.

TEDxNanjing 팀은 투레레의 이야기를 TED 무대에서 듣고 싶어 했다. 하지만 소년은 수줍음이 많았고 긴장하면 말을 더듬는 습관 때문에 1,400여 명 앞에 설 자신이 없었다. 빌 게이츠처럼 유창한 연사들만 보던 청중이 투레레를 보고 어떤 반응을 보일지도 예측하기 어려웠다.

TEDxNanjing 팀은 포기하지 않고 투레레의 연설 준비를 적극적으로 도왔다. 마침 케냐의 한 국제학교에서 장학금을 받게 된 투레레에게 많은 사람 앞에서 발표할 기회가 주어졌다. 자신감을 얻은 투레레는 용기를 내서 TED 무대에 올랐고, 〈사자와 평화롭게 살게 해준 나의 발명품〉이라는 제목으로 연설을 시작했다. 무대에 선 투레레는 여전히 긴장했지만 청중은 그의 이야기를 듣기 위해 열심히 귀를 기울였다.

▌가치 있는 이야기는 연설의 매력을 높인다

청중이 연설을 들으며 조는 이유는 연사의 이야기에 흡인력이 떨어지기 때문이다. 흡인력이 떨어지는 이야기에 무미건조한 표현과 장황한 문장이 더해지면 지루한 설교가 된다. 투레레처럼 가치 있는 이야기가 있다면 특별한 연설 기술 없이도 청중의 흥미를 유발할 수 있다.

데일 카네기(Dale Carnegie)는 저서 『인간관계론(How to Win Friends & Influence People)』에서 가치 있는 이야기의 중요성에 대해 다음과 같이 서술했다.

저는 흥미로운 이야기를 통해 주제를 이끌어내는 서술 방식을 좋아합니다. 『인간관계론』의 핵심 원칙은 다 합쳐봐야 한 장 반 정도에 불과하고, 나머지 200여 페이지는 구체적인 이야기로 채워져 있습니다. … 이 이야기들은 인간관계론 원칙이 실제로 어떻게 적용되는지 자세히 보여줍니다.

이야기는 강한 보편성을 가진다. 『아라비안나이트』가 다양한 언어로 번역되어 사람들의 사랑을 받는 것도 이야기가 지닌 보편성 때문이다.

투레레의 이야기가 특별한 이유는 연사의 경험을 바탕으로 하기 때문이다. 도시 사람들이 보기에, 케냐 소년 투레레가 '사자 쫓는 손전등'을 발명한 이야기는 아주 독특하고 흥미롭다. 그들은 늦은 밤에 사자가 집 주변을 배회한다면 어떤 기분일지를 상상하며 투레레의 이야기에 흠뻑 빠져들었다.

연사가 직접 경험한 신기한 이야기를 생동감 있게 들려주며 당시 느꼈던 감정을 솔직하게 전달할 수 있다면, 청중도 눈을 반짝이며 연사의 말에 귀를 기울이게 될 것이다.

▌이야기를 고르는 법

스노보드 선수 겸 영화배우인 에이미 퍼디(Amy purdy)는 TED 무대에서 이렇게 말했다.

"뜨거운 라스베이거스 사막에서 자란 저의 유일한 꿈은 자유롭게 사는 것이었습니다. 저는 어릴 때부터 늘 꿈을 꿨어요. 세계 곳곳을 여행하고 눈이 내리는 곳에서 사는 꿈을요. 저는 19살에 고등학교를 졸업하고 눈이 내리는 곳으로 이사를 갔습니다. 그리고 마사지 치료사가 되었어요. 두 손과 마사지용 침대만 있으면 어디든지 갈 수 있는 직업이죠. 그때 저는 태어나서 처음으로 자유와 독립심을 느꼈고, 제 삶의 온전한 주인이 된 것 같았어요. 제게 시련이 찾아오기 전까지는 말이죠.

　하루는 일을 마치고 집으로 돌아왔는데, 감기 기운이 좀 있다고 생각했어요. 그런데 24시간도 채 되지 않아 저는 생명 유지 장치를 달고 병원에 누워 있는 신세가 되었습니다. 생존 확률은 2% 미만이었어요. 제가 혼수상태에 빠져 며칠 동안 죽을 고비를 여러 번 넘기고서야, 의사들은 박테리아성 수막염이라는 진단을 내렸습니다. 병마와 싸우는 두 달 반 동안, 저는 비장과 신장을 제거했고, 왼쪽 귀의 청력을 잃었으며, 무릎 아래의 두 다리를 절단해야 했습니다.

　휠체어에 앉아 퇴원할 때, 저는 조각들을 갖다 붙인 누더기 인형이 된 기분이었죠. … 절단된 다리에는 두꺼운 금속 조각으로 만들어진 종아리와 볼트로 파이프를 이어붙인 발목이 달려 있었어요. … 제가 뭘 기대했는지는 잘 모르겠지만, 그런 모습은 절대 아니었어요. 제 머릿속에는 '이 의족을 끼고 세계여행을 할 수 있을까? 앞으로 스노보드는 탈 수 있을까?' 하는 생각뿐이었어요.

　그러던 어느 날, 저는 제 키를 꼭 167센티미터에 고정할 필요가 없다는 사실을 깨달았어요. 전 얼마든지 키를 키울 수 있어요. 키 작은 사람과 데이트할 때는 키를 줄일 수도 있죠. 그리고 스노보드를 탄다면 더 이상 발이 시리지도 않겠죠. 정말 좋은 건, 가게에서 할인하는 신발을 사서 그 사이즈에 맞게 발 크기를 조절할 수 있다는 거예요."

　최고의 경지는 연사가 따로 주제를 설명하지 않아도 청중이 자연스럽게 이야기에 호기심을 느끼고 감동을 받는 것이다. 이야기를 통해 주제를 이끌어낼 때는 주의가 필요하다. 주제가 명확하지 않으면 앞에서 한 이야기는 힘을 잃고 청중의 비웃음을 살 것이다. 따라서 연설의 주제를 확실히 정하고 그에 맞는 이야기를 선택해야 좋은 효과를 기대할 수 있다.

Ted **25**

일인칭 시점으로 이야기하라

'사람들이 좋아하는 이야기는 뭘까?' 이것은 연사들이 가장 많이 하는 생각이다. 훌륭한 연사는 타고난 이야기꾼이다. 따라서 이야기를 통해 청중에게 감동을 주고 마지막에 핵심 주제를 전달한다. 이야기에 능한 연사는 일인칭 시점으로 말한다.

미국의 뇌과학자 질 볼트 테일러(Jill Bolte Taylor)는 TED 컨퍼런스에서 〈통찰력의 뇌졸중〉이라는 연설을 했다.

"저는 어릴 때부터 뇌를 연구하겠다고 결심했습니다. 오빠가 뇌질환 진단을 받았거든요. 정신분열증이었죠. 저는 여동생으로서, 나중에는 과학자로서, 오빠의 뇌를 이해하고 싶었어요."

이어서 테일러는 자신의 경험담을 들려주었다.

"1996년 12월 10일 아침, 잠에서 깬 저는 뇌에 이상이 생긴 것을 알았습니다. 제 뇌의 좌반구에서 혈관이 터진 거예요. 4시간 동안 저는 제 뇌가 완전히 악화되어 정보처리 능력을 상실해가는 것을 지켜보았습니다. 저는 걷지도, 말하지도, 읽지도, 쓰지도, 제 삶을 기억하지도 못했어요. 마치 아기 때로 돌아간 것 같아요."

테일러는 동료에게 전화를 걸어 도움을 요청했다. 3주 뒤, 그녀는 골프공만 한 응혈을 제거하는 수술을 마쳤지만 몸이 완전히 회복되기까지 8년이라는 시간이 걸렸다.

"우반구는 현재의 순간에 대한 것을 관장합니다. '바로 여기, 바로 지금'에 대한 것들을 이미지로 생각하죠."

이야기를 마친 테일러는 마지막에 이렇게 덧붙였다.

"저는 우리가 우반구에 더 많은 관심과 시간을 쏟아 내적인 평화를 추구해야 한다고 생각합니다. 그래야 이 세계가 훨씬 평화로워질 것이라고 믿습니다. 저는 이것이 널리 전할 가치가 있는 아이디어라고 생각합니다."

테일러는 오빠를 통해 자신이 뇌과학에 관심을 갖게 된 이유를 설명했다. 그리고 자신이 뇌졸중에 걸렸을 때 느꼈던 생각과 감정을 말하고, 마지막에 연설 주제를 전달했다. 일인칭 시점으로 이야기하면 일대일로 대화하는 것처럼 느껴져 청중과의 거리를 크게 좁혀준다는 장점이 있다.

조사에 따르면, 오바마 대통령은 한 연설에서 일인칭 대명사 I와 Me를 117번이나 사용했다. 연설을 하는 25분 32초 동안 평균 13.09초에 한 번꼴로 일인칭 대명사를 사용한 셈이다. 이것은 연설에서 일인칭 시점으로 이야기하는 것이 얼마나 중요한지를 잘 말해준다. 특히 자신이 직접 경험한 이야기는 일인칭 시점으로 전달해야 큰 효과를 볼 수 있다.

좋은 이야기는 그 자체로 청중에게 감동과 깨달음을 준다. 그저 결말이 궁금해 이야기가 빨리 끝나기만을 바라는 연설은 좋은 연설이 아니다. 일인칭에 비해 이인칭 대명사는 설교조로 들리고, 삼인칭 대명사는 청중에게 거리감을 느끼게 한다. 따라서 연설을 성공적으로 이끌고 싶다면 일인칭 시점으로 이야기해야 한다.

┃ 일인칭 대명사로 거리감을 좁히다

1963년 8월 28일, 노예 해방 100주년을 기념해 워싱턴 링컨기념관 앞에 흑인 25만 명이 집결했다. 그곳에서 마틴 루터 킹은 〈나에게는 꿈이 있습니다〉라는 유명한 연설로 사람들에게 큰 감동을 선사했다. 그는 연설 전반부의 '우리'라는 대명사를 후반부에서 '나'로 바꾸어 말했다.

"나에게는 꿈이 있습니다. 바로 언젠가 이 나라가 떨쳐 일어나 진정한 의미의 국가 이념을 실천하리라는 꿈입니다. 모든 인간은 평등하게 태어났다는 진리를 우리 모두가 자명한 진실로 받아들이는 날이 오리라 믿습니다. 나에게는 꿈이 있습니다. 삭막한 사막으로 뒤덮인 채 불의와 억압의 열기에 신음하던 미시시피 주조차도 자유와 정의가 실현되는 오아시스로 변하리라는 꿈입니다."

마틴 루터 킹의 "나에게는 꿈이 있습니다."라는 말을 들은 사람들은 감동의 눈물을 흘렸다. 그는 꿈이 실현될 아름다운 미래를 그리며 격앙된 목소리로 외쳤다.

"뉴햄프셔의 거대한 산꼭대기에서 자유가 울려 퍼지게 합시다! 뉴욕의 거대한 산맥에서 자유가 울려 퍼지게 합시다. 자유가 펜실베이니아의 높다란 앨러게니 산맥에서 울려 퍼지게 합시다. … 모든 산허리에서 자유가 울려 퍼지게 합시다!

모든 마을과 부락, 모든 주와 도시에서 자유가 울려 퍼지면, 하나님의 모든 자손, 흑인과 백인, 유태인과 이교도, 개신교 신자와 가톨릭 신자가 서로 손잡고 옛 흑인 영가를 함께 부르는 그날이 훨씬 더 앞당겨질 것입니다. 마침내 자유를! 마침내 자유를! 전지전능하신 하나님이시여, 마침내 우리가 자유를 얻었습니다!"

마틴 루터 킹의 "나에게는 꿈이 있습니다."라는 말은 현장에 모인 흑인들의 꿈을 대변한다. 그는 왜 '우리'가 아니라 '나'라고 했을까? 연설을 처음부터 끝까지 낭독해보면 알 것이다. '나'라고 하는 순간, 높은 무대에서 아래를 내려다보며 연설을 하는 게 아니라, 사람들과 모닥불 주위에 둘러 앉아 마음속 이야기를 나누는 것 같은 느낌이 든다. 그만큼 연사와 청중의 거리가 가까워지는 것이다.

연사는 단순히 이야기를 전달하는 사람이 되어서는 안 된다. 이야기가 눈앞에 펼쳐지듯이 생생하게 느껴지도록 말하는 것이 중요하다.

Ted 26

생동감 넘치는 이야기로
청중의 주목을 끌어라

어떤 의미에서 스토리형 연설은 과거 전기수(이야기책을 전문적으로 읽어 주는 사람)가 들려주는 이야기와 비슷하다. 둘 다 이야기를 끝까지 들려주기 위해 청중의 주목을 끌어야 하기 때문이다. 전기수는 청중의 호기심을 유발하기 위해 이야기를 과장하고 보다 생동감 있게 전달하는 기술을 사용했다. 그러면 청중은 결말을 궁금해하며 전기수의 말에 귀를 기울였다.

캐나다의 전 우주비행사 크리스 해드필드(Chris Hadfield)는 TED 연설에서 이렇게 말했다.

"여러분이 한 일 중 가장 무서웠던 일은 무엇인가요? 다시 말해 여러분이 한 일 중 가장 위험한 일은 무엇인가요? 저는 나사(NASA)가 철저히 계산해 알려준 덕분에 제가 얼마나 위험한 일을 했는지 알게 되었습니다. 우주왕복선이 발사되었던 일을 생각해보면, 처음 다섯 차례 발사하는 동안 비극적인 사고가 일어날 확률은 9분의 1 이었습니다. 그리고 1995년, 제가 처음으로 '왕복비행선 74'에 탑승했을 때 문제가 생겨 광속으로 우주를 표류하거나 사망할 확률은 38분의 1 정도였습니다."

크리스는 우주비행 경험을 공유했다. 우주왕복선 조종석에 앉았을 때의 느낌과 발사 30초 전, 발사 15초 전의 심정, 우주에서 무중력 상태가 되었을 때의 기분까지 상세하게 청중에게 들려주었다.

"처음 우주 유영을 할 때 왼쪽 눈을 실명했습니다. 갑자기 왼쪽 눈에 엄청난 고통이 찾아왔지만, 왜 그런지는 알 수 없었어요. 그런데 이런 생각이 들었습니다. '어쩌면 이게 바로 우리에게 눈이 두 개나 달린 이유 아닐까?' 그래서 계속 일했습니다. 하지만 불행히도 무중력 상태에서는 눈물이 떨어지지 않습니다. 그래서 왼쪽 눈 속의 점액과 눈물이 섞여 공처럼 커졌고, 코를 거쳐 오른쪽 눈으로 휩쓸려가고 말았죠. 그렇게 저는 두 눈이 모두 보이지 않게 되었어요."

크리스는 그 상태에서 침착하게 동료의 도움을 기다렸다. 그리고 우주왕복선으로 돌아와 응급처치를 통해 시력을 회복했다.

크리스 해드필드는 진정한 위험은 어디에서 오며, 우리가 두려워해야 할 일은 무엇인지에 대해 설명했다. 그리고 앞으로 일어날지도 모를 나쁜 일을 두려워할 필요가 없다고 말했다. 청중은 그의 생생하고 역동적인 이야기에 빠져들었고 연설은 성공적으로 마무리되었다.

좋은 이야기는 따뜻하고 감동적인 이야기와 생생하고 역동적인 이야기로 나뉜다. 주제가 모성애나 우정에 관한 연설이라면 따뜻한 이야기로 청중에게 감동을 선사하는 게 좋다. 하지만 일반적인 연설에서는 청중의 호기심을 유발하지 못하면 연사가 어떤 말을 해도 그들의 시선을 사로잡을 수 없다. 따라서 생생하고 역동적인 이야기가 필요하다.

┃ 이야기를 재구성하라

연설에서 이야기는 아주 중요한 역할을 한다. 하지만 무미건조하고 딱딱한 이야기로는 청중의 시선을 끌기 어렵다. 따라서 재미있는 이야기를 준비하거나, 독특한 구성으로 청중의 호기심을 유발해야 한다.

중국의 유명 아나운서 징이단(敬一丹)의 〈가치 있는 목소리를 전달하라〉라는 기사를 살펴보자.

그날, 우리가 농가를 방문했을 때 마침 한 아주머니가 냄비에 거무스름한 채소를 넣고 삶고 있었다. 아주머니는 채소가 어느 정도 익자 옥수수 가루를 집어넣었다. 당연히 나는 그것이 돼지에게 줄 꿀꿀이죽이라고 생각했다. 그런데 얼마 후, 아주머니는 거무튀튀한 옥수수 죽을 그릇에 담아 떠먹기 시작했다. 그것은 돼지가 아니라 그녀의 밥이었다. 집안을 둘러보니 가구와 집기를 다 합쳐도 100위안(한화로 약 17,000원)이 채 안 되어 보였다. 카메라맨은 처참한 환경에 차마 고개를 들지 못했다. 그는 지갑에서 100위안짜리 지폐를 꺼내 아주머니에게 건네며 말했다. '이 돈으로 새끼 돼지라도 사서 키워보세요. 살림에 보탬이 될 겁니다.' 현장(縣長)은 마을을 통틀어도 100위안짜리 지폐를 잔돈으로 바꿔줄 사람은 없을 거라고 했다. 아주머니는 카메라맨을 껴안으며 감격스러운 목소리로 말했다. '넌 이제부터 내 아들이야!' 나는 가난에 찌든 사람들과 비참한 풍경을 지켜보는 게 너무나 괴로웠다. 우리를 자식처럼 대해주는 사람들 앞에서 나는 도대체 뭘 하려고 한 걸까!

징이단은 가난한 산골 풍경을 직접적으로 묘사하지 않았다. "거무스름한 옥수수 죽은 아주머니의 점심이다."라고 표현하지 않고, 반전을 통해 사람들에게 깊은 울림을 전했다.

좋은 연설에는 좋은 이야기가 빠지지 않는다. 흥미로운 이야기를 준비하지 못했다면 회상, 반전, 복선 등으로 이야기를 재구성하면 된다. 열심히 연구하고 노력한다면 이야기는 더 풍성하고 매력적으로 바뀔 것이다.

Ted 27

이야기는
일종의 여행이다

크리스 앤더슨은 월간 경영학 잡지 『하버드 비즈니스 리뷰(Harvard Business Review)』에 〈어떻게 최고의 연설을 할 것인가?〉라는 칼럼을 발표했다.

저는 감동적인 연설을 하고 싶다고 생각할 때마다 머릿속으로 청중을 데리고 여행을 가는 상상을 합니다. 성공적인 연설은 마치 기적과 같아요. 사람들은 그 연설을 통해 완전히 다른 세상을 체험하거든요. 이야기를 일종의 여행이라고 가정하면, 어디에서 시작하고 끝낼지를 정하는 것이 가장 중요합니다. 청중이 연사의 이야기를 어느 정도 이해하고 그것에 관심을 가지고 있다면, 적절한 시작점을 찾기란 그리 어렵지 않습니다. 하지만 청중의 이해도와 관심도를 높게 측정하고, 지나치게 전문적인 이야기로 연설을 시작한다면 청중을 모두 잃을지도 모릅니다.

영국의 수영 선수 루이스 퓨(Lewis Pugh)는 자신의 모험담으로 연설을 시작했다.

"오늘 저는 북극해를 수영으로 횡단한 이야기를 해볼까 합니다. … 저는 10개국에서 온 29명의 사람들로 팀을 꾸렸습니다. 수영은 혼자서 하는 운동이라고 생각하는 사람들이 있습니다. 혼자 물에 뛰어들어 헤엄치면 그만이라고 생각하죠. 하지만 실제로는 전혀 그렇지 않습니다. 저는 엄청난 양의 훈련을 했습니다. 얼음처럼 차가운 물속을 앞뒤로 오가며 수영을 했지요. 그러나 가장 중요한 훈련은 머릿속으로 앞으로 일어날 일을 대비하는 일이었습니다. 상상으로는 북극해를 수백 번 횡단했죠.

일 년간의 훈련을 통해 저는 준비가 됐다고 느꼈습니다. 할 수 있다는 자신감이 들었어요. 그래서 저와 다섯 명의 팀원들은 쇄빙선을 타고 북극으로 향했습니다. 나흘째 되는 날, 우리는 시험 삼아 5분간 물속에 들어가 봤습니다. 그때까지 저는 한 번도 영하 1.7도에서 수영해본 적이 없었어요. 그런 환경에서 훈련하는 건 불가능에 가깝기 때문이죠. 우리는 배를 세우고 모두 얼음 위로 내려갔습니다. 저는 수영복을 입고 바다로 뛰어들었습니다.

그런 기분은 평생 처음 느껴봤습니다. 숨쉬기가 너무 힘들어 헐떡거렸고 과호흡 때문에 몇 초 만에 손의 감각은 사라졌습니다. 신기한 건, 얼음처럼 차가운 물에 들어갔는데 몸은 오히려 불난 것처럼 뜨거워졌다는 겁니다. 저는 5분 동안 전력을 다해 수영했습니다. 물 밖으로 나오려 했던 순간이 또렷이 기억납니다. 저는 얼음 위로 기어 올라와 물안경을 벗고 제 손을 내려다보고 엄청난 충격을 받았습니다. 손가락은 소시지처럼 통통 부어 있었어요."

▎좋은 이야기의 원칙

루이스 퓨의 이야기는 아주 구체적이다. 북극해 횡단을 위해 어떻게 팀을 꾸리고 훈련을 했는지, 수영할 때의 느낌은 어떠한지 등을 상당히 자세히 소개했다. 청중은 시간 순서대로 진행되는 이야기에 편안함을 느꼈고, 유창한 연사의 이야기에 푹 빠져들었다.

좋은 이야기를 완성하기 위해서는 3가지 원칙을 따라야 한다. 첫째, 내용이 간단명료하다. 둘째, 시간이 오래 걸리지 않는다. 셋째, 이해하기 쉽다. 저속하지 않은 주제와 명확한 내용으로 구성하되 생생함과 역동성까지 가미한다면 더할 나위 없다. 이야기를 일종의 여행이라고 생각하면 쉽다. 여행의 동기, 시작점, 중간 과정, 최종 목적지에 맞춰 이야기를 구성한다.

영화제작자 데이비드 호프만(David Hoffman)은 2008년 TED 컨퍼런스에 참가하기 9일 전에 겪은 화재 이야기로 연설을 시작했다.

"9일 전에 화재가 있었습니다. 그날 저는 영화 175편, 16mm 네거티브 필름, 제가 지금까지 모은 책과 아버지의 책들까지 모든 애장품을 잃었습니다. 저는 아무것도 하지 못하고 그저 현장을 바라보고 있었습니다. 머릿속으로 '지금 타고 있는 게 내 물건이 맞나?' 하는 생각뿐이었죠.

저는 언제나 현재를 사랑했습니다. 어릴 때부터 나쁜 일을 겪어도 긍정적인 부분을 찾아내려고 노력했어요. 하지만 이번 화재는 저를 너무 힘들게 했어요. 기침을 하고 시름시름 앓아누울 정도였거든요. 저것은 제가 처음으로 산 카메라 렌즈에요. 저 렌즈로 35년 전 밥 딜런의 다큐멘터리를 찍었습니다. 저것은 장편영화 《킹 머레이(King, Murray)》로, 1970년 칸 영화제에서 수상한 작품입니다. 제가 가진 유일한 현상본이었죠.

20분도 안 되는 사이, 순식간에 일어난 일이었습니다. 그런데 문득 이런 생각이 들더군요. '나쁜 일을 겪어도 긍정적인 면이 있을 거야.' 저는 친구들과 이웃, 여동생과 대화를 나누기 시작했습니다.

저는 잠시나마 여러분과 이 경험을 나누며 많은 위안을 얻었으며, 이에 진심으로 감사드립니다. 저는 TED에 참석한 제 자신이 자랑스럽습니다. 비록 힘든 일을 겪었지만 생각의 전환을 통해 좋은 것들을 얻을 수 있었습니다."

이야기에는 '언제, 어디서, 누가, 무엇을, 왜'라는 5가지 기본 원칙이 있다. 연사는 "다음으로 소개할 이야기는…"과 같은 군더더기는 생략하고, 바로 본론으로 들어가 5가지 원칙에 따라 말해야 한다. 그리고 이야기 중간에 본인의 주관적인 견해나 타인의 생각을 많이 추가하면 흐름이 끊길 수 있으니 피하는 게 좋다. 이야기에 등장인물들의 대화를 살리면 생동감을 더할 수 있다. 또한 구체적인 묘사는 청중의 상상력을 자극하고 흥미를 유발한다.

이야기의 결론에서 주제를 전달할 때는 한 문장으로 정리하며, 최대한 세 문장을 넘기지 않는 것이 좋다. 마지막에는 이야기의 내용과 주제를 자연스럽게 연결시킨다.

해설형 문장은 줄이고 묘사형 문장은 늘린다. 날씨를 예로 들어보면, "그날은 너무 더워서 옷을 가볍게 입었습니다."보다는 "그날은 푹푹 찌는 날씨라서 반바지를 입었습니다."가 낫다.

대부분의 연사들은 좀 더 풍성한 연설을 위해 다양한 이야기를 추가한다. 그래서 하나의 이야기가 끝나자마자 또 다른 이야기가 시작된다. 이것은 겉으로는 이야기를 풍성하게 만드는 것 같지만 실제로는 청중을 피로하게 만든다.

파키스탄 교육자 지우아딘 유사프자이(Ziauddin Yousafzai)는 연설에서 그의 딸 말랄라(Malala)에 대한 이야기를 들려주었다.

"가부장 사회나 부족 사회에서 아버지는 보통 아들 덕분에 유명해집니다. 저는 딸 덕분에 유명해진 몇 안 되는 아버지입니다. 저는 이런 사실에 큰 자부심을 느낍니다. 2007년, 말랄라는 자신의 교육권을 위해 싸우기 시작했고, 2011년에는 그러한 노력을 인정받아 국제 어린이 평화상을 받았습니다. 그 후 말랄라는 파키스탄의 유명 인사가 되었죠. 예전에는 말랄라가 제 딸이었는데, 이젠 제가 말랄라의 아버지입니다.

… 말랄라가 4살 때, 제가 근무하는 학교에 입학시켰습니다. 여러분은 여자아이가 학교에 입학하는 것을 당연하게 생각할 겁니다. 하지만 아셔야 할 사실이 있습니다. 캐나다나 미국 같은 선진국에서는 당연한 일이지만, 가난한 국가, 가부장 사회나 부족 사회에서는 매우 드문 일입니다. 학교에 입학한다는 것은 여자아이의 이름과 신분이 승인되었음을 뜻합니다. 학교에 입학한 여자아이는 꿈을 가질 수 있고, 미래를 위해 자신의 잠재력을 시험해볼 수도 있습니다.

10살이 된 말랄라는 자신의 교육권을 지키기 위해 목소리를 냈습니다. BBC 블로그에 글을 쓰고, 뉴욕 타임스 다큐멘터리에 자원하는 등 가능한 한 모든 곳에서 이야기했습니다. 말랄라의 이야기는 점점 영향력이 커졌고, 전 세계로 전파됐습니다. 하지만 탈레반은 더 이상 그녀의 활동을 묵과하지 않았습니다. 2012년 10월 9일, 그들은 딸아이의 머리에 총을 쏘고 말았습니다. 저와 제 가족에게 최악의 날이었죠. 세상의 종말이 온 것 같았습니다."

다행히 목숨을 건진 말라라는 여성 인권을 위해 더 적극적으로 헌신했다. 지우아딘은 마지막으로 이렇게 말했다.

"많은 분들이 어떻게 말랄라를 그렇게 용감하게 키울 수 있었느냐고 묻습니다. 그러면 저는 이렇게 대답합니다. 딸의 날개를 꺾지 않은 것뿐이라고요."

지우아딘은 TED 컨퍼런스에서 딸 말랄라가 겪은 일들을 이야기했다. 딸의 빛나는 업적에 대해서 말하면 그만이니 이런 연설은 비교적 수월해 보인다. 그런데 자세히 보면, 지우아딘은 이야기를 서술하면서 자신의 견해를 끼워 넣는 방식으로 연설을 진행했다. 그는 말랄라의 어린 시절과 여성 인권 운동을 하게 된 과정을 상세히 설명한 뒤, 그녀가 성장하면서 겪은 단편적인 이야기들을 소개했다. 연설하는 내내 청중은 딸에 대한 아버지의 넘치는 사랑과 관심을 느낄 수 있었다.

연설은 이야기 대회가 아니다. 연사는 끊임없이 이야기를 들려주는 사람이 아니다. 이야기를 통해 연설의 주제를 전달하는 게 중요하다.

지나치게 많은 이야기는 청중의 흥미를 유발하기도 하지만, 동시에 이런 의문을 품게 만든다. '그래서 연사가 하려는 말이 뭐지?'

이야기가 연설에서 차지하는 비중이 커지면 상대적으로 주제를 전달할 시간이 줄어든다. 그리고 이야기가 많아질수록 중복되거나 모순되는 부분도 증가하므로 전체적으로 연설의 질이 떨어질 수밖에 없다. 따라서 사례로 등장하는 이야기는 많을 필요가 없다. 연설의 주제와 방향에 맞는 이야기라면 하나로도 충분하다.

▎주제에 적합한 이야기 하나로 끌고 가라

구글 이사를 지낸 데이먼 호로비츠(Damon Horowitz)는 TED 연설에서 옳고 그름의 가치관에 대해 말하면서 교도소에서 복역 중인 죄수의 이야기를 예로 들었다.

"제 학생인 토니의 이야기를 해볼까 합니다. 저와 비슷한 나이인 토니는 산 쿠엔틴(San Quentin) 주립 교도소에 있습니다. 토니는 16살이던 어느 날, 돌이킬 수 없는 죄를 저질렀습니다.

'그건 엄마 총이었어요. 그냥 겨누기만 해서 불량배를 놀라게 할 생각이었죠. 저번에 우리 돈을 뺏었으니까 이번에는 우리가 그놈의 돈을 뺏자고요. 그럼 그놈도 반성할 거라고 생각했어요. 마지막 순간에는 '아니야, 이건 옳지 않아'라는 생각이 들었지만, 친구는 그냥 저질러 버리자고 했어요. 그래서 저도 '어디 한번 해보자'라고 말했죠.'

토니는 아직까지도 그 세 단어를 잊지 못합니다. 그가 정신을 차렸을 때는 총소리를 들은 뒤였기 때문입니다. 불량배는 땅에 쓰러졌고 바닥엔 피가 흥건했습니다. 토니는 살인죄를 선고받았죠. 운이 좋으면 쉰 살에 가석방되겠지만, 토니는 운이 따르지 않았습니다. 저는 산 쿠엔틴 교도소에서 철학을 가르쳤는

데 토니도 그 수업을 듣는 학생이었습니다. 수업 도중 토니가 물었습니다. '당신이 내게 옳고 그름에 대해서 가르친다고요? 전 제가 틀렸다는 것을 알고, 이미 옳지 않은 일도 저질렀어요. 매일 마주보는 교도소의 벽이 내가 틀렸다고 말해주고 있죠. 제가 여기서 나간다고 해도 항상 전과자라는 꼬리표가 따라다닐 겁니다. 저에겐 이미 '틀렸다'라는 딱지가 붙은 거죠. 이런 제게 옳고 그름에 대해서 가르치겠다는 건가요?'

저는 토니에게 이렇게 대답했습니다. '미안하지만 그건 당신이 생각하는 것보다 더 나빠요. 그래서 자신이 옳고 그름에 대해 잘 안다고 생각하나요? 그렇다면 어떤 게 그른 것인지 말할 수 있나요? 내가 알고 싶은 건 그름의 개념입니다. 그른 일이라는 것은 어떻게 알 수 있나요?' 그러자 토니가 말했습니다. '어쩌면 제가 틀렸을 수도 있겠어요. 어떤 것이 옳고, 어떤 것이 그른지에 대해 알고 싶습니다. 그리고 제가 알고 있는 건 무엇인지 궁금해요.' 그 순간 토니는 철학의 개념을 이해한 것 같았습니다."

도입부에서 하나의 이야기를 들려준 뒤 주제로 넘어가는 방법은 아주 효과적인 연설법이다. 또는 도입부에서 하나의 이야기로 청중의 호기심을 유발하고 결론에서 또 하나의 이야기를 소개하며 생각할 거리를 던져주는 방법도 괜찮다. 이러면 연설의 전체적인 흐름이나 주제에 혼선을 일으킬 가능성도 줄어든다. 주제에 적합한 이야기 하나만 예로 들어도 충분하다. 나머지 시간은 주제에 대한 설명을 보충하는 데 사용한다.

명확한 논리만 보장된다면 여러 개의 이야기를 예로 들 수도 있다. 이럴 때는 이야기 간의 연관성을 충분히 고려해야 한다. 그렇지 않으면 연사의 통제력을 상실할 수 있다.

Ted **29**

흥미로운 플롯을 설계하라

플롯을 잘 설계하면 연설의 질이 크게 향상된다. 연설에 자주 등장하는 회상, 반전, 역순 등의 플롯 외에도 다양한 플롯을 사용할 수 있다.

다음은 게임 디자이너인 제인 맥고니걸(Jane McGonigal)의 연설이다.

"오늘은 여러분에게 제가 좋아하는 놀이를 알려드릴까 합니다. 많은 사람이 동시에 즐길 수 있는 엄지손가락 씨름입니다. 이 놀이의 참가자들은 60초 안에 10가지 긍정적인 감정을 경험할 수 있습니다. 오늘 저와 함께 이 놀이를 즐기는 것만으로도 여러분은 1분 만에 기쁨, 안도, 사랑, 놀라움, 자부심, 호기심, 흥분, 경이로움, 만족감, 창의력을 느낄 수 있을 거예요.

꽤 괜찮을 거 같죠? 이제 여러분도 엄지손가락 씨름에 관심이 생겼을 겁니다. 이 놀이를 알려주려면 자원자가 필요한데 몇 분만 무대 위로 올라와 주시겠어요? 이 놀이는 10년 전에 모노크롬(Monochrom)이라는 오스트리아의 예술 집단이 개발했습니다."

제인은 무대 위로 올라온 자원자들에게 엄지손가락 씨름을 하는 방법을 알려주었다. 엄지손가락을 움직여 상대방의 엄지손가락을 먼저 누르는 사람이 이기는 놀이인데, 이때 사용하지 않는 손은 서로 맞잡는다. 제인은 시범을 보인 뒤, 청중과 엄지손가락 씨름을 했다. '하나, 둘, 셋!' 청중은 제인의 구령에 맞춰 놀이에 참여했고 현장은 금세 웃음바다가 되었다.

"이기셨나요? 어떤가요? 잘하셨어요. 감사합니다. 여러분이 '많은 사람이 하는 엄지손가락 씨름'에서 최초의 승리를 거두고 기뻐하는 동안 긍정적인 감정에 대해 얘기해볼게요.

우선 호기심입니다. 제가 '많은 사람이 하는 엄지손가락 씨름'이라고 표현했을 때, 여러분은 이런 생각을 했을 거예요. '저 여자가 대체 무슨 말을 하는 거지?' 제가 호기심을 조금 부추겼습니다. 다음은 창의력이에요. 엄지손가락 모두를 하나로 잇고 문제를 풀기 위해서는 상당한 창의력이 필요합니다. 놀라움은 어떤가요? 두 엄지로 동시에 씨름하는 느낌은 꽤 놀라운 기분이죠. 여기저기서 함성이 터지는 것은 여러분도 들었을 겁니다. 아까 다들 흥분하지 않았나요? 놀이가 시작되자 상대방을 이기고 싶은 마음에 흥분이 된 거죠. 편안함도 느꼈어요. 놀이를 하려면 일어나야 했죠. 자리에 꽤 오래 앉아 있었던 여러분은 몸을 움직이면서 물리적인 피로를 떨칠 수 있었어요. 편안한 상태가 된 거죠. 기쁨도 있었어요. 다들 웃고 즐겼잖아요? 이곳은 지금 기쁨으로 가득합니다. 만족스러움도 느꼈죠. 놀이를 하는 동안 문자를 보내거나 이메일을 확인하는 사람은 아무도 없었어요. 이 놀이에 아주 만족했다는 뜻이죠. 가장 중요한 감정인 경이로움은 우리가 1분 동안 물리적으로 연결돼 있었다는 사실에 있어요. TED 연설을 들으며 같은 공간에 있는 사람들과 물리적으로 연결된 적이 있나요? 이건 정말 대단하고 경이로운 일이에요. 그리고 마지막 감정인 자부심이 있어요. 많은 분들이 제 말에 동의하시는 거 알아요. 이제 인정하세요. 놀이에서 진 분들도 많죠? 그래도 괜찮아요. 오늘 새로운 기술을 하나 익

했잖아요. 이제 여러분은 이 놀이를 할 수 있고 다른 사람들에게 가르쳐줄 수도 있어요."

제인 맥고니걸은 독창적인 방식으로 연설을 이끌었다. 그녀는 청중에게 이야기를 들려주는 대신 흥미로운 놀이를 가르쳐주고 함께 즐긴 뒤에 설명을 추가했다. 이런 연설 방법은 처음부터 청중의 호기심을 불러일으켰다. 신나는 놀이 뒤에 이어진 설명은 상당히 합리적이었다. 제인이 직접적으로 말하지 않아도 청중은 체험을 통해 주변 사람들과 손을 잡고 놀이를 즐기는 것이 얼마나 행복한 일인지 깨달을 수 있었다.

청중을 신나거나 놀라게 하는 플롯은 아주 권장할 만하다. 연설의 깊이와 감동을 배가시키는 것은 물론이며, 청중과의 친밀도를 높이고 깊은 인상을 남긴다. 이처럼 잘 짜인 플롯은 청중에게 큰 만족감을 선사하는 동시에 앞으로의 연설에도 긍정적인 영향을 미친다.

▍간단한 플롯이 좋다

1930년 2월, 루쉰은 상하이 중화예술대학에서 연설을 했다. 그는 연설이 끝나기 직전에 이렇게 말했다.

"오늘 제가 5,000년 중국 문화의 정수를 가져왔는데 함께 감상하시죠."

루쉰은 한 손을 두루마기에 넣었다가 빼며 종이 한 장을 천천히 위로 들어 보였다. 그의 손에 들린 것은 심하게 구겨진 중국 전통 일력 (日曆)이었다. 그걸 본 청중은 크게 웃음을 터뜨렸고, 루쉰은 즐거운 분위기에서 연설을 마칠 수 있었다.

루쉰이 했던 것처럼 연설을 시작하기 전에 독특한 물건을 준비해 미리 주머니에 넣어두면 편리하게 활용할 수 있다. 이것은 아주 간단하지만 쉽게 배울 수 있는 플롯이다.

물론 플롯을 설계하는 데서 끝내서는 안 된다. 예를 들어 연설 중에 유명 인사를 무대로 초청할 예정이라면 연설의 흐름에 방해되지 않는 방법을 고민해야 한다. 연설의 주제와 방향만 잘 맞는다면 마술쇼를 하거나 신기한 물건을 활용해 청중의 흥미를 유발할 수도 있다.

Part 06

유머로 분위기를
사로잡아라

Ted 30

풍자를 적당히 이용하라

풍자는 연사들이 자주 사용하는 무기다. 특히 서양 연사들은 토크쇼의 영향으로 연설 도입부에서 정치인을 풍자하거나 날씨를 이용한 유머를 종종 한다. 이것은 연설의 전체적인 분위기를 해치지 않으면서 청중의 흥미를 유발하는 좋은 수단이 된다.

다음은 영국의 교육학자 켄 로빈슨의 〈학교는 창의력을 죽이는가?〉라는 연설의 일부다.

"저는 교육에 관심이 많습니다. 사실 누구나 교육에 관심을 가지고 있죠. 이건 대단히 흥미로운 사실이에요. 저녁 모임에 가서 교육 분야에서 일한다는 말을 하면요, 아니, 교육자라면 저녁 모임 같은 데는 거의 안 가겠죠? 초대를 못 받을 테니까요. 어쨌든 그런 모임에서 '직업이 뭔가요?'라는 질문을 받았을 때, 교육자라고 대답하면 상대방 얼굴이 창백해지는 게 보여요. 아마도 속으로 이런 생각을 하는 것 같아요. '젠장, 왜 하필 나지? 일주일에 겨우 하루 놀러온 건데.' 반대로 여러분이 상대방의 교육에 대해 물어보면, 그들은 당신을 잡고 놔주지 않을 겁니다. 교육이라는 것이 우리 마음 속 깊이 자리 잡고 있어서예요. 종교나 돈 같은 것도 마찬가지죠. 저는 교육에 아주 관심이 많습니다. 교육에는 엄청난 이해관계가 걸려 있죠. 왜냐하면 교육은 알 수 없는 미래를 엿볼 수 있게 해주니까요."

켄 로빈슨은 "저는 교육에 관심이 많습니다. 사실 누구나 교육에 관심을 가지고 있죠."라는 말로 시작했지만, 바로 교육에 대한 주제로 들어가지 않고 재미있는 일화를 소개하며 청중의 웃음을 유발했다. 로빈슨은 2분 만에 유머러스한 이야기를 연설의 주제와 연결시켰다.

연설은 엄숙한 기자간담회가 아니다. 연사는 풍자와 유머를 적절하게 사용할 줄 알아야 한다. 하지만 평소 풍자를 즐기는 사람도 연설에서는 어떻게 사용해야 할지 갈피를 잡지 못한다. 정답은 간단하다. 풍자를 들어주는 상대가 한 사람에서 수백 명으로 늘어난 것뿐이다. 그럼 몇 개의 풍자를 준비해야 할까? 물론 정답은 없다. 풍자를 억지로 끼워 넣지 말고 자연스럽게 주제와 연결시키는 것이 더 중요하다.

풍자를 활용하는 방법에 관해서는 다양한 연구가 진행되고 있다. 가장 많이 사용되는 것은 어떤 사건이나 상황에 대한 해석이나 비평을 할 때다.

2011년, NBA의 샤킬 오닐(Shaquille O'Neal)은 은퇴를 발표하는 자리에서 유머러스한 장면을 연출했다. 그는 자리에 앉자마자 누군가에게 휴대폰을 건네받고는 큰 소리로 통화했다. "여보세요? 누구라고요? 정말이요? 저를 닉스의 구단주로 보내고 싶다고요? 그럼요, 아무 문제없습니다. 은퇴식이 끝날 때까지만 기다려주세요." 오닐은 유머러스한 방법으로 닉스 팀과 닉스의 구단주를 풍자했다.

❙ 풍자의 적정선

이란계 미국 코미디언 마즈 조브라니(Maz Jobrani)는 카타르 도하에서 열린 TED 컨퍼런스에서 유머와 풍자를 통해 중동과 미국에 대해 이야기했다.

"저는 도하를 좋아합니다. 국제적인 도시이기 때문이죠. 마치 유엔에 온 것 같아요. 공항에 내리면 인도인 여성이 환영해줍니다. 그분을 따라 알 마하 서비스(Al Maha Services) 고객센터로 가면 필리핀 여성을 만나고, 그분은 당신을 남아공 여성에게, 그리고 다시 한국 여성에게, 다시 짐을 들어줄 파키스탄인에게 인도합니다. 그러면 마지막으로 스리랑카 기사를 만나게 되죠. 호텔에 가면 레바논 사람이 체크인 수속을 도와주고, 스웨덴 사람이 방을 안내합니다. 그래서 물었죠. '카타르 사람들은 다 어디로 갔죠?' 그러자 이런 대답이 들려왔습니다. '아, 지금은 너무 덥잖아요. 그들은 똑똑해서 더울 때는 밖으로 나오지 않아요. 저녁에는 볼 수 있을 겁니다.' … 호텔을 나오니 한 인도 남자가 차 옆에 서서 저를 보고 있었어요. 저는 그가 제 운전기사인 줄 알고 물었습니다. '혹시 제 운전기사세요?' 그러자 남자가 대답했습니다. '아니요. 저는 이 호텔의 주인입니다.' 제가 다시 물었죠. '그런데 왜 저를 계속 보고 있었죠?' 남자가 말했습니다. '당신이 제 운전기사인 줄 알았으니까요.'"

조브라니는 얼마 전 미국에서 한 무슬림 가족이 겪은 일화를 들려주었다. 그는 무슬림 가족이 비행기를 탔는데 테러리스트로 오해받아 쫓겨난 이야기를 전하며 유머러스하게 말했다.

"모든 중동 친구들에게 충고합니다. 앞으로 미국에서 비행기를 탈 때는 그냥 본인의 모국어를 쓰세요. 그러면 주위에선 아무도 알아듣지 못할 겁니다. 물론 어떤 언어는 미국인에게 다소 거칠게 들릴 수 있습니다. 만약에 아랍어를 쓰며 통로를 지나간다면 그들을 공포에 빠뜨릴 수도 있을 거예요. 그러니 아랍어를 사용할 때는 딸기나 무지개 같은 좋은 단어를 말하며 사람들을 안심시켜야 합니다."

조브라니는 또 다른 TED 연설에서 두바이의 물가를 풍자했다.

"두바이는 정말 멋진 도시입니다. 모두 알다시피 그들은 크고 높은 것들에 집착하죠. 두바이 쇼핑몰은 너무 커서 내부에 택시가 돌아다닐 정도에요. 한 번은 그곳을 걷고 있는데 뒤에서 '빵빵'하는 소리가 들려 쳐다보니 기사가 이렇게 말하더군요. '지금 자라(Zara) 매장으로 가는 중인데 길 좀 비켜주세요. 어서 비켜요. 비켜.' 정말 놀라운 사실은 두바이는 경기가 불황일 때도 물건 가격이 만만치 않다는 것입니다. 두바이 쇼핑몰에서는 요구르트 아이스크림을 그램으로 판매합니다. 마치 마약 거래 같죠. 길을 걷다 보면 누군가 슬쩍 다가와 묻습니다. '저기, 친구! 요구르트 아이스크림 사실래요? 여기로 와보세요. 1그램, 5그램, 10그램짜리가 있어요. 어떤 걸로 줄까요?' 저는 5그램짜리를 샀습니다. 무려 10달러나 주고요!"

연설에서는 친밀한 관계의 사람을 풍자의 대상으로 삼는 게 좋다. 예를 들어, 연사가 무대에 오르다가 넘어졌다면 평소 잘 아는 사회자 핑계를 댈 수 있다. "사회자의 미모가 너무 눈부셔서 잠깐 딴 생각을 하느라 발을 헛디뎠군요!" 주의해야 할 점은 악의적인 의도가 들어가거나 인신공격적인 풍자는 피해야 한다는 것이다.

연설에서 풍자는 분위기를 부드럽게 만들어주는 윤활제 역할을 하지만, 지나치게 많이 사용하면 연설의 매력을 떨어뜨릴 수 있으니 주의한다. 따라서 풍자는 연설의 주제를 돋보이게 하는 용도로 자연스럽게 사용해야 한다.

유머는 영리한 사람들만 사용할 수 있는 언어의 예술이고, 자조는 유머보다 높은 단계의 고급 화술이다. 유명한 연사들은 뛰어난 자조의 고수다. 그들은 자조를 통해 전체적인 분위기를 조절하고 위기를 무마시킬 뿐만 아니라, 겸손함을 드러내 청중과의 거리를 좁힌다.

경력 분석가인 댄 핑크(Dan Pink)는 자조 섞인 농담으로 연설을 시작했다.

"시작하기 전에 우선 고백할 것이 있습니다. 약 20년 전에 저는 후회할 만한 일, 절대 자랑스럽지 않을 일, 아무도 알지 못했으면 하는 일을 했습니다. 하지만 오늘은 그것을 밝히고 싶습니다.

1980년대 후반, 철없던 시절에 저는 로스쿨에 입학했습니다. 미국의 법학은 전문 학위라서 학부를 마쳐야 로스쿨을 갈 수 있습니다. 저는 로스쿨에서 성적이 매우 안 좋았습니다. 사실 로스쿨을 졸업할 때 제 성적은 상위 90%였지요."

댄의 말에 청중은 큰 웃음을 터뜨렸다.

"저는 변호사가 되지 않았습니다. 그럴 수 있는 허가를 받지 못했으니까요. 하지만 오늘 저는 제 이성을 위배하며, 아내의 충고도 무시한 채 과거 로스쿨에서 배웠던 기술을 써볼까 합니다. 저는 진술이 아니라 변론을 하려고 합니다. 여러 증거를 바탕으로 오늘의 변론 주제인 비즈니스 경영 방법에 대해 생각해보죠."

댄은 연설을 시작하자마자 자조 섞인 농담을 하여 청중에게 웃음을 주고 호기심을 유발했다. 댄은 다소 딱딱하고 어려운 비즈니스 경영에 대한 연설을 준비했다. 만약에 바로 본론으로 들어갔다면 청중의 흥미를 끌지 못했을 것이다. 그는 로스쿨에서 성적이 좋지 않았다는 얘기로 분위기를 부드럽게 조성하고 청중과의 거리를 크게 좁혔다.

자조는 연설이나 일상에서 상대와의 친밀도를 높이고 호감을 살 수 있는 '비장의 무기'다.

미국의 연설가 로버트는 노년에 접어들어 탈모가 진행되면서 대머리가 되었다. 60세 생일날, 친구들이 로버트의 생일을 축하하러 오자 그의 아내는 모자를 쓸 것을 권했다. 그러자 로버트는 사람들 앞에서 즉흥 연설을 시작했다. "오늘 아내는 제게 모자를 쓰라고 권했습니다. 주변에서는 아직 제가 대머리가 된 사실을 모르거든요." 로버트는 자신의 '대머리'를 숨기지 않았고 오히려 대대적으로 드러냈다. 그러자 사람들은 로버트를 긍정적이고 사랑스러운 사람으로 생각했다. 자조 섞인 말로 자신을 깎아내리는 화법은 청중에게 우월감을 선사하고 심리적인 안정감을 느끼게 한다. 그러면 연사의 말을 쉽게 받아들이게 된다.

연설을 비롯한 다양한 순간, 난감한 상황에 처했을 때 자조는 국면을 벗어날 유용한 수단이 된다. 미국의 '아폴로 11호'가 인류 최초로 달에 상륙한 것은 닐 암스트롱(Neil Armstrong)과 버즈 올드린(Buzz Aldrin)이 공동으로 일궈낸 성과다. 그런데 암스트롱만 달에 첫걸음을 내딛은 덕분에 세계적인 영웅으로 떠받들어졌다. 지구로 귀환한 올드린에게 기자가 난감한 질문을 던졌다. "암스트롱에게 선두를 뺏겨서 안타깝지 않나요?" 하지만 올드린은 그 질문에 유쾌하게 대답했다. "괜찮아요. 지구로 돌아올 때는 제가 먼저 내렸으니까요!"

자조는 딱딱해진 분위기를 부드럽게 풀어주는 고급 유머로, 최고의 연사들이 즐겨 사용하는 화술이다.

┃ 자조, 지나친 남발은 금물

1862년 어느 날, 미국의 한 흑인 변호사는 노예 해방을 촉구하는 연설을 하기 위해 무대에 올랐다. 하지만 무대 아래에 앉아 있는 대부분의 청중은 백인이었다. 당시 백인들은 흑인에 대한 이상한 편견을 가지고 있었다. 백인들에게 둘러싸인 흑인 변호사는 당황했지만 침착하게 마음을 가라앉혔다. 그리고 원래 준비했던 원고는 포기하고 즉흥적으로 연설을 시작했다.

"신사 숙녀 여러분! 오늘은 여기서 연설을 하는 것보다 '색깔'을 하나 더 추가하는 게 나을 것 같군요."

그가 자신의 피부색에 대한 자조로 연설을 시작하자 청중도 당황해 잠시 멈칫하더니 현장은 금세 웃음바다가 되었다. 얼어붙었던 분위기가 풀리자 연사가 다소 격앙된 표현을 사용해도 소란은 일어나지 않았다.

자조는 일종의 야유와 조롱, 자기변명의 뉘앙스를 내포한다. 하지만 지나친 자조로 자신의 이미지를 망가뜨릴 필요는 없다. 연설 도입부에서 전체적인 분위기를 띄우고 청중의 흥미를 유발시킬 정도로만 사용하는 게 적당하다. 긍정적인 풍자에서 그쳐야지, 심각한 자기비하로 흐르는 건 좋지 않다.

연설에서 자조를 지나치게 남발할 필요는 없다. 도입부에서 짧게 사용하는 것은 괜찮지만, 중간에 계속 자조 섞인 문장이 등장하면 오히려 연설 분위기를 망칠 수 있다. 난감한 상황을 벗어나고 싶을 때나 분위기를 전환하고 싶을 때 자조 섞인 농담은 상당히 효과적이며, 이어지는 연설에도 큰 도움이 된다.

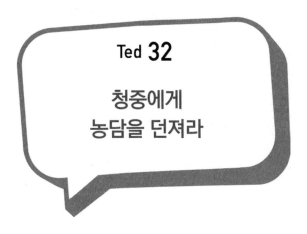

Ted **32**

청중에게
농담을 던져라

농담은 연사들이 도입부에서 화기애애한 분위기를 조성하고 청중과의 거리를 좁히기 위해 자주 사용하는 화술이다. 일반적으로 연사가 농담을 던지면 청중의 흥미와 집중도가 크게 증가한다.

코미디언이자 정신건강 운동가인 루비 왁스(Ruby Wax)는 TED 컨퍼런스에서 정신질환에 대한 연설을 시작했다.

"네 사람 중 한 명은 어떤 종류든 정신질환에 시달리며 살고 있습니다. 그래서 여기에도 하나, 둘, 셋, 네 명이 정신질환을 앓고 있는 거죠. 이분이시네요. 네, 선생님이요. 약간 치아가 독특하신 분이요. 그리고 옆에 앉은 분도요. 지금 본인에 대해서 말하고 있는 거 아시죠?

사실 저쪽 줄에 앉은 분들도 다 정상이 아니에요. 상태가 안 좋아요. 정말 엉망이네요. 그렇게 쳐다보지 말아주실래요? 저도 네 명 중 한 명에 속합니다. 감사합니다. 저는 어머니로부터 이 병을 물려받은 것 같습니다. 제 어머니는 네 발로 집안을 기어 다녔어요. 스펀지 두 개는 손에 들고, 다른 두 개는 무릎에 묶은 채로요. 어머니는 흡수력이 엄청 좋았어요. 그리고 기어서 제 뒤를 따라다니며 소리쳤죠. '대체 누가 집안에 발자국을 내는 거야!' 이것은 바로 어머니가 정상이 아니라는 증거였어요."

루비 왁스는 청중을 정신질환자라고 했지만 반감을 불러일으키기는커녕 오히려 친밀감을 높였다. 루비의 선한 미소는 그녀가 농담을 하고 있다는 사실을 말해준다. 그녀는 농담으로 분위기를 부드럽게 만들고, 화제를 자연스럽게 주제로 이끌었다.

신제품 프레젠테이션에서 스티브 잡스는 최초로 구글 맵을 이용해 근처의 스타벅스를 검색한 뒤 청중에게 물었다. "우리 여기에 전화해 볼까요?" 잡스는 바로 스타벅스에 전화해 말했다. "카페라테 4,000잔 배달되나요?" 순간 그 말을 들은 청중은 깜짝 놀랐다. 나중에서야 잡스는 웃으며 농담이라고 밝히며 주문을 취소했다. 그러자 현장 분위기는 다시 활기를 띠었다.

이와 같이 농담은 연사와 청중 간의 강렬한 상호작용을 일으켜 둘 사이의 거리를 좁혀준다. 현장 분위기가 달아오른 것은 말할 것도 없다.

청중에게 농담을 던질 때는 반드시 적정선을 유지해야 한다. 그렇지 않으면 청중의 반감을 불러일으켜 연설에 부정적인 영향을 미칠 수 있다. 따라서 청중에 대해 충분히 이해한 상태에서 적절한 농담을 던지는 것이 중요하다.

▌자연스러운 농담이 좋다

중국 CCTV 아나운서 바이옌쑹(白巖松)은 보름 동안 미국에 머물며 〈옌쑹, 미국을 보다〉라는 프로그램을 진행했다. 그는 미국의 유명 정치인과 기업가, 일반 시민을 대상으로 정치, 경제, 군사, 외교, 문화에 대한 인터뷰를 했다. 그리고 예일 대학교를 방문해 풍자와 유머를 곁들인 연설을 했다. 바이엔쑹의 뛰어난 화술에 청중은 뜨거운 환호와 박수갈채를 보냈고, 연설은 성공적으로 끝났다. 바이엔쑹의 연설은 처음부터 청중의 마음을 사로잡았다.

"지난 20년간 중국 정부는 세 명의 미국 대통령과 교류했는데, 오늘에서야 중국이 한 대학과 교류해왔다는 사실을 알았습니다. 하지만 예일 대학교에서 세 분의 성적이 평균 이하였던 것은 분명하군요."

그가 언급한 대통령은 아버지 부시, 빌 클린턴, 아들 부시다. 일반적으로 미국인은 아들 부시의 정치 능력이 다른 대통령에 비해 뒤쳐진다고 여기기 때문에 바이엔쑹의 풍자를 듣고 웃지 않을 수 없었다.

바이엔쑹이 미국 대통령을 풍자해 청중으로부터 좋은 반응을 이끌어 낼 수 있었던 이유는 미국인들의 생각을 간파한 아주 적절한 풍자였기 때문이다. 예일 대학교의 명예와 자부심을 높여준 것도 중요한 이유다.

농담은 청중 외에도 친밀도가 높은 업계 관계자에게도 던질 수 있다. 역사상 가장 유명한 하버드 대학교 자퇴생 빌 게이츠는 한 자선행사에서 자퇴 이야기가 나오자 웃으며 말했다.

"하버드 대학교에서 연설한 적이 있는데, 당시 연설을 들으러 온 학생 중에 마크 저커버그도 있었어요. 만약에 제가 계속 학교를 다녀 학위를 땄다면, 그가 자퇴를 하는 데 영향을 미치지는 않았겠죠."

농담은 자연스러워야 청중도 편하게 받아들이고 웃을 수 있다. 부자연스러운 농담은 청중에게 나쁜 인상을 심어주고 연설에도 부정적인 영향을 미친다.

Ted 33

전략적으로
웃음 포인트를 배치하라

유머는 웃음 포인트가 말 속에 숨어 있다. 뛰어난 연설가는 웃음 포인트를 전략적으로 잘 배치한다.

스위스 출신의 코미디언이자 예술가인 우르주스 베얼리(Ursus Wehrli)는 TED 무대에서 〈예술 정리하기〉라는 제목으로 연설했다.

"제 이름은 우르주스 베얼리입니다. 오늘은 여러분에게 제 프로젝트인 '예술 정리하기'를 소개하려고 합니다. 우선 제가 이곳 출신이 아니란 얘기를 해야겠군요. 저는 문화적으로 완전히 다른 지역에서 왔는데, 혹시 눈치 채셨나요? 첫째로 전 넥타이를 매고 있고요, 둘째로 제가 지금 좀 긴장했습니다. 외국어로 말하니 어쩔 수 없네요. 제가 실수하더라도 양해해주시길 바랄게요. 저는 스위스에서 왔는데요, 여러분이 제가 스위스식 독일어로 말한다고 생각하지 않았으면 좋겠습니다. 스위스인이 미국식 영어를 쓰려고 노력하는 정도로 받아들여주세요. 걱정하진 마시고요. 전 영어에는 문제가 없으니까요. 제 말은, 영어가 제 문제는 아니라는 거죠. 결국 여러분의 언어니까요."

청중석에서는 웃음이 터져 나왔다. 우르주스는 계속 말했다.

"정말이에요. 저야 TED 연설이 끝나고 스위스로 가면 그만이지만, 여러분은 항상 이런 식으로 얘기해야 할 테니까요."

청중은 다시 박장대소를 터뜨렸다. 우르주스의 유머는 재밌으면서도 저속하지 않았다.

뛰어난 연사들은 연설에서 많든 적든 유머를 섞어 말한다. 유머는 장점이 아주 많다. 유머는 청중의 주목을 끄는 데 효과적이다. 연설이 조금만 길어져도 청중은 지루해하며 심한 경우 졸기도 한다. 이때 유머는 청중에게 웃음과 즐거움을 주는 유용한 수단이 된다.

연사는 적절한 유머로 청중에게 좋은 인상을 남길 수 있다. 유머를 잘 구사하는 사람은 상대방에게 긍정적이고 소탈한 인상을 주기 때문에 호감을 사기 쉽다. 따라서 연설에서 유머를 적절히 사용한다면 어떤 말보다 청중의 마음을 사로잡는 데 도움이 된다.

미국의 저명한 철학자 조지 산타야나(George Santayana)가 하버드 대학교에서 마지막 강의를 하는 도중 울새 한 마리가 창가에 앉아 시끄럽게 울어댔다. 조지는 가만히 새를 바라보더니 학생들에게 말했다. "여러분, 죄송하지만 먼저 실례해야겠군요. 봄이랑 했던 약속이 생각나서요." 학생들은 시적인 그의 마지막 말을 듣고 열렬한 박수를 보냈고, 조지는 웃으며 강의실 밖으로 나갔다.

유머는 난감한 상황을 벗어나는 데도 유리하다. 2006년 10월, 자크 시라크(Jacques Chirac) 프랑스 대통령은 베이징 대학교에서 연설을 했다. 연설 도중 그가 한 학생의 질문을 받고 대답을 하려는데 마이크가 고장 나는 난처한 상황이 벌어지고 말았다. 그러자 당시 74세 노인이었던 자크는 개구쟁이 같은 표정을 짓더니 어깨를 으쓱하며 말했다.

"제가 그런 거 아니에요. 저는 털끝 하나도 안 건드렸어요."

그 말을 들은 학생들은 크게 웃음을 터뜨렸고, 어색해진 분위기는 순식간에 해소되었다.

┃ 유머는 조롱이 아니다

조지 W 부시 대통령은 연설을 할 때 딕 체니(Dick Cheney) 부통령에 대한 농담을 즐겨했다. 어느 연설에서 부시는 자신이 언론에 알려진 것만큼 바보는 아니라며 이렇게 말했다. "방금 게놈(genome) 지도가 완성되었습니다. 제 목표는 체니를 복제하는 겁니다. 그러면 저는 아무것도 안 해도 되거든요." 부시는 체니 쪽으로 고개를 돌리며 물었다. "체니, 이제 뭐라고 얘기해야죠?"

한번은 부시가 모교인 예일 대학교에서 졸업식 축사를 했다.

"오늘 우수한 성적으로 졸업하는 졸업생 여러분 축하드립니다. 그리고 자녀들이 순조롭게 졸업할 수 있도록 애쓰신 학부모에게도 축하 인사를 전합니다. … C학점을 받은 여러분도 미국의 대통령이 될 수 있습니다! 예일대 학위는 큰 가치가 있습니다. 체니 부통령이 생각나는데, 그는 여기서 공부하다가 학업을 중단했거든요. 다시 말해 예일대를 졸업하면 대통령이 되고 자퇴하면 부통령이 된다는 거죠."

유머가 조롱이 돼서는 안 된다. 하지만 연설의 웃음 포인트를 적절히 배치하는 것은 쉬운 일이 아니다. 연설 원고를 훑어보며 청중의 기호와 직업, 특징은 물론이고 최근 있었던 사회적인 이슈나 사건을 고려해 웃음 포인트를 미리 계산해야 한다. 또는 연설 당일 있었던 사건을 바탕으로 즉석에서 농담이나 재치 있는 말을 건넬 수도 있다.

| 유머 사용 시 주의할 점

연설에서 유머는 상당히 강력한 무기가 되지만, 지나치게 남용하면 큰 화근이 되기도 한다. 따라서 유머를 사용할 때는 몇 가지 사항에 주의해야 한다.

예고하기

연사들이 흔히 저지르는 실수다. "안녕하십니까! 다음으로 유머를 들려드릴 생각입니다." "여러분과 농담을 나누고 싶어요." 같은 말이 어쩌면 청중의 웃음을 이끌어낼지도 모른다. 하지만 이런 말은 할 필요가 없으며, 유머의 효과를 떨어뜨린다.

주제 이탈

주제와 관련 없는 유머를 구사하여 연설 분위기를 망치지 말아야 한다. 그런 유머는 아무리 재밌어도 가치가 없다. 단지 청중을 웃기기 위한 유머는 피해야 한다는 사실을 잊지 말자.

본질 망각

연설 내용에 어울리지 않는 농담과 웃음은 필요하지 않다. 최고의 연사라면 유머를 적재적소에 배치하여 청중의 마음을 사로잡을 것이다.

Ted **34**

유머를 '말'하지 말고 '연기'하라

유머는 언어에 동작을 추가했을 때 더 큰 효과를 볼 수 있다. 따라서 유머는 단지 '말'하는 게 아니라 '연기'하는 것이다. 유명한 연사들 대다수는 뛰어난 '연기자'다. 그들은 농담을 던질 때 유머러스한 동작으로 재미를 살린다.

미국 변호사 조 스미스(Joe Smith)는 녹색 스웨터를 입고 TED 무대에 섰다. 무대에는 테이블이 놓여 있고 그 위에는 물이 든 대야와 휴지가 준비되어 있었다. 조는 〈페이퍼 타월로 손 닦는 법〉이라는 제목으로 연설을 시작했다.

"미국에서는 매년 1,300억 파운드의 페이퍼 타월이 소비되고 있습니다. 만약 하루에 한 사람이 페이퍼 타월을 한 장씩 줄인다면 5억 7,123만 파운드의 휴지를 아낄 수 있을 것입니다."

조는 이어서 이야기했다.

"핵심은 두 단어입니다. 여기 왼쪽에 앉은 분들은 '흔들어라'라고 외치고, 오른쪽에 앉은 분들은 '접어라'라고 외쳐보세요."

조는 대야에 손을 넣어 물을 묻히며 말했다.

"자, 그럼 제 손에 물을 묻혀 보겠습니다. 이제 흔들어볼까요? 1, 2, 3, … 11, 12. 왜 12일까요? 12사도, 12개의 부족, 12자리, 12달. 12는 제가 좋아하는 숫자이자, 한 음절로 발음할 수 있는 가장 큰 숫자잖아요."

청중석에서는 연신 웃음소리가 들려왔다. 조는 페이퍼 타월을 들어 올렸다. "이걸 세 번 접습니다." 그는 큰 동작으로 페이퍼 타월에 손을 닦고는 손을 앞뒤로 흔들며 말했다. "이제 말립니다." 조는 다시 손에 물을 묻힌 뒤 왼쪽 청중석을 가리키자 "흔들어라."라는 합창이 들렸다. 손을 다 흔든 조가 다시 오른쪽 청중석을 가리키자 "접어라."라는 소리가 들렸다. 그는 페이퍼 타월을 접어 손을 닦으며 말했다. "접는 게 중요합니다. 그 사이에 흡수층이 생기거든요. 이 단어를 반드시 기억할 필요는 없지만, 절 한 번 믿어보세요."

▎'연기'하는 유머가 더 효과적이다

조 스미스의 연설은 고작 4분이었지만 유머가 끊이지 않았고, 청중은 그의 주장을 명확히 이해했다. 조는 동작으로 유머의 효과를 높였다. 노인이 무대에 서서 손을 흔드는 모습은 상당히 우스꽝스럽지만, 그것으로 조는 청중과 깊이 교감할 수 있었다.

때로는 말보다 동작으로 보여주는 유머가 훨씬 더 많은 웃음을 선사한다. 코미디의 대가 채플린의 무성 영화에도 대사는 한 마디도 나오지 않지만 그의 익살스러운 동작은 많은 사람들에게 큰 웃음과 감동을 주었다. 중요한 것은 유머의 말과 동작이 자연스럽게 어우러져야 연설의 효과도 커진다는 사실이다.

머리가 커서 '대두'라고 놀림을 받은 아이가 울면서 집으로 돌아와 엄마에게 물었다. "엄마, 애들이 제 머리가 크다고 놀려요. 제 머리가 그렇게 커요?" 그러자 엄마가 대답했다. "아니, 네 머리는 하나도 안커!" 이 이야기를 말로만 들으면 하나도 웃기지 않는다. 하지만 엄마가 대답할 때 아이의 머리를 과장되게 쓰다듬는 동작을 취한다면 상대방에게 큰 웃음을 줄 수 있다.

동작 유머는 깊은 인상을 남긴다

미국의 시인 제임스 로웰(James Lowell)은 1883년 주 영국 대사로 있을 때, 런던 만찬에서 즉석으로 연설한 적이 있었다.

"친애하는 여러분, 태양의 운행 방법은 3가지입니다. 첫째는 직진, 즉 앞으로 곧장 나가는 방법이고, 둘째는 후퇴, 즉 뒤로 가는 방법입니다. 그리고 셋째는 문단에서 얘기하는 방법인데, 요지부동으로 움직이지 않는 것이죠. 여러분이 제 말 뜻을 이해하셨기를 바랍니다. 오늘 만찬 축사를 할 연사는 직진으로 (직접 몸을 일으켜 시범을 보이며) 갔다가 (직접 뒤로 가더니) 다시 뒤쪽으로 가겠습니다. 그리고 뛰어난 방향 감각으로 자신을 목적지까지 데려가주세요. 이것이 제가 방금 얘기한 태양의 요지부동 운행에 해당하겠군요."

'동작 유머'로 끝나는 연설은 보기 드물지만, 깊은 인상을 남긴다. 이때 동작을 크고 생동감 있게 표현해야 청중의 시선을 끌 수 있다. 다시 말해 연사는 청중에게 연설뿐만 아니라, 입체적이고 생동감 있는 '쇼'를 보여주어야 한다.

동작은 약간 과장되게 표현해야 웃음 포인트가 충분히 산다. 짧은 시간 안에 익살스러운 모습을 표현할 때는 독특하고 과장된 동작을 취해야 더 큰 웃음을 유발할 수 있다.

연설에서 유명인의 코믹한 모습을 모방하는 것도 청중의 주목을 끌 수 있는 좋은 방법이다. 대부분의 연사들은 유명인의 말 몇 마디를 따라하는 것에 그치는데, 유명인의 습관적인 몸짓이나 손짓을 추가하면 더 입체적으로 모방할 수 있다.

Ted 35

주제에 맞는 유머를 구사하라

연사가 단지 청중을 웃기기 위한 수단으로 유머를 이용한다면, 유머가 줄어들수록 청중의 흥미도 떨어질 것이다. 따라서 유머를 사용할 때는 아주 신중해야 한다. 유머는 연설 내용에 잘 부합해야 하며, 연설의 주제까지 전달할 수 있으면 더할 나위 없이 좋다.

그래픽 디자이너 칩 키드(Chip Kidd)의 연설은 2012년 TED 컨퍼런스에서 가장 재미있는 연설로 손꼽힌다. 그는 무대에 등장하자마자 힙합 댄스를 흉내 내며 청중의 웃음을 자아냈다.

"안녕하세요! 제가 이렇게 등장한 데는 2가지 이유가 있습니다. 첫째는 여러분께 좋은 인상을 남기고 싶어섭니다. 하지만 진짜 이유는 제가 레이디 가가처럼 요상한 마이크를 착용했을 때 나타나는 현상이기 때문이죠. 전 고정된 마이크에 익숙해요. 연설에 어울리는 신발 같은 거죠. 하지만 제 머리에 이걸 걸면 이상한 일이 일어나요. 아주 추해지죠."

칩의 말과 우스꽝스러운 동작에 청중은 웃음을 터뜨렸다.

"죄송합니다. 주제에서 너무 벗어났군요."

청중석에는 다시 웃음이 퍼져 나갔다.

"신사 숙녀 여러분, 저는 지난 25년을 책을 디자인하는 데 바쳤습니다. 모든 것은 아주 운 좋은 실수로부터 시작됐어요, 마치 페니실린처럼요. 원래 제 꿈은 뉴욕의 대형 디자인 회사에서 그래픽 디자이너로 일하는 거였어요. 하지만 1986년 가을, 많은 면접을 본 결과 제게 들어온 유일한 일은 알프레드 A. 크노프(Alfred A. Knopf) 출판사의 미술 감독 보조에 불과했죠. 저는 우둔했어요. 하지만 그 일을 거절할 만큼 멍청하진 않았답니다. 그때까지만 해도 제가 어떤 일을 하게 될지 짐작조차 못했어요.

펜실베이니아 주립대학교 그래픽 디자인 수업 첫날, 강사였던 레니 소메스(Lanny Sommese)는 칠판에 사과 하나를 그린 뒤, 그 아래 '사과'라는 단어를 적으며 말했어요. '자, 1강입니다. 잘 들으세요.' 그러고 나서는 그림을 가리며 '이걸 말하던지'라고 한 뒤, 단어를 가리고서 '아님 이걸 보여줘야 합니다. 둘 다 해서는 안 돼요. 왜냐면 그건 청중을 우롱하는 거니까요.'"

칩 키드는 근사한 춤과 유머로 연설을 시작한 뒤 곧바로 본격적인 주제로 들어갔다. 연설 내내 유머가 끊임없이 이어졌지만 그는 결코 주제에서 벗어나지 않았고, 억지스러운 농담도 하지 않았다. 그리고 칩의 연설은 2012년에 가장 재미있는 연설로 선정되었다.

연설 분위기가 화기애애하고 청중의 집중력이 높다고 해서 주제와 관련 없는 유머를 구사해서는 안 된다. 그럴 때는 아무리 재밌는 농담이라도 피하는 게 좋다. 그렇지 않으면 귀중한 연설 시간을 낭비하는 것은 물론이고, 청중의 집중력을 떨어뜨릴 가능성이 높다. 심한 경우, 연설이 끝난 뒤 연설 내용보다 농담에 대한 기억이 더 강하게 남을 수 있다. 분위기를 띄우기 위해 연설 내용과 상관없는 유머를 구사하는 것은 연설에 아무런 도움이 안 된다.

연설에서 유머를 구사하고 싶다면 원고를 보며 적절한 위치를 정하고 내용에 어긋나지 않게 구성한다. 그리고 주제를 벗어난 유머는 과감히 삭제할 줄 알아야 한다. 무대에서 즉흥적으로 떠오른 유머는 아무리 재밌어도 함부로 끼워 넣지 않는다.

▌ 원고에서 웃음 포인트를 찾아라

광고대행사의 인터랙티브 전략 담당자인 레니 글리슨(Renny Gleeson)은 TED 컨퍼런스에서 다음과 같이 연설했다.

"오늘 저는 404페이지와 그를 통해 얻을 수 있는 교훈에 대해 말하고자 합니다. 시작하기에 앞서 404페이지가 무엇인지 알아야겠죠? 이것이 바로 404페이지입니다. 우리를 절망에 빠뜨리는 경험이죠. 404페이지는 여러분이 찾을 수 없는 웹페이지를 검색했을 때 나타나는 기본 페이지입니다. 생각나죠? 404페이지를 만났을 때 얼마나 절망했는지. 실연당했을 때와 맞먹는 기분이에요. 이쯤 되니 궁금해지더군요. 404라는 숫자는 도대체 어디서 온 걸까요?

404는 일종의 에러 코드입니다. 세상에는 많은 에러 코드가 있는데, 그것들을 자세히 보면 볼수록 성 상담가나 커플 상담가의 체크 리스트처럼 보이더군요. 뒤로 갈수록 상황은 점점 악화돼요.

404페이지를 보는 건 좋은 경험이 아니지요. 당신이 찾고 있던 것도 아닙니다. 이 페이지를 만나면 뺨을 맞은 것 같은 기분이 듭니다. 이것은 아마도 여러분이 스타벅스에 가서 무지방 우유를 주문했는데, 카운터 뒤에서 바지를 입지 않은 남자 종업원이 걸어 나오는 걸 보는 것과 비슷할 겁니다."

레니 글리슨은 연설에서 재미있는 비유를 많이 사용했다. 이것은 연설에 잘 맞는 유머로, 주제를 벗어나지 않으면서 연설을 더 흥미롭게 만들어준다. 이처럼 좋은 결과를 얻기 위해서는 원고를 작성할 때부터 전략적으로 웃음 포인트를 배치하고 반복해서 연습해야 한다.

비평도 괜찮은 유머 소재가 될 수 있다. 사건에 대해 간단히 설명하고 흥미로운 비평을 통해 청중의 웃음을 유발한다. 성실한 사람들에 대해 비평한다면 다음과 같다. "이른 아침 5시에 그들의 집을 방문해보세요. 아마 아무도 없을 걸요? 벌써 출근했을 테니까요."

유머가 연설 내용에 부합하기만 한다면 청중에게 깊은 인상을 남기며 연설을 성공적으로 이끌 수 있다.

Ted 36

자연스러운
생활 유머를 들려주어라

유머와 농담의 종류는 다양하다. 연설에서는 자연스럽게 유머가 녹아 있는 생활 속 이야기를 들려주는 것이 좋다. 그래야 청중이 친근감을 느끼고 거부감 없이 받아들인다.

미래학자 에이미 웹(Amy Webb)은 온라인 데이트 사이트를 이용한 경험을 바탕으로 연설을 했다.

"제 이름은 에이미 웹입니다. 몇 년 전, 환상적인 연애를 끝낸 저는 온라인 데이트 사이트에 가입하기 시작했어요. 당시 저는 아주 바빴는데, 다행히 그곳에는 저랑 교제할 만한 남자가 많아 보였습니다. 바다를 채울 만큼 많은 남자들이 저와 데이트를 하고 싶어 안달했지만, 데이트는 전부 끔찍했어요.

한 번은 스티브라는 IT맨을 만났어요. 데이트 사이트의 알고리즘은 우리가 가젯(gadget)을 좋아한다는 이유로 둘을 엮어줬어요. 그밖에도 수학과 데이터를 사랑하고 80년대 음악을 좋아한다는 공통점이 있었죠. 저는 그와 데이트를 하기로 했습니다. 스티브는 필라델피아에서 가장 비싼 레스토랑으로 저를 초대했어요. 그런데 만나자마자 우리는 서로 대화가 잘 안 통한다는 걸 깨달았죠. 그래도 그는 많은 음식을 주문했어요. 사실 그는 메뉴를 보지도 않고 전채 요리와 메인 요리를 여러 개 주문했어요. 저희 테이블은 곧 엄청난 음식과 와인으로 가득 찼어요. 저녁 식사가 끝나갈 무렵 저는 결심했습니다. 스티브와 저는 연인으로는 어울리지 않지만 친구가 될 수는 있겠다고요. 그가 화장실에 간 사이 종업원이 계산서를 가져왔어요. 저는 현대 여성이고 밥값은 더치페이로 낼 생각이었죠. 그런데 스티브는 돌아오지 않았죠. 그날 제 한 달 치 월세가 고스란히 날아갔지요."

에이미는 끔찍했던 경험을 재미있게 들려주었다. 그녀가 겪은 일은 누구에게나 일어날 수 있는 일이기에 청중도 함께 웃으며 에이미의 이야기에 공감하고 몰입할 수 있었다.

영국의 교육학자 켄 로빈슨은 연설에서 영국에서 미국으로 이사한 이야기를 들려주었다.

"몇 년 전, 저는 스트랫퍼드(Stratford)에서 LA로 이사를 했습니다. 이사 과정에서 겪은 이야기를 하고 싶네요. 제 아들은 이사를 원하지 않았어요. LA를 무척 좋아하는데도 가고 싶어 하질 않더라고요. 영국에 여자 친구가 있었기 때문입니다. 한 달 정도 사귄 아이인데, 그새 기념일을 네 번이나 챙겼더라고요. 16살 때는 한 달도 정말 긴 시간이죠. LA로 가는 비행기에서 아들이 우울한 표정으로 이렇게 말하더군요. '사라(Sarah) 같은 여자는 두 번 다시 못 만날 거야.' 솔직히 제게는 좋은 소식이었죠. 애초에 그 여자 아이 때문에 영국을 떠나기로 한 거니까요."

청중의 웃음은 끊이지 않았다. 사춘기 아들의 연애는 모든 부모들의 골칫거리기에 로빈슨의 경험담은 큰 공감대를 형성했다. 이처럼 연설 원고를 작성할 때 전체적인 방향이 정해지면 생활 속의 이야기를 유머러스하게 구성할 수 있다.

▌일상생활에서 유머를 포착하라

이란계 미국인 코미디언 마즈 조브라니는 TED 컨퍼런스에서 즉흥 연설을 통해 그가 겪었던 일화를 들려주었다.

"저는 코미디 그룹 '악의 축'의 창립 멤버 중 한 사람입니다. 저는 이란계 미국인으로서 내부적인 갈등이 많습니다. 저는 이란에서 태어났고 지금은 미국인이죠. 저는 미국 여권을 가지고 있으며 자유롭게 여행할 수 있습니다. 만약 이란 여권을 가지고 있었다면, 여행할 수 있는 나라는 시리아, 베네수엘라, 북한 정도로 한정됐겠죠. 미국에서 여권을 받아본 사람들은 여권에 자신의 출생지가 표기되어 있다는 사실을 알 겁니다. 저는 미국 여권을 처음 손에 넣던 순간을 생생히 기억합니다. '와우! 이제 나도 여행할 수 있어.'라고 외치며 여권을 펼쳐보니 '이란 출생'이라고 적혀 있더군요. '아니, 이럴 수가!' 하지만 흥미롭게도 제 여권에 '이란 출생'이라고 적혀 있어도 서양 국가를 여행하는 데는 전혀 문제가 되지 않았습니다. 문제가 일어난 곳은 아랍 국가였죠. 아마 아랍 국가들이 이란과 사이가 좋지 않기 때문인 것 같습니다.

얼마 전에 쿠웨이트에 갔습니다. 함께 간 미국인 코미디언들이 모두 통과하고, 제가 여권을 내밀자 출입국 심사관이 말했습니다. '아하! 미국인이군요. 좋습니다.' 하지만 여권을 열어본 그는 돌변했어요. '이란 출생이오? 잠시 대기하세요.' 그리고는 질문을 쏟아냈습니다. '아버지 이름은 무엇이죠?' 제가 '아버지는 이미 돌아가셨고 성함은 코스로였습니다.'라고 대답하자, 그가 다시 물었습니다. '할아버지 이름은 무엇이죠?' 그래서 저는 '할아버지는 오래전에 돌아가셨고, 성함은 자발이었습니다.'라고 대답했죠. 그러자 그는 '기다리세요. 곧 돌아올게요.' 하고는 어디론가 가버렸습니다. 저는 당황하기 시작했어요. 할아버지가 어떤 일을 저질렀는지 잘 모르니까요. 그가 돌아와서 이렇게 말할 것만 같았어요. '우리는 당신을 200년이나 찾아 다녔어요.' 아니면 '당신 할아버지가 주차 위반을 했는데, 체납액이 20억 달러나 있어요.'라고 말이죠."

일상생활에서 묻어나온 유머러스한 이야기는 자연스럽고 친근하다. '예술은 일상생활에서 나온다'는 말처럼 유머도 지하철을 타고 밥을 먹고 쇼핑을 하는 등의 일상생활에서 나온다. 따라서 그 안에서 유머를 포착해 연설에 녹여낸다면 청중으로부터 좋은 반응을 이끌어낼 수 있을 것이다.

Part 07

사람의 마음을
훔치는 기술

Ted 37

감동을 주기 위한
포석을 깔아라

감동은 연설에서 가장 중요한 요소다. 연사는 연설을 통해 청중에게 감동을 선사하길 원한다. 연설에 감동받은 청중은 연사의 말에 공감하고 진심으로 이해하려고 노력한다. 그래서 연사에게 위로와 응원을 건네고 희망과 용기를 주는 말을 전하기도 한다. 이처럼 청중에게 감동을 주기 위해서는 든든한 포석을 미리 깔아야 한다.

브랜드 전략가인 스테이시 크레이머(Stacey Kramer)는 TED 무대에서 이런 연설을 했다.

"선물 하나를 상상해보세요. 저는 여러분이 마음속으로 선물을 그려보았으면 좋겠어요. 크기는 그렇게 크지 않아요. 골프 공 정도 될 거예요. 제가 선물을 보여주기 전에 이것은 여러분이 믿을 수 없는 일들을 실현시켜줄 거라는 말을 하고 싶네요. 이것은 여러분 가족 모두가 함께 할 수 있도록 해줄 겁니다. 여러분은 난생 처음으로 사랑받고 인정받는 기분을 느끼게 될 거예요. 그리고 몇 년간 소식을 듣지 못했던 친구들을 다시 연결시켜줄 겁니다. 여러분 마음에는 사랑과 행복이 흘러넘칠 거예요. 그리고 삶에서 가장 중요한 것이 무엇인지 깨닫게 되겠죠.

이것은 여러분의 영혼과 믿음에 대한 생각을 바꿔놓을 겁니다. 여러분은 자기 몸을 새롭게 이해하고 느끼게 될 거예요. 여러분은 넘치는 활력과 에너지를 갖게 될 겁니다. 여러분은 어휘가 확장되고, 새로운 사람들을 만나고, 더 건강한 생활 방식을 배우게 될 거예요. 그리고 여러분은 8주간의 휴가를 얻고 그 기간 동안 아무것도 안 하게 될 겁니다. 여러분은 산해진미를 맛보고 트럭 한 대분의 꽃을 받게 될 거예요. 사람들은 여러분에게 이렇게 말할 겁니다. '아주 좋아 보여요. 요즘 뭘 한 거예요?' 그리고 여러분은 평생 먹을 분량의 약을 받게 될 겁니다. 여러분은 도전 받고, 영감을 얻을 것이고, 겸손해질 겁니다. 여러분은 삶의 새로운 의미를 찾게 될 거예요. 평화, 건강, 고요함, 행복, 그리고 열반과 같은 것들을요.

이 선물의 가격은 5만 5,000달러입니다. 정말 싸죠. 이제 여러분은 이것이 무엇이고 어디서 살 수 있는지 무척 궁금하겠죠? 아마존에 있을까요? 애플 사 로고가 붙어 있을까요? 대기자 명단에 올려놓아야 할까요? 그럴 리가요. 저는 약 5개월 전에 이 선물을 받았습니다."

스테이시는 화면에 사진을 띄우고 계속 말했다.

"이것을 포장한 모습은 이와 같습니다. 그다지 예쁘지는 않죠. 이것은 드문 보석이었습니다. 바로 뇌종양 혈관모 세포종이 주는 선물이었습니다. 지금 저는 다 나았지만 이 선물을 여러분에게 꼭 주고 싶지는 않습니다. 여러분이 이것을 원할지 확신이 없거든요. 하지만 저는 제 경험을 바꾸고 싶지 않습니다. 그것으로 인해 제 삶은 송두리째 달라졌으니까요. 제가 예상하지 않았던 방식으로, 제가 여러분과 방금 공유했던 그 모든 방식으로 말이죠. 여러분도 앞으로 무언가 예상치 못한 일이나 바라지 않는 일이 일어난다면, 그것을 선물이라고 생각해보세요."

스테이시는 3분이라는 짧은 시간 안에 아주 감동적인 연설을 했다. 만약에 그녀가 연설을 시작하자마자 뇌종양을 앓았던 이야기를 꺼냈다면 청중에게 감동을 줄 수 있었을까? 절대 그렇지 않다. 스테이시는 전반부에 긴 포석을 깔아 놓았기 때문에 후반부에 청중에게 큰 감동을 선사할 수 있었다.

감동을 주는 일에도 기술이 필요하다. 기술이 뛰어나면 청중에게 큰 감동을 줄 수 있고, 기술이 부족하면 아무런 감동도 주지 못할 것이다. 연사 홀로 느끼는 감동은 필요 없다. 연설에서는 보다 많은 청중에게 감동을 전달할 수 있어야 한다.

▎ 이야기로 포석 깔기

연설 원고를 작성할 때 초반에 극적인 감정을 표현하기보다는 서서히 포석을 깔며 감정을 숙성시키는 과정이 필요하다. 간단히 예를 들어, 고대 장수들은 병사를 끌고 전투에 참가하자마자 "돌격, 앞으로!"라고 외치지 않았다. 우선 병사들에게 애국심과 충성심을 고취시킬 수 있는 이야기를 들려준 뒤에 마지막으로 "돌격, 앞으로!"를 외쳤다. 장수의 말을 들은 병사들이 그렇지 않았을 때보다 훨씬 더 큰 공을 세우리라는 건 충분히 짐작할 수 있다.

나폴레옹은 친위대 병사들에게 말했다.

"친애하는 친위대 병사들이여, 지난 20년간 짐은 언제나 제군과 함께 명예와 영광의 길을 걸어왔다. 번영의 시대는 물론이고, 최근까지도 제군은 변함없는 용맹과 충성의 본보기가 되었다. 제군과 같은 용사들이 있었기에 우리는 큰 뜻을 이룰 수 있었다.

짐은 용맹한 제군과 계속 함께하고 싶지만, 프랑스 국회가 그것을 용납하지 않는다. 따라서 짐은 지휘관 자리에서 물러나 새로운 국왕으로서 의무를 다하는 데 주력할 것이다. 그러니 제군은 새로운 지휘관을 맞이해 계속 충성해주길 바란다. 짐은 지금 떠나지만 제군은 조국을 위해 남아주기를 바란다.

벗들이여, 잘 있으라. 짐이 제군 모두를 이 가슴에 꼭 끌어안을 수 있다면 얼마나 좋으랴! 짐은 우리가 한 몸, 한 마음이 되어 성취했던 그 위대한 업적의 역사를 기록할 것이다."

감동을 주기 위한 포석은 너무 길거나 너무 짧아도 좋지 않다. 너무 길면 말의 핵심을 파악하기 어렵고, 지루하게 느껴진다. 너무 짧으면 감정이 충분히 고조되지 않아 기대했던 효과를 볼 수 없다. 따라서 원고를 반복해서 읽거나 시범 연설을 하며 길이를 알맞게 조절한다.

이야기로 포석을 까는 것도 좋은 방법이다. 자신의 경험담 중에서 적절한 것을 골라 연설의 주제와 연결시킬 수 있으면 좋은 포석이 된다. 대구법(對句法)을 사용하면 문장의 단조로움을 없애고 생동감을 살려 더 큰 효과를 노릴 수 있다.

내가 감동해야
청중도 감동시킬 수 있다

자세히 관찰해보면 청중을 울리는 연사는 자신도 무대에서 눈물을 흘린다. 이것은 당연한 이치다. 자신이 먼저 감동해야 타인도 감동시킬 수 있다. 연사가 연설 주제에 아무런 감흥도 느끼지 못한다면 아무리 완벽한 원고라도 청중에게 감동을 전하지 못한다.

미국의 도시 계획가 캔디 창(Candy Chang)은 〈내가 죽기 전에 해보고 싶은 것들〉이라는 제목으로 TED 연설을 했다.

"지난 몇 년 동안 저는 공공장소에서 스티커나 스텐실, 분필 같은 간단한 도구들을 이용해 이웃들과 함께할 수 있는 일들을 시도해왔습니다. 이 프로젝트는 제가 품었던 여러 가지 의문에서 시작되었습니다. 예를 들면 내 이웃들은 집값을 얼마나 내는지, 어떻게 하면 이웃집 문을 노크하지 않고도 더 많은 물건을 빌리거나 빌려줄 수 있을지, 어떻게 하면 우리가 버려진 건물에서 더 많은 추억을 나눌 수 있을지.… 저는 어떻게 하면 제 삶을 바꿀 수 있을지에 대해서도 생각했습니다.

2009년에 저는 사랑하던 사람을 잃었습니다. 그녀의 이름은 조안인데, 어머니 같은 존재였죠. 그녀의 죽음은 예상치 못한 사이에 갑작스럽게 일어났습니다. 그때부터 저는 죽음에 대해 깊이 생각하게 되었지요."

거기까지 말한 캔디는 코를 훌쩍이더니 고개를 들어 눈물을 흘리지 않으려고 애썼다. 잠시 후 캔디가 말했다.

"그 일로 인해 저는 지금까지 살아온 순간에 깊이 감사하게 되었습니다. 그리고 제 인생에 의미 있는 것이 무엇인지 명확하게 알게 되었죠. 하지만 일상생활에서 이런 마음을 유지하는 건 정말 어렵습니다. 사람들은 매일 똑같은 하루에 매몰되어 중요한 일이 무엇인지 잊고 살아요. 저는 친구들의 도움으로 이 버려진 건물 벽을 거대한 칠판으로 만들었습니다. 그리고 '나는 죽기 전에 ○○○을 해보고 싶다'라는 문장을 스텐실로 찍었죠. 이곳을 지나가는 사람들은 누구든 이 문장의 빈 칸을 채울 수 있도록 분필을 갖다놨어요. 그렇게 사람들은 공공장소에서 자기 삶의 흔적을 남기고 개인적인 염원을 공유하기 시작했습니다. 솔직히 저는 이 프로젝트에 아무런 기대도 하지 않았어요. 그런데 다음날, 그 벽은 사람들의 염원으로 가득 채워져 있었죠."

캔디 창은 독백하듯이 연설을 하며 눈물을 흘렸다. 친한 지인이 죽은 뒤, 그녀는 일련의 프로젝트를 통해 생명과 인생의 가치를 깨달았다. 캔디가 느낀 슬픔과 감동은 그녀의 이야기와 함께 고스란히 청중에게 전달되었다.

연사가 감동하지 못한 이야기는 타인이 들어도 감동적이지 않다. 각 분야 전문가들의 연설을 보면 종종 불우했던 어린 시절이나 힘들었던 창업 이야기가 등장한다. 청중은 감정에 복받쳐 자기 이야기를 들려주는 연사에게 깊은 감동을 받는다.

연사가 가슴에서 우러나오는 이야기를 들려준다면 청중도 연사의 강렬한 감정을 그대로 느끼게 된다. 감정은 아주 개인적인 거라서 어떤 일을 겪고 난 뒤에 느껴지는 감정은 쉽게 타인에게 전달될 수 없다. 하지만 연설 무대에서는 그때 느꼈던 감정과 기분을 청중과 공유해야 '진심'이 전달된다.

▌감동을 공유하다

영국 8군 사령관 버나드 몽고메리(Bernard Law Montgomery) 장군은 감동적인 퇴임식 연설을 했다. 그는 병사들과 헤어지는 게 '가장 어려운 일'이라고 밝히며 격한 감정에 휩싸였다.

"이 자리에 서니 감정이 격해지려고 하는데 한번 참아보겠습니다. 제가 차마 말을 잇지 못하게 되더라도 이해해주시기 바랍니다. 작별 인사를 하려니 무척 힘이 드는군요. 여러분을 생각하는 제 마음은… 말로 다 표현할 수 없습니다. 사령관과 병사 간의 상호 신뢰는 무엇보다 소중합니다. 감정에 복받쳐 더 이상 무슨 말을 해야 할지 모르겠습니다."

몽고메리 장군의 감정은 고스란히 병사들에게 전해졌고 병사들은 하염없이 눈물을 흘렸다.

가슴에서 우러나오는 연설의 진심은 그대로 청중에게 전달되어 감동을 선사한다. 몽고메리 장군의 말을 듣고 병사들이 눈물을 흘린 것도 같은 이유에서다. 과장되고 적절하지 못한 '진심'은 정반대 효과를 가져온다. 청중을 감동시키기 위해서는 연사가 희로애락의 감정을 잘 나눌 수 있어야 한다. 연사가 직접 겪은 감동적인 순간을 기꺼이 나눈다면, 투박하고 꾸밈없는 말로도 청중을 충분히 감동시킬 수 있다. 이처럼 자신이 감동받은 이야기를 청중에게 들려준다면 연설을 성공적으로 이끌 수 있을 것이다.

Ted 39

친근한 이야기로
공감대를 형성하라

많은 연사들이 무대에서 자신의 이야기를 들려준다. 연사가 강렬한 감정을 불러일으킬 만한 이야기를 들려준다면 단번에 청중의 마음을 사로잡을 수 있다. 연사의 이야기가 마치 직접 겪은 것처럼 친근하게 느껴질 때, 청중은 연사의 말을 더 쉽게 이해하고 받아들인다.

북경어언대학교(北京語言大學校)와 TED가 함께 진행한 프로그램에서 구뎬(古典)은 〈인생의 고수되기〉라는 제목으로 연설을 했다.

"저는 종종 '쿵푸 팬더'를 닮았다는 말을 많이 듣습니다. 그래서 오늘은 '쿵푸 팬더'처럼 말해보겠습니다.

중국에는 인생의 고수가 많습니다. 예를 들어볼까요? 중국에서 대학을 졸업한 청년이 사랑하는 사람과 결혼하려고 마음먹는 순간, 어머니가 나타나 레프트 훅을 날리며 충고합니다. 집이 없으면 결혼은 꿈도 꾸지 말라고요. 대학원에서 석사 학위를 따고 취직한 청년은 연봉도 쥐꼬리만 하고 고등학교만 졸업해도 할 수 있는 단순한 일을 하게 됩니다. 자신이 왜 그런 일을 해야 하냐고 사장에게 따지면, 사장은 레프트 훅을 날리며 일침을 가합니다. '네가 당장 그만 둬도 그 일을 하겠다고 달려드는 사람이 셋이나 대기 중이야!'라고 말이죠. 대학을 졸업하고 5년 만에 동창회에 갔더니 성적도 나쁘고 인기도 없던 녀석들이 부자 아버지 덕에 당신이 꿈꾸던 회사를 다니고 있습니다. 인생에 한 방 먹은 기분이 들지 않겠습니까?"

그의 말에 청중은 열렬한 박수를 보냈다. 그 밖에도 구뎬은 지하철을 탈 때의 이야기를 꺼냈다.

"만원 지하철을 타면 앞으로 조금 움직이는 것도 쉽지 않습니다. 30분쯤 지나서야 겨우 한 발을 앞으로 내밀 수 있으니까요."

이것은 대도시, 특히 베이징에 사는 사람이라면 누구나 공감하는 이야기다.

연사가 주변에서 흔히 겪을 수 있는 경험담을 예로 들면 청중은 크게 공감하며 관심을 보인다. 이처럼 청중은 그들과 동떨어진 이야기보다 그들과 가까운 이야기가 사례로 나올 때 더 흥미를 느낀다.

연설에서 구체적인 사례가 없는 주장은 설득력이 떨어진다. 하지만 아무리 많은 사례가 등장하더라도 전부 생소한 이야기라면, 청중을 설득하기 어렵다. 예를 들어 평범한 주제의 연설에서 천문학 이야기가 사례로 나온다면 청중은 쉽게 공감하거나 이해하지 못할 것이다.

연설은 소통을 기반으로 하는데, 청중과 공감대를 형성하지 못하면 어떡하겠는가? 따라서 연사는 청중의 경력과 학력, 취향, 종교, 문화 수준 등을 고려해 자신과 그들의 공통점을 찾아 심리적인 거리를 좁히기 위해 노력해야 한다.

청중에게 친숙한 이야기로 시작하라

제2차 세계대전 기간에 영국의 처칠 수상은 크리스마스에 미국 국회에서 연설을 하게 되었다.

"오늘 저는 국가와 가족들 곁을 떠나 크리스마스를 보내지만 이곳이 전혀 낯설지 않습니다. 제 어머니의 뿌리가 이곳이기 때문일까요? 몇 년 전에 느꼈던 우정이 아직 남아 있어서일까요? 종교와 이상이 같아서일까요? 함께 싸우는 동지라는 생각이 들어서일까요? 아마도 그 모든 이유 때문이겠죠. 따라서 오늘 미국 정치의 중심지 워싱턴에서 크리스마스를 맞이하는 데도 전혀 어색하거나 낯설지 않습니다. 저는 여러분과 피를 나눈 형제로서 여러분의 환대 속에서 크리스마스의 즐거움을 함께 나누고 싶습니다."

처칠의 연설은 청중의 큰 호응을 이끌어냈다. 크리스마스를 맞이해 처칠은 혈연과 종교, 이상, 그리고 함께 싸워 승리를 쟁취한 동지애를 강조하며 청중과 공감대를 형성하고 그들의 호기심을 유발했다.

상대방이 동질감을 느끼게 하는 이 방법은 연사들이 자주 사용하는 기술이다. 기업체 연설에서 연사가 업종에 대한 사례로 청중의 환심을 사는 것도 마찬가지다.

예전에 살았던 고향에서 연설을 한다면 그동안 변한 마을 이야기를, 동창회에서 연설을 한다면 학창시절 이야기를 통해 청중과 공감대를 형성한다. 연설에는 특별한 규칙이나 심오한 철학이 필요하지 않다. 어떤 주장이나 견해를 내세우고 싶다면 청중과 공감대를 형성하는 게 중요하다. 따라서 청중에게 친숙한 이야기로 친근한 분위기를 조성한다면 좋은 반응을 이끌어낼 수 있다.

Ted 40

열정으로
연설의 감화력을 높여라

연설의 감화력을 높이기 위한 가장 효과적인 방법은 연사가 열정적인 모습을 보여주는 것이다. 이것은 이야기나 문장으로 표현하거나, 연설 후반부에 호소나 격려의 형식으로 등장하기도 한다.

세계적인 동굴 탐험가 빌 스톤(Bill Stone)은 연설에서 독특한 경험담을 들려주었다.

"제가 오늘 여러분을 모시고 갈 곳은 지구에서 가장 깊은 천연 동굴입니다.

우리는 이미 인간이 인내할 수 있는 한계를 넘어섰습니다. 입구부터 관광용 동굴과는 크게 다릅니다. 이게 '캠프 2'입니다. 높은 산을 내려가는 과정과 비슷하다고 생각하시면 됩니다. 저런 줄을 타고 내려와야 한다는 사실만 빼면 말이죠. 저것은 몸을 편하게 하기 위한 장치죠. 아래로 내려가면 춥고 축축하고 상당히 어둡거든요. 지금 여러분이 보고 있는 모든 장면은 힘들여 인공적으로 조명을 비춘 것입니다. 그렇지 않으면 어두워서 아무것도 안 보였겠죠. 깊이

들어갈수록 우리는 물과의 전쟁을 피할 수 없습니다."

후반부에서 빌은 우주의 의미에 대해 설명했다.

"우리는 역사상 가장 흥미로운 시대에 살고 있습니다. 개인의 부와 상상력이 인류를 우주로 이끄는 마법 같은 시대에 살고 있죠. 제가 방금 설명한 궤도급유 정거장은 새로운 산업을 창출하고, 평범한 사람이 우주를 탐험하는 데 필요한 마지막 열쇠를 제공할 것입니다. 패러다임을 뒤집기 위해서는 근본적으로 다른 접근 방법이 필요합니다. 메리웨더 루이스(Meriwether Lewis)와 윌리엄 클락(William Clark)이 미국 서부를 개척했던 방법을 산업적으로 응용하는 겁니다. 탐사대를 섀클턴 분화구(Shackleton crater)로 파견해 달의 광물을 채취하여 우주에서 사업하는 것이 가능하다는 근거로 제시할 수 있습니다. 우주 탐사에 관한 이야기를 하다 보면 목적과 시간이 모호해질 때가 많습니다. 연설을 끝내기 전에 이 자리에서 약속하겠습니다. 제가 이 탐사를 이끌겠습니다!"

빌 스톤은 동굴 탐험에서 우주 탐험으로까지 연설의 내용을 확장했으며, 뒤로 갈수록 열정적인 모습으로 청중이 푹 빠져들게 만들었다. 그는 '가장 흥미로운 시대', '마법 같은', '궤도 급유 정거장', '근본적으로 다른 접근 방법', '탐사를 이끌다'와 같은 감화력이 강한 표현을 사용했다.

유명한 연설가 데일 카네기는 말했다.

"연사가 진지하고 확고한 말투로 얘기하는 연설은 절대 실패하지 않습니다. 연사가 마음속 진실한 이야기를 들려준다면, 연설은 강한 전염성을 가지게 되어 청중을 감동시킬 수 있습니다. 연사의 진심이 어떤 형식으로 표출되는가는 중요하지 않습니다. 중요한 것은 연사의 감정입니다. 연사가 진지하고 열정적으로 말하면 연설 중간에 실수를 하더라도 큰 영향을 미치지 않습니다."

이처럼 연설의 감화력을 높이고 싶다면 좀 더 진지하고 열정적인 단어나 문장을 추가하는 게 좋다.

프랭클린 루스벨트 대통령은 취임식에서 이렇게 말했다.

"오늘 저는 동포 여러분과 하느님 앞에서 엄숙하게 대통령에 취임했음을 엄숙하게 선언합니다! 미국은 지금과 같이 미래에도 영원히 존속해 나갈 것입니다!"

이 문장은 간단하지만 힘이 느껴진다. 그것은 루스벨트가 '동포', '하느님', '엄숙', '미국', '영원히 존속' 같은 전염성 강한 단어를 잘 사용했기 때문이다.

연설이 궁색하고 무기력하게 느껴진다면, 감정이 올랐을 때 강렬한 단어나 화려한 문장을 사용하는 것도 괜찮다. 그러면 순간적으로 청중의 집중력을 높이고 호기심을 유발하는 효과를 기대할 수 있다.

다양한 문장 구조를 활용하라

버락 오바마 대통령은 취임식에서 열정적인 연설을 했다.

"오늘날 우리는 심각한 도전에 직면해 있습니다. 이러한 도전은 실제 상황이며 짧은 시간 안에 극복할 수 있는 것은 아닙니다. 하지만 우리는 할 수 있고, 반드시 해낼 것입니다.

저는 우리나라의 위대함을 재차 확인하면서, 이러한 위대함은 거저 주어진 것이 아니라 우리의 노력으로 쟁취해낸 것임을 깨달았습니다. 우리의 여정은 겁 많은 자들, 안일을 추구하는 자들, 부와 명성을 좇는 자들의 것이 아니라 위험을 감수하는 자들, 행동하는 자들, 창조하는 자들의 것입니다.

미국인 여러분, 이 힘겨운 겨울에 공통의 위험에 맞서 변치 않을 말을 기억합시다. 희망과 용기를 품고 다시 한 번 얼어붙은 기류에 맞서 싸웁시다. 그리고 어떤 폭풍우라도 힘차게 뚫고 전진합시다. 그리고 우리 후손들에게 우리가 시험에 들었을 때 흔들리거나 돌아서지 않고 당당히 맞서 싸웠다고 말해주겠습니다. 신의 가호 아래 자유라는 위대한 선물을 안전하게 미래 세대에 넘겨주었다고 말입니다!"

이미지를 묘사하는 것도 아주 열정적인 표현 방법이다. 연사는 머릿속에 떠오르는 이미지를 생동감 있는 문장으로 묘사할 수 있다. 대구가 되는 문장이나 자극적인 단어를 사용하는 것 외에도, 강렬한 의문문을 사용하는 방법도 있다. 예를 들어 "우리가 계속 인내해야 할까요?" "저들이 파멸하는 모습을 보고도 모른 척해야 할까요?" 등이 있다.

그 밖에도 "여러분의 생각을 맞춰보겠습니다." "저는 결국 성공할 겁니다." 등 청중의 흥미를 유발하는 과감한 표현을 사용할 수 있다. 이때 큰 목소리와 진지한 말투, 확신에 찬 눈빛을 보여준다면 청중은 큰 감동을 받을 것이다.

Ted 41

철리적인 표현으로
생각의 깊이를 더하라

연설의 감화력을 높이기 위해서는 철학적이거나 논리적인 표현을 잘 사용해야 한다.

미국의 코미디언이자 정신건강 운동가인 조슈아 월터스(Joshua Walters)는 다음과 같이 연설했다.

"제 이름은 조슈아 월터스입니다. 저는 공연을 하는 사람입니다. 연기자가 되기 전에 저는 조울증 진단을 받았습니다. 저는 제 병을 긍정적으로 바라보고자 합니다. 제가 무대에서 미쳐 날뛸수록 재밌어지거든요. 저는 16살 때, 샌프란시스코에서 조증의 정점을 찍었는데요, 그때는 제가 예수라고 생각했습니다. 이상하게 여기실지 모르겠지만, 아무리 많은 약을 먹는다 해도 자신이 예수 그리스도라고 믿는 것보다 더 기분 좋을 수는 없습니다.

저는 정신병원으로 보내졌어요. 그곳에서는 모두가 자기만의 원맨쇼를 하고 있습니다. 그들에게는 여러분과 같은 관객도 없으니, 그저 연습만 할 뿐입니다. 언젠가 그들도 이 무대에 서게 될 날이 올지도 모릅니다. 저는 정신과 의사에게 약을 처방받고 퇴원했습니다.

고등학교 시절의 절반은 조울증과의 투쟁으로 힘들게 보냈고, 나머지 절반은 처방받은 약에 취해 아주 긴 잠에 빠져 있었습니다. 저는 졸업한 뒤에야 제 정신질환을 받아들일 건지 거부할 건지 선택할 수 있었어요."

조슈아는 조울증의 긍정적인 면을 강조했다.

"모차르트와 베토벤, 그리고 반 고흐도 조울증 환자였습니다. 그들 중 일부는 스스로 목숨을 끊기도 했어요. 이 병이 긍정적인 면만 가진 건 아니라는 얘기죠. 하지만 누군가 정신질환으로 진단받았다고 해서 반드시 미쳤다는 뜻은 아닙니다. 단지 대부분의 사람들이 볼 수 없고 느낄 수 없는 것들을 좀 더 민감하게 받아들인다는 뜻일 뿐이죠. 어쩌면 진짜 '미친 사람'은 존재하지 않을지도 모릅니다."

▌철리적인 주장은 쉽게 잊히지 않는다

정신질환자의 창의력이 뛰어나다고 생각한 적이 있는가? 정신질환자가 무대에서 연설하는 장면을 상상해본 적이 있는가? "어쩌면 진짜 '미친 사람'은 존재하지 않을지도 모릅니다."라는 조슈아의 견해를 어떻게 생각하는가? 이 연설은 독특한 주장으로 청중을 깊은 생각에 빠지게 했다. 조슈아의 연설을 들은 사람들은 분명히 정신질환에 대해 깊이 생각해보게 됐을 것이다.

철리는 사물과 인생에 관한 고차원적인 생각으로, 깊은 사고력과 설득력을 지닌다. 따라서 연설에 철리적인 내용이 추가되면 청중에게 보다 깊은 인상을 남길 수 있다. 그리고 간단한 이치나 일반적인 견해에 비해 철리적인 주장은 청중에게 더 깊은 감동과 여운을 선사한다.

철리라는 단어는 매우 추상적이다. 철리는 자신이나 타인의 경력, 행적, 교훈, 감상을 이해하는 것은 물론이고, 그것을 치밀하게 생각하고 분석하도록 도와준다. 이처럼 철학적이고 논리적인 연설로 청중을 사로잡기 위해서는 주제에 대한 깊은 분석과 연구가 반드시 선행되어야 한다.

▍철학적이고 논리적인 연설

프린스턴 대학교의 연구원인 에드워드 테너(Edward Tenner)가 TED 컨퍼런스에서 발표한 연설 제목은 〈의도하지 않은 결과〉다.

"저는 의도하지 않은 결과를 좋아하지는 않지만 그것을 가치 있게 생각하는 법을 배웠습니다. 그것이 발전의 본질이라는 사실을 깨달은 거죠. 그래서 저는 의도하지 않은 결과들이 어떤 역할을 하는지 살펴보고자 합니다.

지금으로부터 4만 년 전, 오늘날 우리가 즐기는 음악, 예술, 기술이 아직 탄생하기 이전 시대로 돌아가 보겠습니다. 인류학자 랜들 화이트(Randall White)는 우리의 조상에 대한 아주 흥미로운 견해를 제시했습니다. 우리 조상들이 4만 년 전에 자신들이 무엇을 이루었는지 볼 수 있었다면 실제로는 이해하지 못했을 거란 견해입니다. 그들은 즉각적인 문제에 대응할 뿐이었죠. 그들은 그들의 일을 우리가 계승할 수 있도록 만들었습니다. 하지만 그럼에도 그들은 자신들이 어떻게 그렇게 했는지 이해하지 못하죠.

자, 그럼 현재로부터 1만 년 전으로 돌아가 볼까요? 이때가 정말 재미있는 시대예요. 곡물을 키웠을까요? 농업이 시작되었을까요? 기술적인 평가가 가능했다면, 우리 조상들은 1만 년 전에 뭐라고 말했을까요?"

에드워드는 이어서 의도하지 않은 결과의 예로 젓가락이 인류의 치아를 변형시켰다고 주장하는 일본의 인류학자 이야기를 들려주었다.

앞의 연설에서 에드워드는 청중을 4만 년 전으로 데리고 가서 인류 역사상 후세에 큰 영향을 미친 선조들의 '의도하지 않은 행동'을 소개했다. 이것은 아주 철리적인 방법으로, 청중에게 깊은 인상을 남겼다. 전문적으로 철학을 연구해보지 않은 사람도 이렇게 철학적이고 논리적인 연설을 할 수 있을까? 물론이다. 방법만 알면 간단하게 철리적인 연설을 할 수 있다.

▎철리적인 연설을 하는 방법

인상적인 시구 인용하기

인상적인 시구는 연설의 품격을 높이고 예술적인 정취와 철리적인 분위기를 더해준다. 어느 나라의 시든 상관없다. 연설 도입부나 결론에서 시구 한두 마디를 곁들이는 것으로 청중에게 상상의 여지를 제공할 수 있다.

감동적인 명언 인용하기

명언은 상상력을 자극하고, 자칫 지루해질 수 있는 연설의 분위기를 전환시켜준다. 적절한 시구를 찾지 못했다면, 많이 알려지진 않았지만 감동적인 명언을 찾아 인용할 수 있다. '실패는 성공의 어머니'와 같은 진부한 명언은 피하는 게 좋다.

열린 결론

열린 결론은 논쟁의 여지가 있는 연설에 주로 사용하는 방법이다. 후반부에 억지 결론을 내리지 않고 청중에게 선택권을 넘기며 연설을 끝낸다.

> ## Ted 42
>
> # 구체적으로
> # 묘사하라

연사는 생동감 있고 풍성한 연설을 위해 청중에게 일련의 이야기를 들려준다. 청중은 그 이야기를 듣고 깊은 감동을 받거나 공감대를 형성한다.

영화제작자인 홀리 모리스(Holly Morris)는 다음과 같이 연설했다.

"3년 전, 저는 체르노빌의 제4번 원자로에서 90미터 정도 떨어진 거리에 서 있었습니다. 방사선 측정기가 미친 듯이 울리더군요. 원자로에 가까이 갈수록 기기는 더 심하게 움직였습니다. 저는 세계 최악의 원자력 사고 25주년 취재를 진행하고 있었습니다. 제 표정에서 읽을 수 있듯이 마지못해서 갔지만 그만한 이유는 있었습니다. 1986년 원전 화재는 11일 동안 이어졌고, 그 사고로 유출된 방사능은 히로시마에 투하된 폭탄의 400배에 이르렀습니다. 현재 제4번 원자로를 덮고 있는 석관은 27년 전에 급히 지어졌는데, 지금은 금이 가고 녹슨 상태로 방사능을 유출하고 있습니다. 제가 촬영하면서 바란 것은 단 하나, 빨리 끝내고 그곳을 뜨는 것이었습니다.

그런데 멀리 떨어진 농가에서 연기가 피어오르는 게 보였어요. '누가 여기서 살고 있는 거지?' 하는 생각이 들었죠. 체르노빌은 지구에서 가장 오염된 지역이었으니까요. 그런데 정말 사람들이 살고 있었습니다. 믿기 힘들지만 약 200명 정도가 공동체를 이룬 채 살고 있었어요. 자발적 정착민이라고 불리는 그들은 대부분 여자였습니다. 저는 연기 나는 굴뚝이 있는 곳으로 향했습니다. 거기서 한나 자보로트냐(Hanna Zavorotnya)를 만났습니다. 그녀는 마을의 시장입니다. 총 인구가 8명인 마을에서요. 제가 당연한 걸 질문하자 '방사능은 안 무서워. 굶는 게 무섭지.'라고 하더군요.

소련이 지배한 몇 십 년 후 체르노빌 사건이 터졌을 때, 그들은 보이지 않는 적 때문에 도망가고 싶지 않았습니다. 그들이 마을로 돌아가자 곧 병에 걸려 죽을 거라는 말을 들었습니다. 하지만 그들은 고향에서 지내는 행복한 5년이 키예프의 고층 아파트에서 썩는 10년보다 낫다고 생각했습니다. 그래서 그들은 자신의 부모님과 아이들의 무덤이 있고 봄날 오후에 황새의 날갯짓 소리가 들리는 고향에서 지내게 되었습니다."

이 연설은 구체적인 묘사로 가득하다. 홀리는 체르노빌에 관한 이야기와 그곳 사람들과 나눈 대화를 상세하게 들려주었다. 좋은 연설 원고는 한 편의 좋은 글과 같고, 좋은 글에는 자세하고 생동감 넘치는 묘사가 빠지지 않는다. 이렇게 좋은 원고로 만들어진 연설은 청중에게 무한한 감동을 선사한다.

묘사 위주의 연설을 할 때는 상세한 부분까지 잘 살려서 생동감 있게 표현해야 한다. 그렇지 않으면 전체적인 연설 분위기가 저하될 수 있다. 이야기가 끝났는데도 청중의 감정에 변화가 없다면 실패한 연설이다. 이것은 애초에 연설 원고를 작성하는 단계에서부터 잘못된 것이다.

예를 들어 두 사람이 똑같이 『빨간 모자』 동화를 아이들에게 들려줬는데, 한 사람만 아이들의 열렬한 호응을 이끌어냈다면 이유는 무엇일까? 바로 구체적이고 생동감 있는 묘사를 하지 못했기 때문이다. 상세한 묘사는 듣는 이를 생생한 사건의 현장으로 데려가 직접 보고 느낀 것 같은 기분을 선사한다. 따라서 연사는 시인처럼 언어의 마술로 청중의 마음을 사로잡아야 한다.

▌연설에 '몽타주' 기법을 적용하라

1982년 1월 13일, 플로리다 항공 보잉 757기가 눈보라가 몰아치는 워싱턴 공항을 이륙하자마자 포토맥 강에 추락해 74명이 숨지고 5명만 겨우 살아남았다. 그때 현장을 지나가던 레니 스커트닉스(Lenny Skutniks)는 위험을 무릅쓰고 강물에 빠진 사람의 목숨을 구했다. 그녀의 영웅적인 행동은 미국인들에게 엄청난 감동을 선사했다.

비행기 추락사고가 발생하고 2주 뒤, 레이건 대통령은 연두 교서에서 레니의 희생정신과 영웅적인 행동을 자세히 소개하며 치하했다. 당시 레이건 대통령은 레니를 직접 초청해 낸시 레이건 영부인 옆에 앉게 했다. 연두 교서가 끝나자 자리에 참석한 청중은 모두 기립해 우레와 같은 박수를 보내며 그녀에게 존경과 찬사를 표했다. 그날 이후 아버지 부시, 빌 클린턴, 아들 부시 대통령과 버락 오바마 대통령에 이르기까지 연두 교서에서 영웅적인 행동을 한 시민들을 소개하기 시작했고, 정계에서는 그런 영웅들을 '스커트닉스'라고 불렀다.

위의 이야기가 시사하는 것은 청중의 감동을 이끌어내기 위해서는 구체적인 묘사로 자신의 감정을 충분히 전달해야 한다는 점이다. 연설에도 영화 촬영에서 사용하는 '몽타주' 기법처럼 자르고 붙이고 생략하는 등의 편집과정이 필요하다. 강조할 부분은 세밀하게 묘사하고 불필요한 부분은 과감히 생략할 줄 알아야 한다.

Ted **43**

리듬이 살아 있는
연설을 하라

연사는 다채로운 언어와 리듬감 있는 문장을 구사할 줄 알아야 한다. 연사가 계속 단조로운 톤을 유지한다면 아무리 쉬운 내용이라도 지루하고 따분해질 가능성이 크다. 그러면 자신감을 잃은 연사는 자신의 생각과 감정을 제대로 전달하지 못하고, 연설의 질은 점점 떨어질 수밖에 없다.

장애인 연사 스텔라 영(Stella Young)은 TED 컨퍼런스에서 아주 안정적이고 부드러운 말투로 연설을 시작했다.

"저는 빅토리아 주에 있는 작은 시골에서 자랐습니다. 저는 별로 눈에 띄지 않는 평범한 아이였습니다. … 저는 학교에 가서 친구들과 어울리기도 하고, 여동생들과 싸우기도 했습니다. 모두 평범한 일들이죠. 15살 때, 지역 주민 한 분이 제 부모님을 찾아와서 저를 지역 공로상 수상자로 추천하고 싶다고 했습니다. 그러자 부모님은 이렇게 말했어요. '정말 잘됐네요! 하지만 제 딸은 공로가 없어요.' 부모님 말씀이 맞았습니다. 저는 학교에서 좋은 성적을 받고, 방과

후에는 엄마가 운영하는 미용실에서 조용하고 평범하게 보냈으니까요. 그리고 틈만 나면 드라마에 빠져 지냈죠."

그리고 스텔라의 말투는 아주 단호하게 바뀌었다.

"그렇습니다. 부모님 말씀은 전적으로 옳았습니다. 전 평범하게 산 것 외에 공로라고 생각될 만한 일을 전혀 하지 않았어요. 제가 장애인이라는 사실을 제외한다면 말이죠.

몇 년 뒤, 저는 멜번(Melbourne) 고등학교에서 교사 생활을 하게 되었습니다. 11학년의 법학 수업에 들어갔는데 20분쯤 지나자 한 남학생이 손을 들고 말하더군요. '선생님, 진짜 강의는 언제 시작하실 건가요?' 이미 명예훼손법에 대해 20분간 설명하던 저는 그게 무슨 말인지 물었어요. 그러자 학생이 대답하더군요, '아시잖아요. 선생님의 동기부여 강연이요. 휠체어를 탄 사람들이 학교에 왔을 때 하는 감동적인 말이요.'"

스텔라는 다시 말투를 바꿔 말했다.

"그때 저는 깨달았어요. 그 아이는 장애인을 감동을 주는 대상으로만 경험해왔다는 사실을요. 그 아이의 잘못은 아니에요. 많은 사람들이 그렇게 생각하거든요. 보통사람들은 장애인이 교사나 의사, 네일 아티스트일 거라고 생각하지 않죠. 그들에게 우리는 실제 존재가 아닙니다. 영감을 주기 위해 있는 대상일 뿐이에요."

스텔라 영은 〈장애는 감동을 주기 위해 존재하는 것이 아닙니다〉라는 제목으로 연설을 했다. 연설 도중 스텔라는 다양한 말투를 사용했지만, 청중은 편안하게 앉아 그녀의 이야기에 귀를 기울였다. 그녀는 중간 중간 말의 속도를 조절하며 연설을 성공적으로 이끌었다.

음조를 바꾸는 것만으로도 연사는 보다 효과적인 연설을 할 수 있다. 연설에서 자신의 감정을 잘 표현하기 위해 연사는 인상적인 시구를 부드럽게 읊거나, 유명한 격언을 한 자 한 자 힘을 주며 말할 수도 있다. 그리고 필요할 때는 폭포수처럼 강하게 외칠 수도 있다. 이처럼 연사가 음조를 자유자재로 바꾸며 말한다면 청중도 지루해하지 않고 연설에 집중할 것이다.

그 밖에도 연사는 자신의 감정을 잘 전달하기 위해 특정한 문장이나 단어를 강하게 발음하는 방법을 사용할 수 있다. 다시 말해, 자신이 강조하고 싶은 단어에 강세를 줘서 발음한다. 반대로 특정 문장이나 단어를 약하게 발음함으로써 동일한 효과를 얻기도 한다. 연설에서 강세가 다른 문장들은 각기 다른 의미를 지닌다. 따라서 연사는 연설의 목적과 내용, 자신의 감정과 심리 상태를 고려해 음조와 강세를 결정해야 한다.

▌성량과 어투를 조절하라

미국의 한 언론매체는 스티브 잡스의 연설을 높게 평가하며 이렇게 말했다.

"그는 최고의 연사로서 갖추어야 할 기량을 모두 가졌다. 그는 말의 속도와 음조를 자유롭게 조절할 줄 안다."

잡스는 신제품 프레젠테이션을 시작할 때, 항상 낮은 음조와 느린 속도를 유지하며 때로는 상당히 공손한 말투를 사용한다. 그리고 신제품 소개가 끝나면 약간 흥분되고 격앙된 말투로 청중의 마음을 사로잡는다. 1세대 아이팟을 소개할 때, 잡스는 목소리 톤을 높여 말했다.

"여러분은 이제 언제 어디서나 뮤직 라이브러리를 들고 다니며 음악을 감상할 수 있습니다."

그는 다시 저음으로 바꿔 말했다.

"아이팟의 장점은 이뿐만이 아닙니다. 1,000곡의 노래가 호주머니에 들어간다는 사실이죠."

▎ 연설에서 성량과 어투를 조절하는 방법

성량

연설 내용에 따라 음량의 변화를 준다. 호소하거나 지지를 구할 때는 성량을 높이는 게 자연스럽다. 하지만 처음부터 끝까지 높은 성량을 유지하면 연사가 강조하려는 내용이 무엇인지 파악하기 어려우며, 시끄럽고 과장된 느낌을 줄 수 있으니 주의한다.

어투

어투도 연설 내용에 따라 바꿔주는 게 좋다. 특정 단어를 언급할 때마다 약간 가볍거나 무거운 어투로 바꾸면 강조 효과를 얻을 수 있다. 중요하다고 생각되는 단어는 가벼운 어투보다 무거운 어투를 사용하는 것이 낫다. 예를 들어 "오늘 저는 좋은 일을 했습니다."라고 말한다면 '저는', '좋은'이라는 단어에 강세를 주며 약간 무거운 투로 말한다. 이때 어투의 변화 폭이 지나치게 크지 않도록 주의한다.

Ted **44**

연설의 리듬감을 정복하라

앞에서 리듬이 살아 있는 연설의 중요성을 이야기했다. 이번에는 리듬감을 정복할 수 있는 구체적인 방법에 대해 알아보자. 연설을 할 때 빠르게 말해야 할 곳과 느리게 말해야 할 곳, 고음을 사용해야 할 곳과 저음을 사용해야 할 곳을 아는 것은 아주 중요하다.

미국의 작가 캐슬린 슐츠(Kathryn Schulz)는 TED 컨퍼런스에서 다양한 어투를 자유자재로 사용하며 연설을 이끌었다. 연설의 도입부는 평범한 어투로 시작했다.

"제 이름은 캐슬린 슐츠입니다. 이 사진은 조니 뎁(Johnny Depp)의 어깨고 이건 그의 유명한 어깨 문신입니다. 여러분 중에는 1990년에 조니 뎁이 위노나 라이더(Winona Ryder)와 약혼하면서 어깨에 '위노나와 영원히(Winona forever)'라는 문신을 새긴 것을 아는 분들도 있을 겁니다."

이어서 캐슬린은 "하지만 3년 뒤"라고 말하며 말끝을 길게 뺐다.

"할리우드 기준으로는 영원이라고도 할 수 있는 시간이 흐른 뒤 그들은 헤어졌습니다. 조니 뎁은 문신을 수정했습니다. 지금 그의 어깨에는 '와이노와 영원히(Wino forever : Wino forever는 '왜 영원하지 않는가(Why No Forever)'라는 말과 발음이 같다)'라는 문구가 새겨져 있죠."

캐슬린은 약간 목소리를 높여 "조니 뎁과 같이, 그리고 16세에서 50세 미국인 25%와 같이"라고 한 뒤, 잠시 뜸을 들이고는 느릿느릿 말을 이어갔다. "저도 문신을 하나 가지고 있습니다." 캐슬린은 두 걸음 앞으로 나가 청중을 보며 말했다. "저는 20대 중반부터 문신을 하고 싶었습니다. 하지만 기다렸어요. 젊었을 때 문신을 새긴 사람들이 서른 살쯤 되어서 후회하는 것을 많이 봐왔기 때문이죠." 캐슬린은 잠시 멈췄다가 다시 말했다. "저는 29살에 문신을 했습니다. 하지만 문신을 하자마자 바로 후회했죠. 이곳에서 몇 마일 떨어진 로어 이스트 사이드(Lower East Side)의 문신 가게를 나오자마자 밝은 대낮에 길 한가운데 주저앉아버렸어요."

그녀는 부드러운 어투로 이야기했다.

"그날 밤, 집으로 간 저는 더 큰 정신적 충격을 받습니다. 그때까지 한 번도 후회하지 않고 살아온 저 자신을 상당히 자랑스러워했거든요. 물론 저도 실수를 하고 어리석은 결정도 많이 내렸습니다. 하지만 그럴 때마다 늘 그것이 내가 할 수 있는 최선의 선택이었다고 생각했어요. 그로 인해 값진 교훈을 얻었고 그 일이 있었기에 현재의 내가 있는 거라고 믿었죠."

캐슬린 슐츠는 연설에서 어투와 성량, 음조를 자유자재로 바꾸며 말했다. 그녀의 목소리는 지나치게 높거나 낮지 않았고, 필요할 때만 약간 목소리를 높였다. 적절한 곳에서 1~2초씩 뜸을 들였고, 주제를 말할 때는 속도를 늦추었다.

이것은 쉬워 보여도 실제로 적용하기에는 상당히 어려운 기술이다. 연설의 리듬감을 살리기 위해서는 많은 것을 고려해야 한다. 예를 들어, 대부분의 연사들은 분노를 표현할 때 목소리가 커지고, 기쁨을 표현할 때 말의 속도가 빨라진다. 그리고 슬픔을 표현할 때는 저음을 사용한다. 하지만 이런 표현 방식은 지나치게 평범하고 전형적이다. 연설이 문서에 적힌 글보다 흥미로운 점은 어투와 성량, 음조를 자유롭게 바꿀 수 있다는 것이다. 그 점을 제대로 살리지 못한 연설은 매력이 떨어진다.

구어의 장점은 입체감과 리듬감을 충분히 살릴 수 있다는 것이다. 리듬감은 자음의 장단과 강약이 규칙적으로 변할 때 형성된다. 이런 리듬감은 연설 원고를 작성하고 연설 연습을 할 때 미리 설정한다.

▎ 연설의 리듬감을 살리는 방법

강약의 변화

연사는 단어에 강약의 변화를 주는 것으로 의미를 보다 효과적으로 전달할 수 있다. 그리고 핵심 단어와 문장을 강조하거나 문장을 더 아름답게 표현하는 것도 가능하다. 연설 말미에 강한 목소리로 주제를 얘기한다면 청중에게 깊은 인상을 남길 수 있다.

속도의 변화

연설 속도는 지나치게 빠르지 않게 한다. 연사의 말이 너무 빠르면 청중이 내용을 이해하기 어렵고, 연사가 당황했다는 인상을 줄 수 있다. 연설 속도는 '빠르게', '보통', '느리게'로 나누어진다. '느리게'라고 해서 지나치게 느린 속도를 생각해선 안 된다. 그리고 연설 내내 같은 속도를 유지할 게 아니라 계속 변화를 주어야 한다. 예를 들어, 유머러스한 이야기는 약간 빠르게, 주제에 대한 이야기는 약간 느리게 말한다. 열정, 흥분, 격앙, 분노, 초조, 호소 등을 표현할 때는 약간 빠르게, 슬픔, 그리움, 장엄함 등을 표현할 때는 약간 느리게 말해야 자연스럽다. 이처럼 연설 내용과 연사의 감정에 따라 말의 속도를 잘 조절해야 그 의미를 보다 명확하게 전달할 수 있고, 청중도 편안하게 느낀다.

음조의 변화

일반적으로 고음은 낮은 음에서 높은 음으로 올라가는 성조로, 문장 끝을 올리는 의문문에 주로 사용된다. 저음은 높은 음에서 낮은 음으로 내려가는 성조로, 문장 끝을 내리는 서술문, 명령문, 감탄문에 주로 사용된다. 처음부터 끝까지 고음이나 저음을 계속 유지해서는 안 되며, 연설 내용과 연사의 감정에 따라 적절히 조절한다.

잠깐 멈춤

미국의 유명한 작가이자 웅변가인 마크 트웨인은 말했다.

"적절한 휴식은 언어가 도달하지 못할 효과를 가져다준다."

연설에서 '잠깐 멈춤'은 청중에게 호기심을 유발하고 문장의 심미성을 부여한다. 연설 중에 잠깐 멈추는 순간은 크게 3가지다. 첫째, 단어나 구문 사이에서 자연스럽게 멈춘다. 둘째, 단락과 구문이 길어질 경우 잠깐 멈춘다. 셋째, 수식이 필요한 문장 앞에서 멈춘다. 간단히 말해 중요한 견해나 질문을 제기했을 때 약 2~3초 정도 멈춘다. 이때 여유가 된다면 무대 앞으로 한두 걸음 나아갈 수도 있다. 연설 도중에 잠깐 멈췄다가 다시 말하면, 분위기가 정돈되는 것은 물론이고 더 생생하고 리듬감 넘치는 연설을 기대할 수 있다.

연사가 어투와 성량, 음조에 주의하지 않는다면 아무리 좋은 원고라도 그 내용과 의미를 청중에게 제대로 전달하기 어렵다.

Ted **45**

자연스러운
감정으로 다가가라

연사의 감정은 연설 내용과 부합해야 하고, 꾸밈이 없이 자연스러운 것이어야 청중에게 감동을 선사할 수 있다.

TED 연설 중 조회 수가 높은 임상심리사 멕 제이(Meg Jay)의 연설을 살펴보자.

"저는 20대 때 처음으로 심리 치료를 시작했습니다. 당시 버클리 대학교에서 임상심리학 박사과정을 밟고 있었어요. 첫 환자는 26살의 알렉스란 여자였습니다. 상담 첫날 알렉스는 청바지에 헐렁한 상의를 입고 제 사무실 소파 위로 쓰러지더니, 아무렇게나 신발을 벗어 던지며 남자 문제 때문에 왔다고 말했어요. 그 말을 들은 저는 무척 안심이 됐어요. 제 친구의 첫 환자는 방화범이었거든요.

지금 미국에는 20대가 5,000만 명이나 있습니다. 미국 전체 인구의 15%, 아니 100%겠군요. 20대를 거치지 않고 성인이 되는 사람은 없으니까요.

20대는 가장 단순하면서 가장 중요한 시기에요. 일, 사랑, 행복, 그리고 세상 모든 것에 강력한 영향력이 미치는 시기죠. 이건 그냥 제 생각이 아니에요. 사실입니다. 인생에 결정적인 영향을 미치는 사건의 80%가 35세 이전에 일어납니다. 인생을 결정하는 선택 10개 중 8개와 중요한 시기가 모두 30대 중반에 일어난다는 겁니다. 40대 여러분 너무 상심하지 마세요. 우리는 처음 10년 동안의 직장 경력이 향후 수입을 결정한다는 사실을 알고 있잖아요. 인간의 뇌는 20대에 2차 성장을 끝내고 최고의 능력을 발휘합니다. 성인이 되기 위한 정비를 하면서 말이에요. 이것은 여러분이 자신을 바꾸기를 원하든 원하지 않든 이제는 바뀌어야 할 때가 왔다는 걸 의미합니다.”

멕 제이는 연설을 통해 20대 때의 경험을 솔직하게 털어놓았다. 현장에서 직접 연설을 들었다면 그녀의 진심어린 감정을 느낄 수 있었을 것이다.

연설의 힘은 진실함에서 나온다. 연사가 단순히 원고를 외워서 말하는 사람이라면 청중에게도 그는 단지 ‘말하는 기계’에 불과할 뿐이다. 감정이 깃든 ‘살아 있는 사람’만이 청중을 감동시킬 수 있다. 따라서 연사는 연설을 할 때 자신의 감정에 집중하고 자연스럽게 표현할 줄 알아야 한다. 억지로 외워서 하는 연설은 청중의 눈과 귀를 속이지 못한다.

▎진심을 다해 말하라

NBA의 신화이자 ‘농구의 신’인 마이클 조던(Michael Jordan)은 2009년 명예의 전당에 이름을 올리며 15분간 연설을 했다. 무대에 오른 조던은 고개 숙여 인사한 뒤, 손으로 눈물을 닦으며 말을 시작했다.

"저는 친구에게 이런 말을 한 적이 있습니다. 무대에서 감사 인사를 다한 뒤에 떠나겠다고요. 감사해야 할 사람이 너무 많습니다. 경기 영상에서 여러분은 저와 스카티 피펜(Scottie Pippen), 그리고 우리가 차지한 우승컵도 보실 수 있습니다."

조던은 연신 흐르는 눈물을 닦아냈다. 조던은 프로 농구선수의 생애를 돌아보며 잊지 못할 순간들을 언급한 뒤에 이렇게 덧붙였다.

"농구는 제 인생의 모든 것이고 제 마음의 휴식이 필요할 때 안식처가 되어주었습니다. 농구는 언제나 그곳에서 저를 기다려줄 겁니다. 농구는 무한한 기쁨과 깊은 슬픔을 가져다주었습니다. 그것은 어느 누구도 상상할 수 없고, 이해하지 못할 감정일 겁니다. 저는 농구를 통해 수많은 사람과 관계를 맺었고, 그들과 제 열정을 나누었습니다. 제 경기를 지켜본 수백만 명의 사람들에게 꿈을 좇는 용기와 긍정적인 모습을 보여드리고 싶습니다. 어쩌면 50세에 선수로 뛰는 모습을 보여드릴지도 모르겠습니다."

연사가 가슴에서부터 우러나오는 진실한 감정으로 얘기한다면, 청중도 자연스럽게 감동의 눈물을 흘릴 것이다. 반대로 감정을 과장하거나 꾸며낸다면 절대 좋은 반응을 얻을 수 없다. 설령 꾸밈없는 진실한 감정일지라도 표현 방법이 부적절했다면 청중에게 감동을 선사하지 못한다.

다시 말해, 연사가 진심을 털어놓는 것만으로는 부족하다. 연사의 진심은 연설 내용에 부합해야 하며, 자연스러워야 한다. 단어와 구문, 문장 사이사이에서 자연스럽게 진심이 묻어나야 한다.

열정으로
청중의 마음을 울려라

열정은 강한 전염성을 가진 감정이다. 열정적으로 일하는 사람이 옆에 있으면 기운이 나고, 열정적으로 연설하는 사람 옆에 있으면 기분이 좋아진다.

칠레 출신의 작가 이사벨 아옌데(Isabel Allende)는 TED 무대에서 열정적인 연설을 했다.

"여러분은 어떤 세상을 원하나요? 이것은 우리 모두가 던지는 아주 근본적인 질문입니다. 현존하는 세계의 질서에 참여하는 게 맞는 걸까요? 우리는 특권층이 아니라도 모든 생명이 존중받을 수 있는 세상에 살고 싶어 합니다.

저는 지금이 아주 근본적인 변화가 필요한 때라고 생각합니다. 하지만 진정한 변화를 원한다면 여성의 힘이 필요합니다. 권력의 자리에 오를 중요한 여성들 말이에요. 그리고 우리는 젊은 남성들에게 여성의 힘을 가르쳐야 합니다. 네, 저도 소피아 로렌(Sophia Loren)의 날씬한 다리와 풍만한 가슴을 갖고 싶습니다. 하지만 제게 선택의 기회가 있다면 그보다는 왕가리 마타이 (Wangari Muta Maathai), 소말리 맘(Somaly Mam), 제니(Jenny), 로사 마펜도 (Rose Mapendo) 같은 여전사의 가슴을 갖겠습니다. 저는 이 세상이 좀 더 좋아 지길 바랍니다. 불가능하다고 생각하세요? 할 수 있습니다. 주변을 둘러보세요. 우리에겐 지식과 힘, 재능, 기술이 있습니다. 모두 자리를 박차고 일어나 소매를 걸어 올리고 열정적으로 일합시다. 완벽에 가까운 세상을 만들기 위해 일합시다!"

▎열정은 전염된다

연사의 열정은 표정과 언어 등을 통해 청중에게 전달되고, 그것으로 청중은 감동과 흥분을 느낀다. 연설의 감화력은 연사의 열정에서 나온다. 이사벨 아옌데는 처음부터 끝까지 유창한 연설을 들려주었다. 그녀는 연설 후반부에 '전사의 가슴', '더 나은 세상', '완벽에 가까운 세상' 등의 문구를 강조하며 청중의 감화력을 한층 높였다.

일부 사람들은 목소리만 크면 열정적으로 보일 거라고 생각한다. 하지만 꼭 그렇지만은 않다. 히스테리적인 고성도 아주 격정적이고 열정적으로 들린다. 진정한 열정은 가슴속 깊은 곳에서 우러나오며, 큰 목소리 외에도 표정과 말투, 몰입도 등으로 판단할 수 있다.

보스턴 필하모닉 오케스트라 지휘자 벤저민 잰더(Benjamin Zander)는 TED 무대에서 클래식 음악과 빛나는 눈빛에 대한 이야기를 들려주었다.

"혹자는 클래식 음악이 죽어가고 있다고 생각합니다. 반대로 앞으로 더 놀라운 일이 일어날 거라고 믿는 사람들도 있고요. 그래서 통계치나 유행을 살펴보기 전에, 해체된 오케스트라나 폐업한 음반 회사들을 이야기하기 전에, 오늘 실험을 하나 해볼까 합니다. 결과가 너무 뻔해서 실험이라 할 수도 없지만 어쨌든 일종의 실험입니다.

제 얼굴에 '반드시 하고 말 거야'라고 쓰인 글자가 보이나요? 저는 한 치의 의심도 없습니다. 이게 리더가 할 일이죠. 리더는 꿈을 실현할 수 있는 팀원의 능력을 의심해서는 안 됩니다. 마틴 루터 킹 목사님이 '나에게는 꿈이 있습니다! 할 수 있을지는 잘 모르지만.'이라고 하면 곤란하겠죠.

제가 왜 박수를 치는지 궁금하시죠? 보스턴의 한 학교에서 12살짜리 학생 70여 명에게도 똑같이 했습니다. 지금과 똑같이 아이들에게 모든 것을 설명했어요. 그랬더니 연주가 끝나고 열렬한 박수 소리가 들려왔습니다. 저도 그 아이들처럼 박수를 치며 물었어요. '제가 왜 박수를 칠까요?'라고요. 한 아이가 대답했습니다. '우리가 듣고 있었으니까요.' 한번 생각해보세요. 각각 다른 분야에서 일하는 1,600명이나 되는 분들이 바쁜 와중에도 한 자리에 모여 쇼팽의 작품을 듣고, 이해하고, 감동을 받았습니다. 정말 특별한 일이죠."

▌연설에서 열정을 돋보이게 하는 방법

원고 쳐다보지 않기

청중은 무미건조한 말투로 손에 든 원고를 읽는 연사를 매우 싫어한다. 최선을 다해 원고를 작성했더라도, 원고에 시선을 고정한 채 읽기만 한다면 청중에게 어떤 인상도 남기지 못한다. 따라서 연사는 무대에 오르기 전에 원고를 숙지하고 연설이 시작되면 원고에서 시선을 거두어야 한다. 그래야 청중과 시선을 맞추고 손짓과 몸짓을 섞어 교류할 수 있으며 감화력을 높일 수 있다.

인칭 대명사 사용하기

청중의 마음을 흔드는 인칭대명사를 사용한다. '너', '너희' 같은 대명사의 사용은 최대한 피하고, '나', '우리' 같은 대명사를 자주 사용한다. 그런 말을 들은 청중은 대리만족을 느끼며, 연사의 말을 더욱 신뢰하게 된다.

일어서서 말하기

여건이 허락한다면 견해를 주장하거나 연설을 할 때는 일어서서 하는 것이 좋다. 앉은 자세에 비해 선 자세가 훨씬 더 적극적이고 열정적으로 보인다. 연사가 편안한 자세로 의자에 앉아 얘기한다면 청중이 연사의 열정을 느낄 기회가 줄어든다. 따라서 청중에게 열정의 불을 지피고 싶다면 자리에서 일어나 적극적으로 움직여야 한다.

구호 외치기

강렬한 구호는 열정을 전염시키는 데 아주 유리한 수단이다. 특히 연사가 청중과 함께 큰 소리로 구호를 외친다면 훨씬 더 쉽게 열정을 전달할 수 있다.

Ted **47**

감정과 이론의
균형을 유지하라

감정적으로 접근해 청중의 마음을 움직이는 것과 이론으로 청중을
설득하는 것 중에서 연설의 중심을 어디에 두어야 할지 갈피를 잡지
못하는 연사들이 많다. 한쪽으로 치우친다고 해서 나쁜 연설이라고 할
수는 없지만, 완벽한 연설을 바란다면 둘 사이의 균형을 유지하는 것
이 중요하다.

모델이자 환경운동가인 캐머런 러셀(Cameron Russell)은 TED 컨퍼런
스에서 이렇게 연설했다.

"안녕하세요? 캐머런 러셀입니다. 지난 얼마 동안 저는 모델이었어요. 한 10
년쯤 했죠. 지금 분위기가 좀 이상한데요, 제가 이런 옷을 입지 말았어야 했나
봐요. 다행히도 갈아입을 옷을 가져왔어요. TED 무대에서 처음으로 의상을 갈
아입는 건데요, 그걸 보는 여러분은 꽤 운이 좋으세요."

캐머런은 하이힐을 벗었다. 그리고 치마를 두르고 스웨터를 입었다.

"제가 왜 옷을 갈아입었을까요? 좀 이상하죠? 저 사진처럼 이상하지는 않았으면 좋겠네요. 사진은 강렬한 동시에 깊이가 얕아요. 저는 겨우 6초 만에 저에 대한 여러분의 생각을 바꿨습니다."

화면에는 남녀가 포옹하는 사진이 등장했다.

"저는 한 번도 남자 친구를 사귄 적이 없어서 꽤 불편했어요. 사진작가는 제게 등을 뒤로 굽히고 손을 저 남자의 머리카락에 얹으라고 말했어요. 물론 성형 수술이나 일 때문에 급작스럽게 하는 인공 태닝을 제외하고 우리의 겉모습을 바꿀 수 있는 방법은 거의 없습니다. 이처럼 상당히 피상적이고 불변적인 우리의 겉모습은 일상생활에 큰 영향을 미칩니다. 겁이 없다는 것은 정직하다는 것을 의미한다고 생각합니다. 제가 오늘 이 무대에 선 이유는 제가 모델이기 때문이에요. 예쁘장한 백인 여자 모델이죠. 이 분야에서는 '섹시'하다고 표현합니다."

캐머런은 계속 말했다.

"카메라 앞에 선 모델들은 늘 '불안정하다'고 말해요. 왜냐하면 매일 제가 어떻게 보이는지 신경을 써야 하니까요. 여러분 중에는 이런 생각을 해본 사람도 있을 거예요. '다리가 더 가늘고 머리칼이 더 빛나면 행복해질까?'라고요. 하지만 날씬한 다리와 빛나는 머리칼을 가지고 항상 화려한 옷을 입는 모델들을 보세요. 아마 세상에서 가장 불안정한 사람일 거예요."

캐머런 러셀은 독특한 방식으로 자신의 직업을 소개했다. 그녀는 〈외모가 전부가 아닙니다〉라는 제목의 연설을 시작하면서 자기소개를 하고 모델에 대한 편견들에 대해 이야기했다. 그리고 마지막으로 연설 주제를 강조하며 연설을 마쳤다. 캐머런은 생동감 넘치는 이야기로 청중에게 깊은 깨우침과 감동을 동시에 선사했다.

연사가 연설하는 내내 딱딱한 이론만 설명한다면 청중은 몹시 지루해할 것이다. 이때 섬세한 감정 표현을 추가한다면 무미건조한 분위기에서 탈출할 수 있다. 따라서 좋은 연사가 되고 싶다면 이론으로 청중을 설득하고 감성으로 청중의 마음을 움직일 수 있어야 한다. 이처럼 감정과 이론이 적절한 균형을 유지해야 완벽한 연설이 완성된다. 타인에게 자신의 견해를 주장할 때도 마찬가지다.

어느 날, 에이브러햄 링컨은 한 상원의원에게 상당히 모욕적인 말을 들었다. "당신이 구두 수선공의 아들이라는 사실을 잊지 말길 바랍니다." 링컨은 웃으며 이렇게 답했다.

"돌아가신 제 아버지 얘기를 꺼내주시다니 감격스럽군요. 그대의 말대로 나는 절대 구두 수선공이었던 아버지를 잊지 않을 겁니다. 아버지가 당신 가문 사람들의 구두도 수선한 걸로 아는데, 구두가 잘 맞지 않거든 가져오시죠. 제가 대신 수선해 드리겠습니다. 물론 제 아버지 솜씨는 따라가지 못하겠지만요. 생전에 아버지는 사람들의 존경을 한 몸에 받으셨죠."

링컨은 조리 있게 대답하면서도 아버지에 대한 애정과 존경을 충분히 표현했다. 연설에서 청중을 설득하는 과정도 이와 같다. 연사가 감정과 이론의 균형을 유지하며 연설한다면 청중에게 무한한 감동을 선사할 수 있다.

▌ 한쪽으로 치우치지 않기

이스라엘 출신의 리오르 조레프(Lior Zoref)는 유명인사는 아니지만 TED 컨퍼런스 무대에 섰다.

그는 고향에서 가져온 카메라로 영상 촬영을 하며 친구에게 말했다. "나는 TED 컨퍼런스에서 연설을 할 거야." 그러자 친구가 비웃었다.

"무슨 헛소리야? 그건 네가 1등 복권에 당첨되는 것보다 확률이 낮을 걸!" 리오르는 그 영상을 인터넷에 공개한 뒤 많은 사람들의 응원과 격려를 받았다.

거기서 힘을 얻은 리오르는 연설의 주제를 '집단 지성'으로 정했다. 그는 TED 무대에 황소를 끌고 나갈 계획을 세웠다. 청중에게 황소의 무게를 적어내도록 하고 전체의 평균값을 내서 실제 무게와 비교함으로써 '집단 지성'의 힘을 입증하려는 심산이었다. 이것은 영국의 경제학자 프랜시스 골턴(Francis Galton)이 자신의 저서에 쓴 내용으로 아주 유명한 실험이었다.

리오르는 TED 무대에서 이 실험을 재현하기 위해 황소를 직접 끌고 나왔다.

"황소의 무게가 얼마나 될지 추측해보세요. 그리고 휴대폰으로 ted.com/ox에 접속해 답을 남겨주세요."

현장에 있던 500여 명의 청중이 그 실험에 참여했는데, 그들은 140킬로그램부터 3,600킬로그램까지 다양한 무게를 적어냈다. 그랬더니 전체 평균값은 813킬로그램으로 실제 무게인 814킬로그램과 1킬로그램밖에 차이나지 않았다. 리오르의 실험은 성공이었다.

그 밖에도 리오르는 몇몇 이야기를 들려주었다.

"어느 날 갑자기 열이 펄펄 끓고 온몸에 발진이 생긴 아이를 발견한 어머니는 사진을 찍어 페이스북에 올렸습니다. 그러자 얼마 후 사진에 가와사키 병이 의심되니 어서 응급실로 데려가라는 댓글이 달렸습니다. '집단 지성'이 아이의 목숨을 구한 거죠. 우리는 페이스북으로 일상을 공유하고 친구들과 생각을 공유합니다. 모든 사회가 SNS로 연결된다면 '슈퍼 컴퓨터급 지성'도 만들 수 있을 겁니다. '집단 지성'은 개인을 더 똑똑하게 만들어줄 뿐만 아니라, 진정한

'생각 공유'의 시대를 열어줄 것입니다. '집단 지성'으로 새로운 인생을 살아보는 건 어떨까요?"

리오르 조레프는 흥미로운 실험과 감동적이 이야기로 아주 생동감 넘치는 연설을 했다. 리오르의 완벽한 연설은 이론과 감정이 균형을 잘 이루었기에 가능했다. 양자의 균형을 유지하기 위해 많은 연사들이 노력하지만, 억지로 한다고 되는 건 아니다. 원고 작성 단계에서부터 한쪽으로 치우치지 않고 치밀하게 준비하고 연습하는 것이 중요하다.

Ted **48**

진심은
항상 통한다

지금까지 '속을 뒤집어 보여주는 식'의 화법을 구사하는 사람들은 '바보 같다'는 비난을 받아왔다. 하지만 결국에는 웃으며 진심을 말하는 자가 사람들의 존중을 받는다. 연설도 마찬가지다. 연사로서 무대에서 하는 모든 말은 한 치의 거짓도 없어야 한다.

카운슬러인 로라 트라이스(Laura Trice)는 TED 무대에서 우리 모두 자신에게 감사하다는 말을 해야 한다는 주제로 연설을 했다.

"오늘 저는 여러분에게 진심어린 칭찬과 감탄, 감사의 말을 하는 것이 얼마나 중요한지 이야기하려 합니다."

로라는 감사하다는 말을 하기 싫어하는 사람들의 심리에 대해 말했다.

"왜 저는 감사하다는 말을 거부하며 살았을까요? '스테이크는 절반만 익혀주세요.'라든가 '신발 치수는 230밀리미터로 주세요.'라는 말은 쉽게 하면서 '저 좀 칭찬해주실래요?'라고 말은 할 수 없을까요? 상대방에게 줄곧 저에 대한 비판적인 자료만 주고 있었기 때문이에요. 저는 늘 불안하다는 말을 하며 상대방의 도움을 구했어요. 그리고 상대방을 적으로 간주하기도 했죠. 제가 상대방에게 준 자료로 그가 뭘 할지 모르니까요. 저를 무시할 수도 있겠죠. 그것을 남용하거나 실제로 제게 필요한 것을 채워줄 수도 있어요."

로라는 마지막에 이렇게 말했다.

"저는 여러분 모두에게 감사하고 싶습니다. 여러분은 좋은 남편, 좋은 아내이며, 좋은 친구, 좋은 딸, 좋은 아들입니다. 지금까지 그런 말을 해준 사람이 아무도 없었을지도 모르겠어요. 하지만 여러분은 정말 훌륭합니다. 여기에 참석해주신 것에 대해서도 정말 감사해요. 많은 사람과 생각을 나누며 더 나은 세상을 만들기 위해 노력하는 여러분에게 대단히 감사드립니다."

연설에서 가장 중요한 것은 연사의 진심이다. 진심으로 우러나오는 말은 그 어떤 화려한 말보다 청중에게 깊은 감동을 선사한다.

1858년, 에이브러햄 링컨은 경선 연설에서 이렇게 말했다.

"일부 국민을 처음부터 끝까지 속일 수는 있습니다. 그리고 국민 전부를 일시적으로 속이는 것도 가능합니다. 하지만 국민 전부를 처음부터 끝까지 속이는 것은 불가능합니다."

이 말로 링컨은 수많은 국민의 지지와 신임을 얻을 수 있었다.

▍진심으로 감동을 전하다

일본 기업인 마쓰시타 고노스케는 10대 때부터 자전거 점포에서 사환으로 일했다. 하루는 부유해 보이는 손님이 찾아왔기에 마쓰시타는 자전거를 보여주며 자전거의 유래와 장점까지 상세하게 설명했다. 긴장한 마쓰시타는 계속 말을 더듬었지만, 무릎을 꿇고 최선을 다해 자전거를 소개했다. "이 자전거는 정말 우수한 제품이에요. 사시면 절대 후회하지 않을 겁니다."

마쓰시타의 예의바른 모습이 마음에 든 손님은 10퍼센트 할인을 해주면 자전거를 사겠다고 했다. 마쓰시타는 평소에도 사장이 할인을 자주 해주던 것을 떠올리고는 손님의 요구대로 해주겠다고 답했다. 하지만 그 얘기를 들은 사장은 할인을 해줄 수 없다며 노발대발했다. 마쓰시타는 어쩔 수 없이 손님의 집을 찾아가 자초지종을 얘기하고 할인된 가격으로 자전거를 팔 수 없다고 말했다. 그 결과, 손님은 정가로 자전거를 구입했으며 2년에 한 번씩 마쓰시타가 일하는 자전거 가게에서 새 자전거를 사겠다고 약속했다. 그 후 마쓰시타는 작은 회사를 운영했는데 제품의 가격을 후려치려는 고객을 만날 때마다 이렇게 말했다.

"저는 아주 작은 회사를 운영하고 있습니다. 푹푹 찌는 한여름에도 직원들은 뜨거운 기계 앞에서 땀을 뻘뻘 흘리며 제품을 만들죠. 하루 종일 온몸이 땀에 흠뻑 젖도록 일한 걸 생각하면 이 가격도 싼 겁니다."

이처럼 진심에서 우러나오는 마쓰시타의 말을 듣고 가격을 계속 깎는 고객은 없었다.

마쓰시타 고노스케는 성공한 기업가가 된 이유를 묻는 사람들에게 이렇게 대답했다. "제가 사람들 마음을 움직일 수 있었던 이유는 언제, 어디서든, 상대가 누구든지 늘 진심으로 대했기 때문입니다." 마쓰시타는 언변이 뛰어나지는 않지만, 자신의 진실한 마음을 잘 표현하는 사람이었다.

청중에게 중요한 것은 연사가 진심이 담긴 말을 하느냐다. 진심이 담긴 연사의 말은 만물을 적시는 비처럼 청중의 마음을 적시고, 믿음의 싹을 틔운다. 반대로 연사의 말에 진심이 담기지 않으면 청중의 마음은 조금도 움직이지 않을 것이다.

진심을 효과적으로 전달하기 위해서는 어떻게 해야 할까? 연사는 편안하고 유쾌한 분위기를 조성한 뒤, 청중의 눈을 바라보며 진실한 이야기를 들려주어야 한다. 이때 청중을 지나치게 노려보지 않도록 주의한다. 청중이 불편함을 느끼지 않게 자연스러운 눈빛으로 쳐다봐야 한다.

Part 08

연설을 풍성하게
만들어주는 표현법

청중의 시선을
사로잡는 과장법

과장법은 연설 내용이나 주제를 과장되게 표현함으로써 청중의 시선을 사로잡는다. 과장법은 자주 사용하는 방법은 아니지만 아주 효과적이다. 특히 연설 도입부에서 청중의 주의를 끌기 위해 종종 사용된다. 독특하고 신기한 일에 흥미를 갖는 청중의 심리를 이용해 과장된 묘사나 설명으로 연설을 시작하는 것이다.

일러스트레이터인 실로 시브 슐먼(Shilo Shiv Suleman)은 TED 컨퍼런스에서 이런 연설을 했다.

"제 이야기는 약 2년 전, 바로 이곳 라자스탄에서 시작됐습니다. 저는 별이 총총한 사막의 밤하늘을 바라보며 수피(Sufi) 가수 먹티아 알리(Mukhtiar Ali)와 같이 있었어요. 우리는 고대 인도의 마하바라다 서사시의 시절과 하나도 변한 게 없다는 대화를 나누었습니다. 옛날 인도인은 여행을 하고 싶을 때 전차를 타고 하늘을 날았고, 요즘은 비행기를 타고 가죠. 옛날에 인도의 위대한 무사 아르주라(Arjuna) 왕자는 목이 마르면 활을 꺼내 땅으로 화살을 쐈어요. 그러면 화살이 박힌 곳에서 물이 나왔죠. 요즘은 드릴과 기계를 사용하지요.

우리는 기계가 마술을 교체했다는 결론에 도달했습니다. 그런 사실이 저를 몹시 슬프게 만듭니다. 저는 어쩌면 '신기술 공포증'인지도 모르겠어요. 카메라를 가지고 있지 않거나 친구들과 트위터를 하지 않으면 노을을 감상할 수 없을 거라는 생각에 매우 두려워지거든요. 저는 기술이 마술을 죽이는 게 아니라, 마술을 도와줘야 한다고 생각했어요. 어렸을 때 할아버지가 제게 작은 은회중시계를 주셨는데, 50년 된 그 시계는 저한테 가장 마술적인 물건이었어요. 그 시계는 저를 해적과 난파선 등 온갖 이야기로 가득한 상상의 세계로 데려다주었습니다. 하지만 신기술은 우리가 환상의 세계로 들어가지 못하게 막고 있습니다."

슐먼의 연설은 풍부한 상상력이 깃들어 있다. 슐먼은 과장법으로 아름다운 풍경을 눈앞에 그려내며 청중의 시선을 사로잡았다.

과장법은 연설의 내용이나 주제를 돋보이게 하는 효과가 있다. 단시간 안에 청중의 흥미를 끌고 싶다면 연설 도입부에서 독특하거나 놀랄 만한 이야기를 생동감 있게 묘사하는 것도 좋은 방법이다. 그러면 청중의 집중력이 높아져 연사의 이야기에 귀를 기울인다.

과장법은 풍부한 상상력을 불러일으키고, 수량이나 이미지 등을 과장되게 전달하는 기법이다. 과장법은 크게 2가지 방법으로 사용된다. 첫째, 비교급이나 최상급 표현, 극단적인 의미를 포함한 단어를 사용한다. 둘째, 수량이나 각종 데이터를 더 크게 또는 작게 표현한다.

과장법은 생동감을 살려주는 기법으로, 독자나 청중에게 깊은 인상을 전달한다. 문학작품이나 일상생활에서도 흔히 찾아볼 수 있다. 과장법을 사용할 때는 적정선을 지키는 것이 중요하다. 지나친 과장은 오히려 효과를 반감시킨다. 객관적인 근거가 전혀 없는 '과장을 위한 과장'은 연설을 망칠 수 있으니 주의한다.

| 과장의 한계

구글 CEO 래리 페이지(Larry Page)는 〈과학이 세상을 바꾼다〉라는 제목의 연설을 했다.

"오늘 이 자리에서 여러분과 다시 만나게 되어 정말 영광입니다. 먼저 아버지 이야기를 해볼까 합니다. 제 아버지는 과학기술에 대단한 흥미를 가진 분이었어요. 아버지가 온 가족을 차에 태우고 미 대륙을 횡단해 로봇 회사에 방문했던 일은 아직까지도 생생하게 기억납니다. 그날 아버지에게는 자신의 아들이 로봇 회사에서 개최하는 전시회에 참여하는 게 무엇보다 중요한 일이었죠."

래리는 계속 말했다.

"기술의 응용 속도는 나날이 빨라지고 있습니다. 스마트폰만 보더라도 그렇잖습니까? 우리는 모든 플랫폼을 발전시키기 위해 최선을 다하고 있습니다. 구글 개발자들은 플랫폼을 넘나드는 기술에 집중하고 있죠. 우리 생활 곳곳에서 실현되고 있는 기술 혁신은 실로 놀랍습니다. 기술의 응용은 우리의 삶을 더 행복하게 만들어줍니다. 영화《스타 트랙》처럼 컴퓨터가 사람의 생각을 미리 읽고 뭐든 알아서 척척 해주는 미래가 온다고 상상해보세요."

이 연설에서 래리 페이지는 영화가 현실이 될 가능성에 대해서 이야기했다. 이것은 충분히 예상할 수 있는 과장법이다.

과장법은 언어뿐만 아니라 복장과 같이 겉으로 드러나는 것으로 표현할 수도 있다. 이때 과장된 언어나 복장은 반드시 연설 내용에 어울리는 것이어야 한다. 단, 객관적인 통계, 사실, 이론을 절대 과장해서는 안 된다.

Ted **50**

생동감을
불어넣는 비유법

비유법은 연설을 훨씬 매력적으로 만들어준다.

호주의 수학자 아담 스펜서(Adam Spencer)는 TED 컨퍼런스에서 이렇게 연설했다.

"호주 시드니에서 온 아침 라디오 방송 진행자가 말 그대로 지구 반대편에서 TED 무대에 서게 되다니 정말 영광입니다. 여러분이 들었던 호주에 대한 소문은 대부분 사실입니다. 호주 사람들은 어릴 때부터 운동 신경이 남달라요. 운동장에서 우리는 용감하고 명예로운 전사들이에요. 그리고 음주에 관대한 편입니다. 때로는 과음으로 창피한 상황에 처하기도 하고요.

저는 오늘 라디오 방송 진행자도 코미디언도 아닌 수학자로서 이 자리에 섰습니다. 지금까지는 물론 앞으로도 수학자로 남을 생각입니다. 수학에 빠져본 분들은 아시겠지만, 여기에 빠지면 완전히 정신이 팔리고 말죠. 제가 시드니 외곽의 아담한 공립학교 2학년이었을 때예요. 어느 날 점심시간 무렵, 담임이었던 러셀 선생님이 말했어요. '얘들아, 오늘 점심 먹고 하고 싶은 거 있니? 선생님은 생각해둔 게 없는데.' 이런 질문은 민주적인 교육 방침의 일부였죠. 물론 아주 좋은 방식이에요. 하지만 저흰 겨우 일곱 살이었어요. 저희는 말도 안 되는 제안을 마구 얘기했죠. 그러다 누군가 정말 바보 같은 제안을 했어요. 선생님은 상냥하게 타이르셨습니다. '그건 안 될 것 같구나. 그건 네모난 말뚝을 동그란 구멍에 넣는 것과 같거든.' 전 거기서 잘난 척할 생각도 없었고 친구들을 웃길 마음도 없었습니다. 그저 예의 바르게 손을 들고 이렇게 말했습니다. '그렇지만 선생님, 만약 네모의 대각선이 동그라미의 지름보다 작다면 말뚝이 당연히 구멍에 들어가지 않을까요? 식빵을 농구 골대에 넣는 거랑 비슷하잖아요?'라고요."

이 연설에서 아담 스펜서는 비유법을 사용했다. 비유법은 흔하지만 효과가 아주 뛰어난 기법이다. 또한 연설 내용에만 부합한다면 횟수 제한 없이 사용할 수 있다. 비유법은 이야기에 생동감을 불어넣어 주어 평범한 연설도 특별하게 만들어준다.

비유법은 심오한 이론을 자연스러운 문장으로 설명함으로써 청중이 이해하기 쉽게 바꿔준다. 인기 영화배우였던 리샤오룽(李小龍)은 미국 기자와의 인터뷰에서 쿵푸에 대해 이렇게 말했다.

"쿵푸는 공(空)과 무(無) 사상을 근본으로 합니다. 쿵푸는 물처럼 자유롭게 흐르다가 하나로 뭉쳐질 수도 있고, 부드러우면서 동시에 단단한 것입니다."

비유법은 분위기를 유머러스하게 바꿔주는 역할도 한다. 유명한 언어학자 뤼쑤상(呂叔湘)은 쑤저우(蘇州)에서 이렇게 연설을 시작했다.

"오늘 여러분은 뤼쑤상이 도대체 어떤 인간인지 궁금해서 이 자리에 오셨을 겁니다. 마치 동물원의 원숭이를 구경하듯이 말이죠. 그런데 아무리 이리저리 살펴봐도 특별한 구석은 없어 보이죠?"

그의 말을 들은 청중은 크게 웃으며 박수를 보냈다.

미국의 유명한 연설가 랄프 팔레트(Ralph Parlette)은 전국을 돌며 〈위대한 역경〉이라는 제목의 연설을 했고, 청중의 열렬한 지지와 환영을 받았다. 랄프는 연설 도입부에서 이렇게 말했다.

"신사 숙녀 여러분! 저는 여러분이 이 자리에 앉아 기계적으로 제 얘기를 듣는 걸 원치 않습니다. 제 이야기에 열심히 귀를 기울여주세요. 저는 열차와 같습니다. 열차가 도착했을 때 여러분의 흥미를 끄는 것은 겉모습이 아니라 열차가 싣고 온 물건이겠죠."

그는 계속 비유법을 사용해 말했다.

"때로는 낡고 허름해 보이는 열차가 좋은 물건을 싣고 오기도 합니다. 그러니 열차의 겉모습으로만 물건을 평가하지 말아주세요. 겉으로는 오래되고 보잘 것 없어 보이지만 열차가 싣고 온 물건에 관심을 가져주세요. 여러분을 절대 실망시키지 않을 거예요!"

랄프는 연설 도입부부터 사람들에게 익숙한 열차를 비유에 사용했다. 화려해 보이는 열차라고 반드시 좋은 물건을 싣고 오는 것은 아니며, 낡고 허름한 열차라고 반드시 나쁜 물건을 싣고 오는 것은 아니다. 랄프는 자신을 멋지고 화려한 겉모습을 가지지는 않았지만 좋은 물건을 실은 열차에 비유했다. 이런 비유는 청중의 흥미를 끌기에 충분하다.

▌비유법 사용 시 주의할 점

아일랜드 작가 오스카 와일드는 말했다.

"최초로 꽃을 여자에 비유한 사람은 천재다. 두 번째로 꽃을 여자에 비유한 사람은 범재다. 그리고 세 번째로 꽃을 여자에 비유한 사람은 바보다."

비유는 늘 참신해야 한다. 따라서 '최초'가 중요하다. '청춘은 떠오르는 태양'이나 '주사위는 던져졌다' 같은 진부한 비유는 사용하지 않는 게 좋다. 자기만의 독특한 비유를 사용한다면 연설을 더 생동감 있게 만들 수 있을 것이다.

비유는 통속적이고 구체적이며 쉽게 이해할 수 있는 것이어야 한다. 지나치게 모호하고 고차원적인 비유보다는 간단하고 쉬운 비유가 좋다.

비유하는 두 사물은 겉모습과 내포하고 있는 의미에서 공통점이 있어야 한다. 비유는 무조건 많다고 좋은 것은 아니며, 비유를 위한 비유는 피해야 한다. 부자연스럽고 심오한 비유는 오히려 청중의 흥미를 떨어뜨린다.

주제를 강조하는 의문문

연설에서 의문문의 출현 빈도는 비교적 높은 편이다. 연설 제목과 도입부, 결론은 물론이고 연설 본문에서도 의문문은 쉽게 찾아볼 수 있다. 때로는 의문을 품고 던지는 질문도 있고 때로는 의문을 품지 않고 던지는 질문도 있다. 이처럼 다양한 의문문은 연설을 더욱 매력적으로 만들어준다.

경영학자 사이먼 사이넥(Simon Sinek)은 TED 무대에서 연설을 했다.

"윌리엄 스웬슨(William Swenson)이라는 대위가 있습니다. 2009년 9월 8일에 보여준 용감한 행동으로 최근 명예 훈장을 수여받았지요. 그날 미군 부대와 아프간 부대는 아프가니스탄 국가 관리자들을 보호하기 위해 이동 중이었습니다. 하지만 부대는 습격당했고 삼면에서 포위되었죠. 스웬슨 대위는 총알이 난무하는 곳으로 들어가 부상자를 구하고 사망자를 수습했습니다. 그가 구한 사람들 중 한 명은 병장이었고 그 병장과 전우는 의료 헬기로 이동 중이었습니다.

놀랍게도 헬기 수송병의 철모에 달린 고프로(GoPro) 카메라에 모든 장면이 녹화되어 있었죠. 거기엔 스웬슨 대위와 그의 전우가 목에 총상을 입은 부상자를 데리고 오는 장면도 있습니다. 스웬슨 대위는 부상자를 헬기 안으로 옮긴 뒤 그에게 키스를 해주었습니다. 더 많은 부상자를 구하려 돌아서기 전에 말이죠.

저런 사람들은 대체 어떻게 그런 일을 할 수 있을까요? 이유가 뭘까요? 그런 행동은 아주 깊은 감정에서 우러나옵니다. 거기엔 사랑이 충만하죠. 왜 저와 같이 일하는 사람들 중에는 그런 사람이 없죠? 아시다시피 군대에선 다른 이들을 위해 자신을 희생하는 사람들에게 훈장을 수여합니다. 하지만 비즈니스 세계에서는 다른 사람을 희생시키는 사람들에게 보너스를 주죠. 정반대네요, 그렇죠?

그래서 저는 제 자신에게 물었습니다. 이런 사람들은 어떻게 그런 일을 할 수 있을까? 제가 처음 내린 결론은, 그들은 그냥 더 나은 사람이라는 것이었습니다. 하지만 그건 완전히 틀렸어요. 가장 중요한 것은 환경입니다. 만약 알맞은 환경이 주어진다면 우리도 그런 놀라운 일들을 할 수 있을 겁니다."

사이먼 사이넥은 스웬슨 대위의 이야기를 들려주면서 의문을 제기하며 연설의 주제로 넘어갔다. 이후 사이먼은 앞서 제기한 의문에 대한 대답을 하는 방식으로 연설을 이어갔다. 도입부에서 문제를 제기한 연사는 청중의 호기심을 불러일으켰고, 문제를 분석하고 답을 찾아감으로써 연설을 성공적으로 이끌었다.

비유법과 비교하면, 의문문은 훨씬 더 직접적인 표현법이다. 연설의 내용과 주제에 관련된 의문을 던지기 때문이다. 이러한 의문문은 연설의 매력을 더욱 배가시킨다.

1980년 미국 대통령 후보였던 로널드 레이건은 연임에 도전하는 지미 카터와 치열한 논쟁을 벌였다. 레이건은 상당히 영리해서 카터의 말에 조목조목 반론을 제기했고, 그의 모든 주장을 의문문으로 바꿔 공격했다.

"여러분, 지난 4년 동안 사는 게 좀 나아졌나요?" 그 결과 레이건은 유권자들의 엄청난 지지를 받으며 새로운 대통령으로 선출되었다.

의문문 활용하기

미국 독립운동 시기에 유명한 연설가 패트릭 헨리(Patrick Henry)는 이런 연설을 했다.

"여러분! 영국이 함대와 군대를 배치하는 것이 우리를 복종시키기 위한 목적이 아니라면 도대체 무엇이란 말입니까? 그 밖의 다른 동기가 있다고 생각할 수 있습니까? 영국에게 어떤 적이 있기에 하필이면 바로 이곳에 수많은 육군과 해군을 집중 배치한단 말입니까?"

패트릭은 영국이 함대를 배치하는 것에 대한 질문을 던졌다. 그리고 영국의 총구는 식민지에서 독립하려는 세력에 조준되어 있다고 지적했다. 여기에서 쓰인 의문문은 자문자답에 가깝다. 패트릭은 질문을 던지고 청중의 대답을 얻으려는 게 아니라, 일련의 질문을 이어서 던지며 연설의 주제를 점차 강조하는 방법을 사용했다. 자문자답을 통해 문장을 계속 연결하는 이 방법은 연설에서 쉽게 찾아볼 수 있다.

연설에서 의문문 사용 시 주의할 점

질문의 영향력

중요한 연설이라면 의문문의 파급력도 덩달아 커진다. 따라서 연설 내용과 상관없는 질문은 하지 않는다. 좋은 질문은 '핵폭탄'을 던진 것과 같은 영향력을 가진다.

질문의 범위

청중의 생각은 연설 주제나 연사가 던진 하나의 질문에 머물러서는 안 된다. 연사는 다양한 질문을 통해 청중이 생각할 수 있는 범위를 넓혀주어야 한다.

질문의 참신성

연사는 진부하고 틀에 박힌 질문은 되도록 피한다. 주제에 관한 참신하고 파급력이 큰 질문을 던지고, 그 질문에 대한 답을 찾는 과정을 통해 연설을 완성한다.

Ted 52

설득력을 더해주는 인용문

　연설에서 추상적인 이론을 설명하기 위해 다양한 사례를 인용하는 것은 종종 볼 수 있다. 이것은 연설에 생동감을 불어넣어주고 청중의 이해를 돕는 아주 효과적인 방법이다. 이번에는 인용문을 잘 이용한 연설을 살펴보자.

　미국 농구계 최고의 감독으로 꼽히는 존 우든(John Wooden)은 고령에도 불구하고 TED 무대에 올라 자신의 성공비결을 얘기했다.

　"저는 1934년, 인디애나 주 사우스 벤드(South Bend)의 한 고등학교에서 교편을 잡고 있을 때 성공에 대한 정의를 세웠습니다. 당시 저는 학부모들이 그들의 자녀가 영어교실에서 A나 B를 받기를 기대한다는 사실에 약간 실망했고 환멸을 느꼈습니다. 그들은 이웃집 아이들이 C를 받는 것에 대해서는 개의치 않았어요. 왜냐하면 이웃집 아이들은 모두 보통 수준이라고 생각했거든요. 하지만 자기 자녀의 선생이 아이들이 실패했다고 느끼거나, 그 자녀들이 실패했을 때는 만족하지 않았습니다. 그건 정당하지 않습니다.

저는 제가 좀 더 나은 선생이 되길 원했고 제가 맡은 아이들에게 줄 수 있는 뭔가를 찾고 싶었습니다. 제가 가르치는 운동선수든 영어교실 아이들이든 그들이 갈망할 수 있는 무언가를 말이에요. 단지 교실이나 운동경기에서 더 많은 점수를 받는 것보다 나은 무언가를 찾고 싶었어요. 저는 오랫동안 그것에 대해 생각했고, 제가 직접 정의를 찾아내고 싶었어요. 웹스터(Webster)는 성공을 이렇게 정의했습니다. 성공이란 물질적인 소유물의 축적, 권력이나 직위의 달성, 또는 비슷한 종류의 것을 의미한다. 아마도 가치 있는 성취를 말하는 거겠죠. 하지만 제 생각은 달랐습니다.

저는 시를 사랑하고 관심도 많아요. 시는 제게 참 많은 도움을 줍니다. … 어떤 시 하나가 떠올랐어요. '어떤 필기 구절도, 어떤 진술된 탄원도 젊은이들에게 무엇이 되어야 하는지 가르칠 수 없다. 선반에 있는 책들도 마찬가지다.' 이 짧은 구절이 제게 깊은 인상을 남겼습니다.″

▌연설을 생동감 넘치게 만들어주는 인용

존 우든은 연설에 적절한 시 구절을 인용함으로써 자연스럽게 주제를 강조하고 연설의 매력을 한층 더 빛내주었다. 존이 인용한 시 구절은 전체적인 연설 분위기를 한껏 살렸지만, 인용한 시 구절이 언제나 연설에 도움이 되는 것은 아니다. 주제와 분위기에 맞는 인용문을 선택했을 때 훨씬 더 큰 효과를 기대할 수 있다.

일반적으로 사람들이 인용문을 사용하는 목적은 상대를 설득하기 위해서다. 예를 들면 객관적이고 확실한 자료를 통해 상대를 설득하거나 반론을 제기하기 위한 목적이다. 하지만 인용문의 목적은 거기에 그치지 않는다. 인용문은 연설을 더 돋보이게 하고 생동감 넘치게 만들어준다.

시 구절 외에도 사례, 전설, 명언, 공동의 기억, 심지어 앞 시간 연사가 언급했던 말이나 최신 뉴스까지 모두 인용할 수 있다. 예를 들면 "여러분, 안녕하세요. 이렇게 만나 뵙게 되어 영광입니다. 미국의 우주비행사 닐 암스트롱은 이렇게 말했죠. '한 인간에게는 작은 한 걸음이지만 인류에게는 위대한 도약이다.' 이 말처럼 제게는 이 무대가 작은 한 걸음이지만 제 인생 전체로 보면 큰 도약입니다." 같은 식이다.

▎인용문은 짧고 간단하게

2013년, 박근혜 전 대통령은 중국을 방문했을 때 칭화 대학교(淸華大學校)에서 〈새로운 20년을 여는 한중 신뢰의 여정〉이라는 제목으로 연설을 했다. 연설에서 박 대통령은 칭화 대학교와의 교류를 강조하며 중국의 고시와 사자성어를 자주 인용했다. 그녀는 칭화대 학생들에게 인사를 건넨 뒤 중국의 고전 『관자(管子)』의 한 구절을 인용했다.

"일 년 계책은 곡식을 심는 것만 한 일이 없고, 십 년 계책은 나무를 심는 것만 한 일이 없으며, 평생 계책은 사람을 양육하는 것만 한 일이 없다."

연설에서 이 구절을 인용한 것은 아주 적절했다. 평생 계책으로 사람을 양육한다는 말은 교육의 중요성을 강조한 것이고, 이것은 중국 최고의 대학에 걸맞은 표현이기 때문이다. 박 대통령은 이어서 '스스로 끊임없이 강해지고, 덕을 쌓은 뒤에 물질을 품는다.'는 칭화대의 교훈을 인용함으로써 칭화대의 교육 철학을 높이 평가했다.

연설에서 청중과의 거리를 좁히기 위한 가장 좋은 방법은 명언이나 격언을 인용하고 그에 대한 설명을 해주는 것이다. 연사에 대한 정보가 전혀 없는 청중이라면 그들에게 익숙한 사람들의 이야기를 들려줌으로써 친근감을 불러일으키고 연설로 시선을 끌 수 있다.

뭐든지 인용할 때는 간단한 원칙을 잊지 말아야 한다. 인용문이 너무 길면 청중이 연설 내용을 까먹을 수 있으니 주의해야 한다. 그것이 자신의 경험담이라면 상관없지만 타인의 이야기라면 천 자가 넘지 않는 선으로 제한한다. 시나 속담, 고전 등을 인용하고 싶다면 짧고 간단하게 처리한다. 인용문이 너무 짧아 효과가 미미해 보인다면 인용문을 여러 개 사용할 수 있다.

> # Ted 53
>
> # 분위기를
> # 살려주는 대구법

대구법은 많은 연설에서 자주 사용되는 아주 보편적인 기법이다. 대구법을 사용하기 위해서는 이에 대한 이해부터 해야 한다.

버락 오마바는 연설에서 대구법을 잘 사용하기로 유명했다. 2008년 1월 3일, 오바마는 아이오와 민주당 당원대회에서 첫 승리를 거두기 전날 밤에 승리를 확신하는 연설을 했다. 그는 자신의 실패를 예언한 사람들이 틀렸음을 지적하며, 자신의 주장을 폈다. 오바마는 대구법을 이용해 청중에게 강렬한 인상을 남겼다.

"그들은 이날이 영원히 오지 않을 거라고 했습니다. 그들은 우리의 눈이 지나치게 높다고 했습니다. 그들은 이 나라가 지나치게 분열되어 있어서 공동의 목표를 위해 하나로 뭉치지 못할 거라고 했습니다. 하지만 오늘 저녁, 역사적으로 중요한 이 순간에 여러분은 그들이 하지 못할 거라고 했던 일들을 해냈습니다."

대구법의 효과

버락 오바마는 연설에서 대구법을 사용해 청중의 열렬한 호응을 이끌어냈다. 대구법은 동일한 문장 구조나 비슷한 단락, 문구를 둘 또는 그 이상으로 사용해 비교하는 기법으로, 공통점과 차이점을 두드러지게 한다. 비교하는 단락이나 문구가 순서대로 배치되어 운율감이 살고 어조가 점진적으로 강해지는 효과를 기대할 수 있다. 비슷한 문구가 연이어 나오면서 통쾌하고 힘찬 기운이 형성된다.

마틴 루터 킹은 〈나에게는 꿈이 있습니다〉라는 연설에서 대구법을 잘 이용했다. 루턴 킹의 연설을 소리 내어 읽어보면 대구된 문장이 주는 감동을 고스란히 느낄 수 있다. 이처럼 대구법은 연설에서 아주 효과적인 역할을 한다. 중국인에게 익숙한 '국가를 수호하고, 황허(黃河)강을 수호하고, 중국을 수호하자'라는 구호가 사람들에게 큰 호소력을 발휘하는 것도 마찬가지다.

대구문은 서정적인 문장에서도 자주 사용된다. 칭송하거나 감탄할 때 동일한 문구를 배열해 풍부한 감정을 표현한다. 중국 시인 주쯔칭(朱自淸)이 쓴 〈봄〉이라는 시에도 대구법이 잘 살아 있다.

"산은 산뜻함으로 윤기가 돌고, 강물은 세차게 흘러가고, 태양은 붉게 물들어가네."

연설에서 대구문은 한두 차례면 충분

1961년, 존 F. 케네디(John F. Kennedy)는 대통령 취임사를 발표했다.

"장구한 세계사를 통틀어 불과 몇 세대만이 최악의 위기 속에서 자유를 수호할 역할을 부여받았습니다. 저는 대통령으로서 이 책임을 피하지 않고 기꺼이 받아들이겠습니다. 우리 중 누구도 다른 나라의 국민이나 다른 세대와 역할을 바꾸려 하지 않을 것입니다. 우리가 이 과업에서 발휘할 열정, 신념과 헌신은 우리의 조국과 조국에 봉사하는 모든 국민을 밝게 비출 것이며, 거기서 나오는 찬란한 빛은 온 세상을 밝힐 것입니다.

국민 여러분, 조국이 여러분을 위해 무엇을 할 수 있는지 묻지 말고 여러분이 조국을 위해 무엇을 할 수 있는지 자문하십시오. 전 세계 시민 여러분, 미국이 여러분을 위해 무엇을 할 수 있는지 묻지 말고 우리가 인류의 자유를 위해 무엇을 할 수 있는지 자문하십시오."

존 F. 케네디는 대통령 취임사에서 대구법을 사용해 청중에게 강렬한 인상을 남겼다. 이처럼 대구법은 열정적인 연설에서 자주 사용되는 기법이다. 대구법은 다양한 형식과 리듬감, 서정적인 분위기로 청중의 흥미와 공감을 쉽게 이끌어낸다. 어떤 사건을 호소하고 싶다면 대구문을 반복적으로 외치며 분위기를 형성할 수 있다.

대구문은 유사한 문장 서너 개를 사용하는 것이 일반적이며, 연설에서는 한두 차례 등장하면 충분하다. 대구문은 동일한 문장 구조를 사용하는 간단한 방법으로 연설의 주제를 돋보이게 한다. 하지만 내용에 어울리지 않은 대구문을 사용하거나 지나치게 남발하면 오히려 부정적인 영향을 미칠 수 있다.

Ted 54

딱딱한 통계를 흥미롭게 바꿔주는 환산법

수학을 좋아하는 사람을 제외한 대부분의 사람들은 숫자를 보면 골치 아파한다. 하지만 부득이하게 숫자와 통계를 많이 사용해야 하는 연설이 있다. 이때 딱딱한 통계를 접한 청중은 따분해하며 하품하기 일쑤다. 자신의 주장을 입증하기 위해 반드시 통계를 사용해야 하는 연사에게는 여간 곤란한 상황이 아니다. 그렇다고 이 문제를 해결할 수 있는 방법이 아예 없는 것은 아니다.

2003년, 스웨덴의 의사이자 통계학자인 한스 로슬링(Hans Rosling)은 TED 무대에서 〈통계를 설명하기 위한 최고의 방법〉이란 연설로 청중의 열렬한 호응을 이끌었다.

"저는 카로린스카 의학연구소 의대에서 '국제 보건'이라는 학부 과목을 가르친 적이 있습니다. 학기가 시작되자 불안해지기 시작했어요. 제 강의를 신청한 학생들이 스웨덴 대학의 최고 우등생들이었거든요. 그래서 학생들이 오자마자 테스트를 해봤어요."

한스의 테스트는 상당히 흥미로운 것이었다. 10개의 나라를 짝을 맞춰 5쌍으로 만든 뒤, 학생들에게 아동 사망률이 가장 높은 국가를 고르게 했다. 한스는 각 쌍마다 한쪽 나라의 아동 사망률이 다른 쪽 나라보다 두 배가 많도록 구성했다. 테스트 결과는 아주 흥미로웠다.

"스웨덴 학생들은 5쌍 중 평균 1.8개를 맞췄습니다. 저는 자신감을 회복했죠. 그런데 어느 날 밤, 보고서를 보던 중 새로운 사실을 깨달았습니다. 통계적으로 보면, 스웨덴의 최우수 학생들이 침팬지보다 세계에 대한 이해도가 훨씬 떨어진다는 사실이었습니다. 침팬지는 평균적으로 2.5개 이상은 맞추기 때문입니다. 하지만 학생들은 그렇지 않았지요. 이것은 무지의 문제가 아니었습니다. 제가 가진 편견 때문이었죠. 저는 카로린스카 의학연구소 교수들에게도 같은 테스트를 해보았습니다."

한스는 커다란 화면에 교수들의 정답률이 2.4라고 적힌 것을 가리키며 말했다.

"노벨의학상을 수여하는 분들인데 침팬지랑 수준이 비슷하네요."

한스 로슬링은 숫자와 통계를 이용해 연설을 더 매력적으로 만들었다. 그는 화면을 통해 다양한 도표와 통계 자료를 공유하며 흥미로운 연설을 이어갔다.

어느 날, 한 기자가 TED 큐레이터에게 청중이 싫증을 내지 않고 계속 흥미를 유지할 수 있게 하는 방법을 물었다. 방법은 의외로 간단했다. 청중의 입장에서 쉽게 이해하고 받아들일 수 있는 연설을 하되, 전문적인 용어나 개념은 최대한 자제하는 것이다.

따분한 통계를 흥미롭게 바꾸어 소개하기

2008년 6월 9일, 스티브 잡스는 신제품 '아이폰 3G' 발표회에서 새로운 아이폰의 인터넷 속도가 기존보다 2.8배나 더 빨라졌다고 소개했다. 잡스는 새로운 기술을 설명하면서 구체적인 사양을 설명하는 대신 오직 2장의 사진만 공개했다. 그것으로 일반 인터넷과 3G 인터넷으로 같은 사이트에 접속한 결과, 일반 인터넷은 59초가 소요되는 반면 3G 인터넷은 21초밖에 안 걸린다는 사실을 보여주었다. 잡스는 이어서 아이폰의 가격 인하를 발표했다.

"절반의 가격으로 예전보다 2배나 빨라진 아이폰을 손에 넣을 수 있습니다."

그의 말을 들은 청중의 아이폰 구매욕은 크게 상승할 수밖에 없었을 것이다.

일반적으로 소비자가 상품에 흥미를 느끼는 이유는 뛰어난 사양이나 우수한 기능 때문이 아니라, 붉게 상기된 친구의 얼굴 때문이다. 잡스는 그 점을 누구보다 잘 알았다. 그는 '3G 기술의 혁명', '멀티 터치 기능', '카메라 화소' 같은 기술적인 이야기를 줄줄이 나열할 경우 청중이 따분해할 것을 알고 있었다. 물론 애플이 이룩한 기술 혁신에 대한 이야기도 중요하다. 따라서 잡스는 휴대폰 사양을 커다란 사진으로 대체하고 나머지는 직접 설명을 했다.

2001년, 아이팟을 소개하는 프레젠테이션에서 아이팟의 판매가는 399달러로 책정되었다. 저렴한 가격은 아니지만 잡스는 아이팟에 내장된 5GB 메모리에 대해 이렇게 설명했다.

"1,000곡의 노래를 저장할 수 있습니다."

그는 아이팟의 무게가 0.19킬로그램에 불과하다는 사실에 대해서는 특별히 강조하지 않았다. 그저 이렇게 말했을 뿐이다.

"호주머니에 쏙 들어갑니다."

이 말을 듣고 마음이 흔들리지 않은 사람은 없었을 것이다.

연사 중에는 어려운 전문용어를 쓰기를 좋아하는 사람이 있다. 그들은 뭔가를 설명할 때마다 다량의 통계를 줄줄이 읊는다. 그중에는 상대가 자신의 말을 이해하지 못하는 모습을 보며 우월감을 느끼는 부류도 있지만, 대부분은 단지 습관적으로 그렇게 행동한다. 하지만 상대방의 입장에서 생각한다면, 통계를 줄줄이 나열하는 게 얼마나 따분하고 지루한 일인지 금방 깨달을 것이다.

예를 들어, 회사에서 발표를 한다면 실적에 대한 다양한 통계와 자료를 흥미롭게 바꿔서 소개할 줄 알아야 한다. 미국의 한 과학자는 우주비행선의 비행 속도를 설명하면서 이렇게 말했다.

"우주비행선은 시간당 20만 킬로미터의 속도로 목성을 향해 날아갑니다. 한마디로, 1분 30초 만에 뉴욕에서 캔자스 주까지 날아갈 수 있는 속도지요."

과학자는 시간당 20만 킬로미터라는 추상적인 속도를 사람들이 익숙하게 알고 있는 개념으로 환산해 알기 쉽게 설명했다.

힘 있는 연설을
위한 대비법

대비법은 언어적인 수사로서가 아니라 문장의 구조를 이용함으로써 연설을 더 풍부하게 만들어주는 표현법이다. 대비법은 유사한 문장이 아니라 상반된 문장을 나열해 대비 효과를 노린다.

퓰리처 상을 받은 기자 셰릴 우던(Sheryl Wu Dunn)은 이렇게 연설을 시작했다.

"여러분은 아마 세계 여러 국가를 여행해봤을 겁니다. 어쨌든 TED는 글로 벌한 모임이니까요. 그러나 저는 여러분을 누구도 가본 적 없는 곳으로 데려가 보려고 합니다."

셰릴은 2주 전, 톈안먼(天安門) 광장에서 세 가족과 행복한 모습으로 찍은 사진을 보여주며 말을 이었다.

"이곳은 톈안먼 광장입니다. 여러분 중에서도 가본 사람은 많을 겁니다. 하지만 이것은 진짜 중국이 아닙니다. 이번에는 진짜 중국으로 가볼까요? 여기는 다비에(大別) 산이 있는 중국 후베이 성(湖北省)의 외진 지역입니다."

화면에는 남자와 아이들이 소박한 옷을 입고 서 있는 사진이 보인다.

"다이만쥔(戴曼君)은 13살이었습니다. 그녀는 부모님, 2명의 남자 형제, 고모와 함께 살았습니다. 그들이 사는 오두막에는 전기도 없고, 수돗물도 나오지 않고, 시계나 자전거도 없습니다. 다이만쥔이 6학년이 되자 그녀의 부모님은 말했습니다. '너를 학교에 보내지 못할 것 같구나. 수업료 13달러는 우리한테 너무 큰 금액이거든. 너는 평생 농사나 지으며 살 텐데 우리가 돈을 낭비할 이유는 없잖아?' 이것이 외진 지역에 사는 여자아이들에게 일어나는 일입니다. 알고 보니 다이만쥔은 학교에서 성적이 우수한 학생이었습니다. 그녀는 매일 2시간씩 걸어 학교에 다녔고, 문 밖으로 겨우 들리는 소리에 의존해 공부를 이어갔습니다.

저는 《뉴욕 타임스》에 그녀에 대한 기사를 썼습니다. 기부가 쇄도했지요. 우리는 기부 받은 1만 달러를 학교 교장에게 보냈습니다. 그는 정말 기뻐했어요. 그때 교장은 이렇게 생각했어요. '이제 학교도 수리하고 여자아이들에게 장학금도 줄 수 있겠구나.' 다행히 다이만쥔은 중학교 과정까지 배울 수 있었습니다. 이후에 고등학교를 졸업하고 직업학교에 다니며 회계를 배웠습니다. 그녀는 광동성(廣東省)에서 취직했고, 자신이 번 돈을 가족들에게 보냈습니다. 덕분에 가족들은 수도와 전기가 들어오는 새집을 지을 수 있었어요."

셰릴 우던은 다이만쥔의 이야기를 직접적으로 서술하지 않고, 톈안먼 광장에서 찍은 자신의 가족사진을 먼저 보여주었다. 그런 뒤에 다이만쥔과 교장 선생님, 친구들의 단체사진을 보여주며 본격적인 이야기를 시작했다. 이렇게 대비의 효과가 커질수록 청중은 연사의 말에 점점 더 깊이 빠져든다.

대비법은 사람의 마음을 움직일 수 있는 아주 강력한 연설 기법으로, 연설의 주제를 강조할 때 자주 사용된다. 유사해 보이지만 본질적으로는 전혀 다른 사람 또는 사물을 서로 대비하며 격차를 벌리는 게 핵심이다. 높은 것과 낮은 것, 밝은 것과 어두운 것의 차이를 이용하는 것이다. 이때 대비하는 것이 둘 이상이면 청중이 혼란스러워 할 수 있으니 각별히 주의한다.

대비법은 문학 작품이나 영화에서도 자주 사용되어 강렬한 시각적 충격을 제공한다. 또한 연설에 사용되어 청중의 감동과 공감을 이끌어내기도 한다.

▎ 강조하려는 문장에 무게 중심 두기

미국의 한 고위직 여성 공무원이 사우스캐롤라이나 주에 위치한 대학에서 이렇게 연설했다.

"저를 낳아주신 생모는 귀머거리여서 말을 할 수 없었습니다. 저는 아버지가 누군지, 아직 살아 계신지조차 몰랐어요. 제가 처음 한 일은 목화밭에서 목화를 따는 일이었죠. 아무리 힘든 상황도 열심히 노력하면 바꿀 수 있다는 걸 잊지 마세요. 미래는 운이나 환경으로 결정되는 게 아닙니다. 지금의 불행한 현실을 바꾸고 싶다면 이렇게 자문해보세요. '내가 진짜 하고 싶은 건 뭐지?' 자신이 원하는 게 분명해지면 최선을 다해 노력하세요. 지금 즉시 행동하세요. 미래를 향해 앞으로 나아가세요. 지금까지 미국 재무장관 소피아 테일러였습니다."

소피아 테일러는 과거와 현재를 대비하며 '어떤 상황에서도 미래를 향해 나아가라'고 말했다. 소피아는 대비되는 이야기로 분위기를 조성하고 서서히 청중의 호기심을 불러일으키는 방법을 사용했다. 소피아가 사용한 감정적인 대비법 외에도 언어적인 대비법을 사용할 수도 있다.

"새벽이 밝아오기 전, 깜깜한 어둠을 뚫고 눈부신 태양이 솟아오른다!"는 아주 훌륭한 대비문이다. 이때 중요한 것은 강조하려는 문장에 무게 중심을 두는 것이다.

Ted **56**

주제를 강조하는 반복법

연설을 듣는 것과 책을 보는 것, 영상을 보는 것은 전혀 다른 행위다. 집중력이 떨어져서 이전 내용이 생각나지 않을 때, 책은 앞장을 펼치면 되고 영상은 뒤로 가기 기능으로 이전 부분을 확인할 수 있다. 하지만 연설을 듣고 있는 중이라면 절대 불가능하다. 청중이 연설을 듣다가 잠시 딴 생각을 하거나 화장실을 다녀왔다면 이전에 어떤 말을 했는지 알 길이 없다. 그래서 연사들은 주제를 반복해서 이야기할 필요가 있다.

허핑턴포스트의 CEO 아리아나 허핑턴(Arianna Huffington)의 〈성공하고 싶다면 숙면을 취하세요〉라는 연설 동영상은 TED 홈페이지에서 높은 조회 수를 기록한다. 허핑턴은 4분짜리 연설에서 자신의 주장을 몇 번이나 반복해 말했다.

"제가 여러분과 나누고 싶은 이야기는 아주 사소한 겁니다. 하지만 우리 안에 잠들어 있는 훌륭한 아이디어를 깨워줄 수 있는 비법이죠. 그렇게 훌륭한 아이디어를 깨워줄 수 있는 사소한 비법은 바로 수면입니다. 저는 의사와 과학자들을 만나서 열심히 공부했고, 이제 그 결과를 여러분과 공유할 생각입니다. 우리가 좀 더 생산적이고 깊은 영감을 느끼며 즐겁게 살 수 있는 방법은 바로 충분한 수면을 취하는 것입니다.

만약에 리만 브라더스(Lehman Brothers)가 리만 브라디스 앤 시스터즈(Lehman Brothers & Sisters)였다면 파산하지 않고 여전히 어딘가에 살아 있지 않았을까 싶습니다. 남자들이 쉬지 않고 바쁘게 일하는 동안 어쩌면 여자는 위기가 다가오고 있음을 눈치 챘을지도 모르죠. 왜냐하면 그녀는 7시간 반이나 8시간 정도의 수면을 취하고 일어나서, 큰 그림을 볼 수 있었을 테니까요. 그래서 우리가 세계 곳곳에서 다수의 위기에 직면했을 때 충분한 숙면은 상당히 중요한 역할을 합니다. 우리 삶에 큰 즐거움과 감사, 효율을 가져다주지요. 그러니 여러분도 이제 눈을 감고 우리 안에 잠들어 있는 위대한 아이디어들을 발견할 수 있길 바랍니다. 여러분의 엔진을 끄고 수면의 힘을 발견하세요. 감사합니다."

▎핵심을 반복하라

반복을 가장 잘 사용한 연설은 마틴 루터 킹의 〈나에게는 꿈이 있습니다〉라는 연설이다. 연설에서 주제와 핵심 단어를 반복하는 것은 청중에게 깊은 인상을 남기며, 청중이 연설에 집중하도록 하는 역할을 한다. 보통은 연설 도입부에서 주제를 한 번 말하고, 마지막에 다시 반복하며 강조한다.

연설이 길거나 복잡한 이론을 다룰 때, 중요한 주제에 대해 이야기할 때는 연설 중간에 반복해 강조할 수 있다. 하지만 가장 좋은 방법은 주제를 여러 개로 쪼개서 차례대로 설명하고 반복하는 것이다. 그렇지 않으면 청중에게 긴 문장의 주제를 오랫동안 반복해서 얘기하는 느낌을 줘서 흥미를 떨어뜨릴 수 있다.

연설의 주제는 간단히 요약해서 30초 안에 설명하고, 도입부, 중반, 결론의 적절한 순간에 3번 이상 반복해 말하도록 한다.

2004년의 어느 여름날, 버락 오바마는 보스턴에서 감동적인 연설로 사람들의 열렬한 호응을 불러일으켰다. 오바마는 연설에서 같은 말을 자주 반복했다.

"우리는 아이들에게 이불을 덮어주고 안전하게 보호할 수 있다는 믿음이 필요합니다. 우리는 자유롭게 생각을 말하고 자유롭게 쓸 수 있다는 믿음이 필요합니다. 우리는 뇌물이나 비리 없이 우리 자신의 사업으로 창업해 성공할 수 있다는 믿음이 필요합니다. 우리는 보복에 대한 두려움 없이 정치 행렬에 참여할 수 있다는 믿음이 필요합니다."

위의 연설은 대구법을 사용한 것 같지만, 그보다는 문장을 반복한 것에 가깝다. 로널드 레이건 대통령은 미국의 유인 우주왕복선 '챌린저 호'가 공중에서 폭발했을 때 비통한 심정으로 추모사를 발표했다.

"우리는 그들을 결코 잊지 않을 것입니다. 그리고 오늘 아침을 결코 잊지 않을 것입니다. 우리가 그들을 마지막으로 봤던 순간, 우주 여정을 준비하던 모습과 손을 흔들며 작별인사를 하던 모습, '지상의 굴레를 벗어나 하느님의 얼굴을 만지던 모습'을 결코 잊지 않을 것입니다."

레이건은 '결코 잊지 않을 것입니다'라는 말을 반복하며 희생자들을 추모했다.

숫자를 반복하라

언어 전파학적인 관점에서 반복법은 아주 유용한 기술이다. 연사는 연설 주제 외에도 문구나 단어를 반복함으로써 청중에게 깊은 인상을 남기고 그들을 효과적으로 설득할 수 있다. 이때 중요한 숫자도 반복하는 것이 좋다. 예를 들면 "11명이 전부 도착했습니다. 11명이요."라는 식으로 숫자를 반복해서 말한다.

연사는 3가지 견해를 하나로 묶어 같은 머리글자로 통일할 수 있다. 일반적으로 사람들은 3가지 사례나 3가지 견해를 얘기하는 동안 집중력을 계속 유지하는 것을 어려워한다. 따라서 같은 머리글자가 3번 반복된다면 상대방에게 깊은 인상을 남길 수 있다. 단, 3 이상이 되면 오히려 청중의 불만을 살 수 있으니 주의한다.

중요한 문장은 반복할 수 있지만, 불필요한 말버릇이나 중요하지 않은 문장은 반복하지 말고 삭제한다. 그러면 보다 깔끔하고 간단명료한 연설이 될 것이다.

Part 09

완벽한 연설을 위한 9가지 비법

Ted **57**

긴장감을
극복하라

아무리 완벽한 원고와 뛰어난 화술도 긴장된 상황에서는 아무 소용이 없다. 연사가 긴장하면 열심히 준비한 연설이라도 성공하기 어렵다.

그래픽 디자이너이자 가수인 조 코완(Joe Kowan)은 TED 컨퍼런스에서 이런 연설을 했다.

"저는 무대 공포증이 있습니다. 아주 심각한 편이죠. 제가 27살이 되기 전까지는 그게 전혀 문제가 되지 않았습니다. 작곡을 시작한 뒤로는 제가 만든 노래를 혼자 불렀는데, 룸메이트가 집에 있다는 사실만으로도 불편했어요. 몇 년 후, 저는 작곡을 하는 것만으로는 만족할 수 없게 되었어요. 머릿속에 온갖 이야기와 생각이 떠올랐고 그것을 사람들과 공유하고 싶었습니다.

하지만 저는 그럴 수 없었죠. 이유를 알 수 없는 공포증을 가지고 있었거든요. 하지만 작곡을 하고 노래를 부를수록 무대에 서고 싶다는 욕구도 강해졌죠. 그래서 30살 생일에 한 클럽의 공개 무대에 올라 공포증을 극복해보기로 결심했습니다. 공연장에 도착하니 사람들로 북적거렸어요. 아마 스무 명 정도 있었을 겁니다. 관객들은 모두 화난 것처럼 보였어요. 하지만 저는 심호흡을 하고 무대에 오를 준비를 했습니다. 제 순서가 되기 10분 전, 몸이 말을 안 듣고 불안감이 덮쳐오기 시작했어요. 사람이 두려움을 느끼면 교감신경계가 반응합니다. 아드레날린이 분출하고 심장 박동 수가 증가하며 호흡도 빨라지죠. 그리고 소화기처럼 생명에 지장을 주지 않는 장기가 멈춰버립니다. 그래서 입이 바싹 마르고 혈액순환이 잘 되지 않아 손가락이 말을 듣지 않아요. 또한 동공은 확장되고, 근육은 수축하며, 직관력은 흐려집니다. 다시 말해 몸이 이성을 잃는 겁니다. 그런 상태에서 포크 음악을 연주하는 건 좋지 않아요."

조 코완이 두려움을 느낀 이유는 너무 긴장했기 때문이다. 무대에 올라본 경험이 거의 없는 연사에게는 연설 자체보다 긴장을 극복하는 게 더 큰 도전이다. 이런 긴장감은 연설이나 행사 전체를 망칠 수 있다. 긴장한 사람은 팔, 다리는 물론이고 안면 근육을 포함해 온 몸이 떨려서 제대로 서 있기도 힘들고 말도 잘 나오지 않는다.

생각보다 많은 연사들이 무대에 올라 긴장한다. 이를 극복하기 위해서는 부단한 노력이 필요하다. 가장 중요한 것은 긴장하는 이유를 찾는 것이다. 대부분의 사람들은 자기만 바라보는 수많은 눈동자가 무서워서 긴장한다고 하지만, 반드시 그것 때문만은 아니다. 다른 사람들 앞에서는 괜찮은데 직장 상사 앞에서만 긴장하는 사람도 있고, 즐거운 분위기에서는 아무렇지 않다가 엄숙한 분위기가 조성되면 긴장하는 사람도 있다. 따라서 긴장한 이유가 '상사' 때문인지, '엄숙한 분위기' 때문인지 정확히 파악하고 그에 따른 해결책을 찾아야 한다.

사실 긴장을 없애는 방법은 간단하다. 무대에 많이 오르면 된다. 수백 번 무대에 올라본 사람이라면 긴장할 이유가 없다. 하지만 누구나 처음은 있는 법이고, 첫 번째 무대에 선 사람이라면 긴장하는 것이 당연하다. 조 코완이 어떻게 긴장을 극복했는지 살펴보자.

▎긴장감 극복을 위한 3단계

조 코완의 첫 번째 공연은 실패로 끝났다. 긴장한 나머지 목소리가 너무 떨려 노래를 망쳤기 때문이다. 하지만 조는 포기하지 않았다.

"저는 그날 밤 다짐했습니다. 긴장감을 느끼지 않을 때까지 매주 무대에 오르겠다고요. 그리고 실제로 그렇게 했습니다. 하지만 상황은 전혀 나아지지 않았어요. 매주 같은 상황이 반복됐죠. 어떻게 해도 긴장감을 떨쳐버릴 수 없었습니다.

그날은 유난히 직감이 좋은 날이었어요. 그런 날은 많지 않기 때문에 아주 또렷이 기억납니다. 저는 제가 느끼는 긴장감에 관한 노래를 만들어봐야겠다고 생각했어요. 무대 공포증에 관한 노래를 먼저 쓰기 시작했습니다. 긴장했을 때 신체적으로 나타나는 변화와 표정, 떨리는 목소리, 그리고 제 느낌과 생각을 전부 털어놓았어요. 긴장한 채로 노래하면 목소리가 불안정해지고 평상시보다 반 옥타브 정도 올라가는 것에 대해서도 설명했어요. 노래를 들은 청중은 더 이상 저를 불쌍하게 보지 않았고, 잔뜩 긴장한 제 기분을 같이 느끼게 되었죠. 우리는 모두 행복하면서 동시에 긴장을 느끼는 불편한 가족이 된 것 같았습니다.

저는 늘 '무대 공포증 노래'를 부르며 공연을 시작했습니다. 그러면 긴장감을 떨쳐버릴 수 있거든요. 그 뒤로는 좀 더 수월하게 노래를 부를 수 있었습니다. 결과적으로 시간이 흐름에 따라 '무대 공포증 노래'를 부를 일은 점점 줄어들었고, 이제는 거의 부르지 않아요. 지금처럼 극도로 긴장했을 때를 제외하곤 말이에요."

긴장감 극복을 위한 1단계 :

심리적인 장애물을 뛰어넘고 용감하게 무대에 서야 한다. 사람이 긴장하는 이유는 대부분 심리적인 요인 때문이다. 무대 경험이 거의 없는 사람들은 무대에 서기 전에 자신이 긴장할 거라는 사실을 이미 안다. 조 코완처럼 용감하게 무대에 올라보자.

긴장감 극복을 위한 2단계 :

무대에 서면 너무 긴장해서 말이 잘 나오지 않는다고 해도 괜찮다. 위에서 언급했듯이 자주 무대에 오르다 보면 긴장감은 자연스럽게 해소된다. 경험을 쌓는 것이 가장 효과적인 해결책이다.

긴장감 극복을 위한 3단계 :

긴장감을 극복하기 위해서 반드시 얼굴에 철판을 깔고 뻔뻔하게 굴어야 하는 것은 아니다. 여기에도 나름 계책이 있으니, 열심히 공부하고 노력한다.

연설하기 전에 청중석에 앉아 분위기를 느끼며 긴장을 풀어보자. 그리고 무대에 오르기 전에는 심호흡을 하고 냉수를 두 모금 정도 마셔 입이 마르는 것을 방지한다. 무대에서 시선을 어디에 둬야 할지 몰라 긴장된다면 청중석 뒤쪽에 사람이 아무도 없는 빈 곳을 바라본다. 이 때 시선이 바닥이나 천장을 향하지 않도록 유의한다. 또한 의식적으로 청중의 시선을 피하며 마음을 안정시킨다.

연설하기 전에 편안한 음악을 듣거나 코미디 프로를 보며 긴장을 완화할 수도 있다. 또는 주의력을 다른 곳으로 이동시키는 것도 좋은 방법이다. 주변 환경을 둘러보거나 사람들과 가벼운 대화를 하면서 긴장을 풀 수 있다. 자기암시를 하거나 친구들의 응원을 받고 자신감을 얻을 수도 있다. 무엇보다 긴장감을 극복하기 위한 가장 좋은 방법은 무대 경험을 많이 쌓는 것이다.

Ted 58

원고와 프롬프트에서 벗어나라

TED 무대에 서는 연사들은 거의 원고를 보지 않는다. 대부분이 내용이 요약된 작은 카드를 참고할 뿐이다. 원고를 보지 않는 연사들은 청중과의 거리를 좁히고, 강렬한 현장감을 제공한다.

TED 창시자 크리스 앤더슨의 연설을 살펴보자.

"연설을 발표하는 3가지 방법이 있습니다. 첫째는 원고나 프롬프트를 보고 읽는 겁니다. 둘째는 원고 전체를 외우는 건 아니고 대략적인 흐름을 기억하는 겁니다. 셋째는 원고를 통째로 외우는 겁니다. 많은 시간과 노력을 투자해 말 그대로 글자 하나까지 전부 외우는 거죠."

크리스는 세 번째 방법을 추천하며 말했다.

"저는 연사들에게 원고나 프롬프트를 절대 쳐다보지 말라고 얘기합니다. 프롬프트는 무대에서 좀 떨어진 곳에 설치되어 있어서 연사가 프롬프트를 보면 청중이 다 알아채거든요. 그럼 청중의 집중력이 떨어질 수밖에 없습니다. 저희는 연사가 원고나 프롬프트를 대놓고 읽는 행위를 결코 용납할 수 없습니다."

이어서 크리스는 한 가지 예를 덧붙였다. 프롬프트를 사용하겠다고 고집을 부린 연사가 있었는데, 연설 중에 그가 프롬프트를 읽는 모습에 청중은 크게 실망했다. 그의 연설은 누구보다 훌륭했지만 청중에게 형편없는 점수를 받았고, 결국 그는 두 번 다시 TED 무대에 서지 못했다. 크리스 앤더슨은 말했다.

"TED는 원고를 완벽하게 외우는 연사를 환영합니다. 연설을 준비할 시간이 충분하다면, 아마도 이것이 연설을 성공적으로 이끄는 방법일 겁니다. 하지만 연설을 준비하는 데 필요한 시간을 무시해서는 안 됩니다. 뇌졸중 환자였던 질 볼트 테일러의 연설이 가장 기억에 남습니다. 연설에서 테일러는 뇌 기능이 정상으로 회복되는 8년 동안 무엇을 배웠는지 들려주었습니다. 무대에 서기 위해 테일러는 원고를 쓰고 연습하는 데 많은 시간과 노력을 쏟았습니다. 리허설도 수십 차례나 했죠."

연사가 원고에 의존하지 않는 것은 자신감과 책임감을 보여주는 행동으로, 연사의 태도에 관한 문제다. 청중은 원고를 보며 줄줄 읽는 연사가 아니라 원고 없이도 자신감 넘치게 말하는 연사의 모습을 원한다. 생일날, 친구가 축하 인사를 하는데, 그것이 책에서 베낀 말이라는 걸 안다면 기분이 상하는 건 당연하다. 연설도 마찬가지다. 무대에서 준비한 원고를 읽으면 그만이라는 안일한 생각으로는 연설을 성공적으로 이끌지 못한다. 연사는 원고 없이도 유창하게 말할 수 있어야 한다.

연사가 원고를 까먹었을 때 프롬프트가 도움이 되는 것은 사실이지만, 청중이 그 모습을 본다면 집중력이 크게 떨어질 것이다. 원고를 외우는 게 힘들고 귀찮은 일인 건 분명하다. 하지만 원고를 제대로 외우지 않고 무대에 오르면 자칫 연설 전체를 망칠 수도 있다. 따라서 연설 효과를 극대화하고 싶다면 반드시 원고를 외우도록 한다.

원고를 외우는 게 다가 아니다

애플 관계자에 따르면, 스티브 잡스는 애플의 웹 브라우저인 사파리 (Safari)를 공개하는 신제품 프레젠테이션을 위해 리허설만 4차례 이상 했다. 잡스는 최대한 완벽한 프레젠테이션을 보여주기 위해 많은 시간 과 노력을 투자했다. 그를 옆에서 지켜본 관계자가 말했다. "리허설이 시작되면 저는 아무것도 하지 않고 관람석에 앉아 잡스의 연설을 지켜 봤어요. 다른 회사의 허접한 프레젠테이션을 볼 때마다, 한 마디 한 마 디 반복해서 연습하던 잡스의 모습이 떠올라요."

잡스는 단 5분의 프레젠테이션을 위해 수백 시간을 투자했다. 그는 몇 번이고 반복해서 리허설을 진행했고 모든 문장과 단어 하나까지 세 심하게 준비했다. 잡스는 늘 가벼운 이야기로 연설을 시작해 사람들과 인사를 나눈 뒤에 신제품 소개로 들어갔다. 무대의 커다란 화면에 신 제품 사진을 띄우는 것도 같은 패턴이다. 그는 문장과 문장을 연결하 는 접속사와 쉼표 하나까지도 철저히 연구했다. 잡스에게서 느껴지는 편안함과 친근함은 오랜 연습과 리허설을 거친 결과다.

원고에 의존하지 않으면 청중과 언제든지 시선을 교환하고, 풍부한 제스처를 사용하는 것은 물론이고, 청중과의 거리도 크게 좁힐 수 있 다. 하지만 원고를 완벽하게 외우기란 말처럼 쉽지 않다. 원고 없이 무 대에 올랐을 때 가장 위험한 상황은 내용을 까먹는 것이다. 하지만 여 기에도 해결책이 있다.

첫째, 연설의 전체적인 구조와 흐름을 미리 파악해두면 내용을 까먹 거나 헷갈렸을 때 큰 도움이 된다. 단어 몇 개가 떠오르지 않더라도 당 황하지 말고 앞뒤의 순서를 떠올리다 보면 자연스럽게 말을 연결할 수 있다.

둘째, 원고를 외울 시간이 부족하다면 작은 카드에 요점을 정리해 무대에 가져가 살짝 참고한다. 이때 청중의 시선이 카드로 쏠리지 않도록 유의한다. 간간이 요점만 확인해도 충분히 자연스러운 연설을 할 수 있다.

셋째, 연사가 원고를 외워서 말한다는 인상을 청중에게 주지 않도록 주의한다. 말하는 중간에 갑자기 멈추고 시선을 위로 향한 채 뭔가를 골똘히 생각하는 모습을 보이는 것은 좋지 않다. 물론 청중도 연사가 원고를 외워서 말한다는 건 알고 있지만, 연사가 유창하게 얘기한다면 그런 느낌을 지울 수 있다.

Ted **59**

제스처를
연습하라

시카고 대학교 데이비드 맥닐(David McNeill) 박사의 연구에 따르면, 몸짓은 언어와 밀접한 관계가 있으며, 손짓은 연사의 생각을 좀 더 수월하게 표현할 수 있게 도와준다. 데이비드는 말했다. "손짓은 사고의 과정을 관찰하는 창문과 같습니다. 엄밀히 말하면, 손짓이 아니라 제스처죠. 제스처는 연설에서 아주 중요한 역할을 합니다."

허핑턴 포스트의 창립자 아리아나 허핑턴(Arianna Huffington)은 무대에 서서 오른손으로 머리칼을 귀 뒤로 쓸어 넘기며 말했다.

"제가 여러분과 나누고 싶은 이야기는 아주 사소한 겁니다."

허핑턴은 오른손을 가슴 앞으로 가져와 엄지손가락과 집게손가락을 붙이고는 '아주 사소하다'는 것을 강조했다. "하지만 우리 안에 잠들어 있는 훌륭한 아이디어를 깨워줄 수 있는 비법이죠."

허핑턴은 양손 손가락으로 자신을 가리키며 계속 얘기했다. "그렇게 훌륭한 아이디어를 깨워줄 수 있는 사소한 비법은 바로 수면입니다."

그녀는 무릎을 약간 구부린 채 두 손을 넓게 펼치고 침대에 누워 있는 모습을 흉내 내며 말했다.

"이 방은 A타입 여성들의 방입니다. 이 방은 수면이 부족한 여성들의 방입니다. 저는 아주 비싼 값을 치르고서야 수면의 가치를 깨달았습니다. 2년 반 전에 저는 과로로 실신했는데, 넘어지면서 머리가 책상에 부딪혀 광대뼈가 부러졌습니다. 오른쪽 눈은 다섯 바늘이나 꿰매야 했고요."

허핑턴은 말하는 내내 손을 움직였다. 그녀는 손으로 머리와 광대뼈, 오른쪽 눈을 쓸어내렸다.

▋ 제스처도 일종의 언어다

아리아나 허핑턴이 연설에서 제스처를 사용하지 않았다면 어땠을까? 양손을 전혀 움직이지 않고 경직된 자세로 먼 곳을 응시하며 얘기하는 모습은 상상하는 것만으로도 끔찍하다. 이것으로 미루어보았을 때, 허핑턴의 연설에서 제스처가 차지하는 비중은 상당히 크다. 실제로 제스처는 연설에서 아주 중요한 역할을 한다.

연설의 '연(演)'은 말 그대로 연기를 한다는 뜻이다. 따라서 연사는 연설 내용에 어울리는 표정과 제스처로 '연기'할 필요가 있다. 고인 물처럼 침체된 연설은 청중의 흥미를 끌지 못한다. 생동감 있는 연설을 해야 청중에게 깊은 감동을 준다. 이때 연설을 보다 풍성하게 만들어주는 것이 바로 제스처다. 그런 의미에서는 제스처도 언어의 일종이 된다.

제스처 중에서 가장 빈번하게 이용하는 것은 바로 손이다. 하지만 말할 때 손을 어디에 둬야 할지 몰라 난감해하는 연사들이 많다. 특히 연설 경험이 거의 없는 연사들은 자신의 양손을 불필요한 것으로 생각하기도 한다.

손의 위치는 생각보다 간단하다. 무대에 연설대가 있다면 양쪽 측면에 자연스럽게 올려놓는다. 연설대가 없다면 몸 양쪽으로 편하게 늘어뜨리거나 가슴 앞에서 양손을 가볍게 잡는다. 연설 내용을 요약한 카드나 PPT 리모컨 등의 물건을 쥐고 있으면 긴장감을 완화시킬 수 있어서 더 좋다. 어떤 상황에서든 양손을 호주머니에 넣거나 뒷짐을 지는 것은 피한다.

제스처에는 손짓 외에 서 있는 자세도 포함된다. 연사들은 무대에서 주로 '전진형 자세'를 취한다. 오른쪽 다리는 앞에, 왼쪽 다리는 뒤로 둔 채 정면 또는 측면을 향해 선다. 이때 두 다리의 각도는 45도를 유지한다. 그러면 자연스럽게 보이면서 피로감도 느끼지 않는다.

이런 내용들은 제스처의 절대적인 법칙이 아니라 하나의 참고사항일 뿐이다. 제스처는 일종의 본능이다. 따라서 연설에 따라 자연스럽게 나오는 손짓과 몸짓이야말로 최고의 제스처라고 할 수 있다.

손짓은 언어의 정보를 반복하는 효과가 있다. 예를 들어 "오늘 저는 여러분에게 3가지 이야기를 들려드릴 겁니다."라고 말하면서 손가락 3개를 보여준다. 또는 사물의 길이를 설명할 때, 손으로 대략적인 크기를 보여줄 수 있다.

손짓은 언어의 정보를 반복하는 것 외에 정보를 대체하기도 한다. 장내가 소란스러워졌을 때 연사가 말없이 손바닥을 들었다가 아래로 내리는 동작을 취하면 금세 잠잠해진다. 그 밖에도 손가락 2개로 V자 모양을 만들어 보이면 승리의 감격을 나타낸다.

손짓은 정보를 강조하는 역할도 한다. 난감한 상황에서는 주먹을 쥐고 휘두르는 동작을, 곰곰이 생각해야 할 상황에서는 머리를 긁적이는 동작을 취할 수 있다.

손짓은 청중과의 교류도 가능하게 한다. 연사는 청중을 무대로 모시거나 청중의 대답을 구할 때, 상대방 쪽으로 손바닥을 뻗는 동작으로 존중의 뜻을 표할 수 있다.

▎손짓을 사용할 때 주의할 점

형식적인 손짓을 취하지 않는다

유명 인사들의 몸짓이나 손짓을 형식적으로 따라하지 말아야 한다. 사람마다 고유의 분위기와 품격이 있기 때문에 남을 무작정 따라했다간 오히려 이질감을 줄 수 있다. 가장 좋은 방법은 거울을 보며 자기에게 어울리는 제스처를 찾는 것이다.

손짓을 남용하지 않는다

화려한 손짓으로 사람들의 시선을 끄는 것은 좋지 않다. 청중은 손짓 자체보다 손짓이 전달하는 정보에 더 관심이 많으므로, 멋지고 화려한 손짓을 연구할 필요는 없다.

손짓은 언어와 잘 어울려야 한다

입으로 '셋'이라고 말하고 몇 초 뒤에 갑자기 생각났다는 듯이 손가락 3개를 펼쳐 보인다면 청중의 비웃음을 살 것이다.

Ted 60

풍부한 표정으로 청중을 매료시켜라

프랑스 작가이자 사회운동가인 로맹 롤랑(Romain Rolland)은 말했다. "사람의 표정은 오랜 세월에 걸쳐 완성된 언어이다. 이것은 입으로 하는 말보다 훨씬 더 복잡하다." 실제로 표정이 풍부한 사람은 청중을 더 쉽게 매료시킨다.

문화평론가 버지니아 포스트렐(Virginia Postrel)은 선글라스를 낀 채 무대에 올라 〈매력에 대하여〉라는 제목의 연설을 했다.

"제가 왜 선글라스를 쓰고 있는지 궁금하시죠? 그것은 제가 매력에 대해 말할 예정이기 때문입니다."

버지니아는 미소를 지으며 먼 곳을 잠시 보더니 시선을 다시 청중석으로 향하며 말했다.

"저는 매력이 생각보다 넓은 의미를 가지고 있다고 생각합니다."

버지니아는 웃는 얼굴로 눈을 깜빡거리며 계속 얘기했다.

"그중에는 무비스타와 허구의 캐릭터가 가지고 있는 것도 있어요."

그녀는 입을 아주 크게 벌리며 말했다. 버지니아는 좌우로 왔다 갔다 하며 손짓을 더했다. 그리고 종종 눈을 크게 떴는데, '매력'이라는 단어를 말할 때에는 표정이 진지하게 바뀌었다. 이어서 손으로 코를 한 번 만진 그녀는 매력과 할리우드와의 관계에 대해 설명했다.

"20세기, 매력은 할리우드와 관련해 다른 의미를 가지게 되었습니다. 이 사람은 헤디 라마(Hedy Lamarr)입니다. 그녀는 이렇게 말했어요. '누구든 매력적으로 보일 수 있습니다. 그냥 멍청하게 앉아 있으면 되거든요.' 헤디에게는 미안한 일이지만, 그 말은 틀렸습니다."

그렇게 말하며 버지니아는 정말 미안한 표정으로 미소를 지어보였다.

버지니아 포스트렐은 연설 내용에 따라 표정을 바꿔가며 얘기했다. 이것이 바로 핵심이다. 생동감 넘치는 표정은 연설을 훨씬 풍성하게 해준다. 유명한 연설가 데일 카네기는 루스벨트 대통령을 가리켜 표현력의 대가라고 평가했다. 루스벨트는 풍부하고 생동감 넘치는 표정으로 연설을 더 매력적으로 이끌었다. 평소 우리가 이용하는 SNS에서 이모티콘이 하는 역할도 이와 비슷하다. 이모티콘은 사용자의 생생한 감정을 잘 표현하고 있다.

프랑스 대문호 빅토르 위고(Victor Hugo)는 말했다. "사람의 표정은 마음의 거울이다." 연사 중에는 얼굴에 표정을 잘 드러내지 못하는 사람들이 있다. 그들은 연설 내용이나 감정에 상관없이 시종일관 같은 표정을 유지한다. 그런 모습은 청중에게 지루함과 따분함을 유발할 뿐이다. 가장 좋은 것은 자연스럽게 나오는 표정이다. 연설 내용에 따라 즐거우면 미소를 짓고 슬프면 안쓰러운 표정을 짓는다. 표정과 함께 전달되는 이야기가 청중에게 더 깊은 인상을 남기는 것은 당연하다.

연설 경험이 없는 연사들은 너무 긴장해서 얼굴에 표정이 없지만, 경험이 풍부한 연사들은 표정과 제스처를 자유자재로 사용해 청중을 매료시킨다.

▌표정도 훈련이 필요하다

2008년, 미국 대통령 선거를 앞두고 점점 과열되는 분위기 속에서 버락 오바마와 존 맥케인 후보는 수많은 연설과 토론을 진행했다. 영국의 《가디언》은 오바마와 맥케인의 표정과 목소리에 대한 흥미로운 분석을 내놓았다.

오바마는 천재형 연설가다. 대선 막바지로 갈수록 긴장해서 다소 엄숙한 분위기를 연출하긴 했지만, 대부분의 연설에서는 풍부한 표정을 보여주었다. 때로는 의연하고 과감하게, 때로는 유머러스하고 활달한 표정으로 생동감 넘치고 풍성한 연설을 했다. 오바마와 달리 맥케인은 표정의 변화가 크지 않은 연설가다. 미국의 분석가들은 이렇게 말했다. "맥케인은 표정이 거의 없어서 웃을 때도 얼굴이 활짝 펴지지 않는다. 긍정적인 감정을 전달하는 순간조차 얼굴 근육이 전혀 움직이지 않는다." 분석가들은 맥케인이 늘 딱딱한 표정을 지어서 유권자들의 신뢰를 얻지 못했다고 분석했다.

연사가 가장 보이지 말아야 할 모습이 바로 무표정이다. 표정은 분위기를 결정하는 중요한 역할을 한다. 무대에 오른 연사의 표정만 보고도 청중은 그가 다정한 사람인지 고지식한 사람인지 단번에 파악한다. 표정이 풍부한 사람과 표정이 전혀 없는 사람의 차이는 생각보다 크다. 따라서 표정도 훈련이 필요하다.

연설에서 연습할 표정들

정확한 표정

연사의 표정은 연설 내용을 전달하는 수단이 된다. 따라서 연설 내용과 현장 분위기에 어울리는 정확한 표정을 짓는 것이 중요하다. 그리고 의도에 따라 표정을 바꿀 수 있어야 한다. 따라서 너무 긴장해서 웃어야 할 때 웃지 않거나, 말과 다른 표정을 짓는 실수를 해서는 안 된다.

자연스러운 표정

일상에서처럼 진심으로 우러나오는 자연스러운 표정을 짓는다. 억지로 연기하듯이 짓는 표정은 금방 티가 난다. 거울을 보며 연습하기 전에, 자연스럽게 말하면서 감정에 따라 표정 짓는 연습을 반복해서 하는 것이 좋다.

다양한 표정

연설 주제가 경쾌한 내용이라고 해서 처음부터 끝까지 미소만 지어서는 안 된다. 경쾌한 감정은 미소 외에도 다양한 표정으로 보여줄 수 있다. 따라서 표정에 대한 공부를 더 해서 풍부한 표정을 보여주어야 한다. 미소의 종류도 다양하다. 무대에 올라 처음 청중을 봤을 때는 능청스러운 미소를 짓고, 연설 중에 경쾌한 이야기를 할 때는 함박웃음을 지으며, 연설을 마칠 때는 감사의 뜻을 담아 진솔한 미소를 짓는다. 이처럼 표정과 연설 내용이 조화를 이룰 때 연설의 품격이 한층 더 올라간다.

매력적인 어휘를
사용하라

TED는 상당히 '핫'한 글로벌 컨퍼런스다. 따라서 연사들은 항상 더 나은 연설을 위한 표현법 연구에 많은 시간과 노력을 쏟는다. 이번에는 이들을 위해 간단하면서도 실용적인 표현법을 소개하려고 한다. 그것은 바로 신선하고 매력적인 어휘를 사용하는 것이다.

해양학자 에디스 위더(Edith Widder)는 이런 연설을 들려주었다.

"오늘 저는 여러분을 다른 세계로 안내할 겁니다. 광년 단위의 시간이 걸리진 않지만 빛에 의해 규정되는 곳으로 가보겠습니다. 바닷속 생물들 대다수가 빛을 만든다는 것은 이미 알려진 사실입니다. 저는 직장 경력의 대부분을 '생물발광(bioluminescence)' 현상을 연구하는 데 보냈습니다.

저는 처음으로 잠수정을 타고 심해로 내려갔을 때 눈앞에 펼쳐진 불꽃의 향연에 감탄하고 말았습니다. 그때 '생물발광'을 봤어요. 저는 육지로 돌아가 제 경험을 말로 전달하고 싶었습니다."

에디스 위더는 '다른 세계', '여행', '발광', '불꽃의 향연' 등의 단어로 청중의 마음을 사로잡았다. 특히 바닷속 세계를 묘사할 때는 모두 숨을 죽이고 집중했다. 다시 말해 에디스의 연설은 아주 신선하고 흥미진진했다. 같은 이야기를 해도 따분하게 말하는 사람이 있고 재밌게 말하는 사람이 있는데, 에디스는 분명히 후자에 속했다.

에디스의 연설을 이렇게 바꿔보자.

"오늘 저는 여러분을 바닷속 세계로 데리고 가겠습니다. 바닷속 생물들은 빛을 발산하는데 정말 아름다워요. 저는 처음 심해로 내려갔을 때 '생물발광'을 보고 사랑에 빠졌답니다."

처음의 연설과 얼마나 큰 차이가 나는지는 말하지 않아도 알 것이다.

참신한 어휘는 청중에게 깊은 인상을 남긴다. 특히 생전 처음 듣는 어휘는 청중을 흥분시키기에 충분하다. 그렇게 연사의 매력에 빠진 청중은 연설 내용이 다소 마음에 들지 않아도 그의 말에 귀를 기울이고, 심지어 끝까지 좋은 이미지로 기억한다.

어떤 단어가 매력적인가?

스티브 잡스는 맥북에어를 소개하는 프레젠테이션에서 이렇게 말했다.

"저는 오늘 새로운 차원의 노트북을 소개하고자 합니다. 바로 맥북에어죠. 이 노트북은 사무실에서 흔히 볼 수 있는 이런 봉투 안에도 거뜬히 들어갈 정도로 얇습니다. 얼마나 얇은지 확실히 느낄 수 있겠죠? 정말 멋집니다. 세계에서 가장 얇은 노트북입니다. 13.3인치 와이드 스크린 디스플레이어와 풀사이즈 키보드가 구비되어 있습니다. 정말 섹시하죠. 우리 엔지니어 팀이 모든 것을 해냈습니다. 저는 그들이 정말 자랑스럽습니다."

한편 잡스는 아이팟을 소개하는 프레젠테이션에서 줄곧 냉정함을 유지하다가 아이팟의 성능을 설명하면서 이렇게 말했다.

"전원을 켜볼까요? 와, 정말 간단하군요!"

스티브 잡스는 '섹시하다'는 단어로 맥북에어의 외형을 묘사하고, '간단하다'는 단어로 아이팟의 쉬운 조작법을 설명했다. 프레젠테이션이 성공적으로 끝난 것은 두말할 나위도 없다. 잡스처럼 매력적인 어휘를 찾지 못했다면 다음과 같은 방법을 참고해보자.

연설에서 어휘 사용 시 주의할 점

유행어에 주목하라

인터넷에서 사용하는 유행어나 신조어를 사용하면 참신한 느낌을 줄 수 있다. 유행어가 아니라도 성어나 관용어를 활용할 수도 있다. 유행어라고 무조건 쓸 게 아니라, 장소와 상황에 어울리는 어휘를 선택하는 것이 중요하다. 그 밖에도 유행어를 지나치게 자주 사용하지 않도록 주의한다. 한두 번은 괜찮아도 여러 번 반복되면 자칫 가벼워 보일 수 있다.

미사여구를 피하라

유명인사의 말이나 명언을 기억했다가 연설에 인용할 수도 있다. 하지만 같은 말이라도 상황에 따라 다른 뉘앙스를 풍긴다는 사실을 유념한다. 그리고 전문적인 성격이 강한 연설에서는 지나치게 화려한 표현이나 미사여구는 삼가는 게 좋다.

되도록 짧은 문구를 인용하라

긴 말은 사람들을 졸리고 따분하게 하지만 짧은 말은 강한 인상을 남길 수 있다. 짧은 문구를 리듬감 있게 표현한다면 보다 매력적인 어휘가 된다.

Ted **62**

연설에 몰입하고 마음껏 즐겨라

몰입의 순간, 사람의 집중력은 크게 상승한다. TED 컨퍼런스에 참여한 연사 중에는 자기 연설에 도취되어 완전히 몰입한 상태로 연설하는 사람들도 있다.

TED 컨퍼런스에서 닐 하비슨(Neil Harbisson)은 이상한 장치를 쓰고 무대에 올랐다.

"저는 전색맹이라는 희귀 질환을 가지고 태어났습니다. 전색맹인 사람은 색깔을 전혀 구분하지 못합니다. 따라서 저는 지금까지 한 번도 색깔을 본 적이 없고 색깔이 뭔지도 모릅니다. 저에겐 모든 것이 흑백입니다. 하늘도 꽃도 TV도 제겐 언제나 흑백입니다."

닐의 표정은 점점 밝아졌다.

"하지만 21세 때부터 저는 색깔을 눈으로 보는 대신 귀로 듣기 시작했습니다. 2003년에 저는 컴퓨터 과학자 아담 몬탄돈(Adam Montandon)과 흥미로운 프로젝트를 시작했습니다. 전문가들의 도움을 받아 '전자 눈'을 만든 거예요. 이 전자 눈은 색의 주파수를 감지해 색깔을 구분할 수 있습니다. 감지된 주파수가 제 후두골에 장착된 칩으로 전달되면 골전도 방식을 통해 제가 보는 색의 소리를 들을 수 있는 겁니다."

닐은 신나는 표정으로 손에 들고 있던 파우치에서 염색된 천을 하나씩 꺼내 센서에 가져갔다.

"이건 보라색의 소리입니다. 이건 풀색의 소리이고요. 이건 TED처럼 빨간색의 소리입니다. 이건 더러운 양말의 소리입니다. 노란색 양말이군요. 저는 2004년부터 8년 동안 색의 소리를 들어왔습니다."

닐 하비슨은 생동감 넘치는 연설을 통해 어떤 시련이 닥쳐도 미래에 대한 희망을 잃어서는 안 된다는 메시지를 전달했다. 청중은 무대를 통해 그가 평소에 어떻게 생활하는지 짐작할 수 있었다.

닐의 연설이 성공한 이유는 그가 자기 연설에 몰입했기 때문이다. 당사자조차 자기 연설에 몰입하지 못한다면 누가 그의 말에 귀를 기울이겠는가? 닐처럼 연설에 높은 몰입감을 느끼기 위해서는 원고 작성에서부터 심혈을 기울여야 한다. 연사가 먼저 몰입해 열정적으로 얘기해야 청중도 그의 연설에 심취할 수 있다.

연설 주제가 가벼운 내용이든 무거운 내용이든 상관없다. 중요한 것은 연사가 연설에 몰입해 자신의 감정을 모조리 쏟아내는 것이다. 데일 카네기는 이렇게 말했다.

"연사가 단호한 말투로 성심성의를 다해 말한다면 그 연설은 절대 실패하지 않는다. 연설 내용이 무엇이든 상관없다. 정치나 경제에 관한 내용이든 여행에 관한 내용이든, 말하지 않고는 못 배길 만큼의 감정으로 연설한다면 청중도 깊은 감동을 받을 것이다."

연사가 몰입해야 청중이 열광한다

1796년 5월 15일, 이탈리아군이 밀라노를 점령하자 나폴레옹은 병사들에게 밀라노를 공격하라는 명령을 내리며 말했다.

"제군이여, 아펜니노 고원에서부터 맹렬하게 공격하라. 제군의 앞길을 방해하는 적군을 물리치고 승리를 쟁취하라."

나폴레옹의 말에 병사들은 일제히 환호했다. 나폴레옹은 계속 소리 높여 병사들의 사기를 북돋았다.

"제군의 명성을 적군에게 널리 알려라. 더 이상 어떤 장애물도 제군의 용맹함에 맞서지 못할 것이다. 포 강과 티치노 강, 아다 강에서 제군을 저지할 자는 아무도 없다. 이탈리아의 요새가 아무리 견고해 보여도 제군이라면 아펜니노 산맥을 정복한 것처럼 단번에 요새를 무너뜨릴 것이다."

병사들은 나폴레옹과 함께 감정이 점점 고조되었다. 나폴레옹이 외쳤다.

"적지까지 빠르게 행군하여 승리의 월계관을 쟁취하고 그동안의 설욕을 씻어내라! 프랑스에서 도망친 자들이 우리를 기다린다! 우리 백성을 잔인하게 죽이고 우리 군사를 능욕한 적들이 기다리고 있다! 복수의 시간이 다가왔다!"

이 연설은 나폴레옹이 자신에게 하는 말이기도 했다. 그는 반격할 시간이 다가오자 누구보다 흥분했으며, 병사들과 투지를 불태웠다.

이것이 바로 몰입의 힘이다. 청중은 연사의 진실한 생각과 기분을 듣고 싶어 한다. 그래서 연사가 진심에서 우러나오는 목소리로 호소할 때 청중은 깊은 감동을 받는다.

아주 오래 전에는 무대에 오르기 전에 술은 마시는 연사도 있었다. 자신의 감정을 끌어올리기 위한 목적에서다. 러시아의 문호 톨스토이는 말했다.

"연사는 체험을 통해 느꼈던 감정을 청중에게 전달해야 한다. 그러면 청중도 연사가 느꼈던 것을 고스란히 느낄 수 있을 것이다."

이 말처럼 연사가 모든 것을 쏟아내어 청중과 소통한다면, 청중도 그가 느꼈던 감정을 똑같이 느낄 수 있다.

감정은 억지로 주입한다고 전달되는 게 아니다. 연사는 점진적인 방식으로 감정을 서서히 전달해야 한다. 연사가 무대에서 모든 감정을 쏟아내며 연설에 몰입하면 청중도 잊고 무아지경에 빠진다. 청중이 그런 연설에 열광하는 것은 당연한 일이다.

Ted 63

청중과
적극적으로 소통하라

TED 무대에 오르는 연사들은 뛰어난 소통 능력을 지녔다. 순식간에 분위기를 부드럽게 만들고 18분이 어떻게 지나갔는지도 모르게 연설을 이끈다. 우수한 연사들을 통해 그들의 다양한 기술을 배울 수 있다.

전방위 아티스트인 제이 프랭크(Ze Frank)는 TED 컨퍼런스에서 4분간 연설을 들려주었다.

"이것은 인간에 대한 실험입니다. 여러분이 인간인지 알아보는 실험이죠. 제 질문에 해당되는 분들은 손을 들어주세요. 그럼 시작합니다.

유아기가 한참 지난 뒤에도 코딱지를 먹어본 분 있나요? 창피했던 기억이 떠올랐을 때, 작고 이상한 소리를 내본 적 있으세요? 슬프거나 실망스러운 감정을 표현하려고 문장의 첫 글자를 일부러 소문자로 써본 적은요? 불편한 심기를 드러내려고 문장 끝에 마침표를 써본 적 있나요? 누군가에게 기분 나쁜 말을 들었을 때, 미소로 답하고는 하루 종일 왜 그랬는지 후회했던 적은요? 비행기를 탈 때, 수속 창구에서 입구까지 걸어가는 중에 표를 잃어버릴 것 같아 노심초사한 적이 있나요? 바지를 입고 나서 한참 후에야 허벅지 위에 벗겨진 양말이 붙어 있는 걸 알아차린 적은요? 남의 비밀번호를 알아내려다가 그 사람의 계정을 먹통으로 만들어버린 적이 있습니까? 언젠가는 사기꾼으로 밝혀질지도 모른다는 생각에 괴로워해본 적은요? 아직 발견되지는 않았지만 선천적으로 특별한 능력을 가지고 있었으면 하고 바란 적은요? … 축하드립니다. 모든 실험을 마쳤습니다. 여러분은 모두 인간입니다."

기존의 연설에 비해 제이 프랭크의 연설은 상당히 독특하다. 그는 평소 우리가 놓치기 쉬운 행동이나 감정에 대한 질문을 던지며 청중의 참여를 이끌었다. 그리고 마지막 질문을 던지며 연설을 마무리했다. 그의 질문과 청중의 대답은 그 자체로 흥미진진한 연설이 되었다.

연사라고 반드시 청중과 소통해야 하는 것은 아니지만, 길지 않은 청중의 집중력과 호기심을 붙잡아 두기 위해서는 그것만큼 좋은 방법도 없다. 소통의 기본은 현장에서 주고받는 질문과 대답에 있다. 질문을 던지는 사람은 연사가 되기도 하고 청중이 되기도 한다.

▍ 청중이 적극적으로 소통에 참여하게 하는 방법

"제 말이 맞나요?" "제 말에 동의하는 분들은 손을 들어주세요." "제가 어떻게 해야 할까요?" 등은 연사들이 청중과의 소통을 위해 자주 하는 질문이다. 하지만 이것은 아주 기본적인 질문에 불과하다. 질문을 던질 때는 다음과 같은 사항에 주의한다.

어렵고 긴 질문은 피하라

연사가 "제 말이 맞나요?"라고 묻는다면 청중은 고개를 끄덕이거나 가로젓는 것으로 대답할 것이다. 하지만 "송나라 중기 GDP와 명나라

중기 GDP의 차이를 아는 분 있나요?"라고 묻는다면 아무런 대답도 듣지 못할 것이다. 어렵고 긴 질문은 하지 않는 게 좋다.

청중의 대답을 이끌어라

분위기가 고조됐다면 누구나 아는 명언이나 격언을 주고받으며 청중과 소통할 수 있다. 예를 들면, "이 사건을 통해 우리는 이런 교훈을 얻을 수 있습니다. 말이 많으면 (청중이 '실수가 많다'라고 대답한다), 침묵은(청중이 '금이다'라고 대답한다)." 물론 이런 방법은 분위가가 무르익었을 때 효과가 있다. 청중석의 분위기가 냉랭했을 때 이런 시도를 한다면 큰 호응을 불러일으키지 못할 것이다. 청중이 적극적으로 대답하지 않을 때, 연사는 긴급처방으로 자문자답을 할 수도 있다.

거수로 의사를 표현하게 하라

청중에게 거수로 의사를 표현하게 하는 일은 생각보다 어렵다. 분위기상 손을 드는 사람이 적으면 적극적으로 손을 들고 싶은 마음이 들지 않기 때문이다. 그렇다면 어떻게 해야 할까? 청중에게 거수로 의사를 표현하기 전에 시범 삼아 전부 손을 들어보게 하는 것도 괜찮다. 그렇게 자연스러운 분위기를 조성하면 청중도 부담감을 줄일 수 있다.

문답시간에는 좀 더 준비가 필요하다. 가장 중요한 것은 충분한 사전준비에 있다. 연사는 청중이 어떤 질문을 던질지 미리 예측하고 대답을 정리해놓아야 유창하게 대답할 수 있다. 그리고 연사가 그런 모습을 보여야 청중도 질문하고 싶은 욕구가 상승한다.

도발적인 질문에는 어떻게 대응해야 할까? 저우언라이(周恩來) 부총리는 공통점은 추구하고 차이점은 인정할 것을 강조한 '구동존이(求同存異)'에 대한 연설을 한 적이 있는데 거기서 해답을 찾을 수 있다. "상대방이 아무리 도발해도 상대해주지 않고 시선을 다른 곳으로 돌리게 할 수 있다면 계속 좋은 관계를 유지할 수 있습니다."

마음을 열고
진심으로 다가가라

연설의 다양한 표현법과 화술을 전부 익혔다고 해도 이것을 배우지 못하면 좋은 연설을 할 수 없다. 그것은 바로 진심이다. 청중은 까다로운 시선으로 연사의 일거수일투족을 지켜본다. 진심으로 연설하지 않는 연사는 쉽게 허점을 드러내게 되어 있다. 때로는 사소해 보이는 허점이 연설에 치명적인 피해를 불러온다. 그러니 다른 연설 기술을 다 포기하더라도 진심만큼은 절대 포기해서는 안 된다.

여성운동가 마날 알 샤리프(Manal al-Sharif)는 말했다.

"여러분에게 하나의 질문을 하면서 연설을 시작해볼까 합니다. 여러분도 아시다시피, 전 세계 사람들은 그들의 자유와 권리를 위해 싸우고 있습니다. 억압적인 정부와 싸우는 사람도 있고 억압적인 사회와 싸우는 사람도 있습니다. 그렇다면 둘 중에 어떤 싸움이 더 어려울 것 같으세요? 저는 앞으로 몇 분 동안 이 문제에 대답해보려고 합니다.

2년 전 제 삶으로 돌아가 보겠습니다. 제 아들 아부디(Aboody)가 잠자리에 들 시간이었습니다. 당시 아부디는 다섯 살이었어요. 잘 준비를 끝낸 아이가 제게 물었습니다. '엄마, 우리는 나쁜 사람이에요?' 저는 충격을 받았습니다. '아부디, 왜 그런 걸 물어?' 그날 저는 아이가 평소보다 일찍 학교에서 돌아왔을 때, 얼굴에 멍이 든 걸 봤습니다. 아이는 무슨 일이 있었는지 말하지 않았어요. 잠자리에 들기 전에야 아이는 말할 준비가 된 것 같았어요. '오늘 학교에서 남자 아이 둘이 절 때리면서 말했어요. '페이스북에서 네 엄마를 봤어. 너랑 네 엄마는 교도소에 가야 해.'

궁금증으로 가득한 아들의 눈을 보는 것이 제게는 큰 시련이었습니다. 보시다시피 저는 국내에서 차를 운전했다는 이유로 교도소에 가야 하는 사우디아라비아 여성입니다. 사우디에서 여자는 운전을 하지 못하게 되어 있거든요. 제 오빠는 제게 차 키를 주었다는 이유만으로 두 번이나 수감되고 지질학자 일을 그만두었습니다. 게다가 그의 아내와 두 살짜리 아들과 함께 나라를 떠나야 할 정도로 괴롭힘을 당했죠. 지역 언론의 비난과 각종 거짓 소문들은 가족 모임과 길거리, 학교까지 퍼졌고, 모든 것이 저를 공격했습니다. 물론 그 아이들이 제 아들에게 무례하게 대하려고 한 것은 아닐 겁니다. 그들은 그저 주위 어른들에게 영향을 받았을 뿐이에요."

사우디아라비아는 여성의 운전을 금지하는 법률이 없는데도 실질적으로 그것을 금하고 있다. 마날 알 샤리프는 여성의 운전을 독려하는 캠페인을 시작했다. 그녀는 직접 운전하는 모습을 동영상으로 찍어 유튜브에 올렸고 하루 동안 수십만 건의 조회 수를 기록했다. 하지만 샤리프는 캠페인을 당장 중지하라는 협박을 받는 것도 모자라 9일 동안 교도소에 구금돼야 했다. 교도소에서 풀려난 샤리프는 마침내 백여 명의 여성들과 함께 운전을 했고, 다행히 아무도 체포되지 않았다. 이 이야기는 샤리프가 처음 운전을 한 뒤에 겪은 일화다. 샤리프는 자신에게 일어난 일과 조국의 불합리한 모습까지 숨김없이 밝혔고, 더 나은 미래가 오기를 진심으로 희망했다.

연사는 마음의 문을 열고 자신의 본모습을 그대로 보여주어야 청중의 마음을 울릴 수 있다. 음악을 좋아하는 사람들이 립싱크하는 가수를 진정한 가수로 인정하지 않듯이, 청중도 진심으로 이야기하지 않는 연사에게는 마음을 주지 않는다. 진심을 다해 이야기했는데도 좋은 반응을 얻지 못했다는 연사도 있다. 하지만 연사가 진심으로 이야기했다고 해도 청중의 눈에 진실하지 못한 표정이 비쳤다면 좋은 반응을 기대하기 어렵다. 어떤 말을 하려다 말았거나, 한참을 망설이다가 말을 꺼냈다면, 창피하더라도 자신의 마음을 솔직하게 털어놓아야 청중의 오해를 줄일 수 있다.

▌긴장했다는 사실을 인정하라

영국의 해리 왕자는 2006년에 남아프리카공화국 레소토(Lesotho)의 시이소(Seeiso) 왕자와 함께 자선단체 센터발레(Sentebale)를 설립했다. 그리고 2014년, 세계 에이즈의 날을 맞이해 페이스북으로 에이즈 환자들을 응원하는 연설을 했다.

"저는 지금 작은 비밀을 하나 털어놓을 생각입니다. 여러분이 믿으실지 모르겠지만 저는 공공장소에서 연설할 때마다 사람이 많건 적건 상당히 긴장하는 편입니다. 평소에 웃는 걸 좋아하는데도 사람들로 꽉 찬 공간으로 들어가면 너무 긴장해서 절로 얼굴이 굳어집니다."

해리 왕자는 자신의 비밀을 공개하며 에이즈 환자들이 더 이상 에이즈를 수치스럽게 생각하지 않기를 바란다는 말을 전했다. 그리고 에이즈에 대한 올바른 정보를 전달하고 HIV 바이러스에 감염되지 않도록 예방하는 방법을 소개했다. 해리 왕자는 말했다.

"기근과 에이즈로 고통받는 레소토 아이들과 모든 에이즈 환자들의 수치심을 덜어주고 싶은 마음을 담아, 오늘은 누구도 자신의 비밀 때문에 수치심을 느끼지 않는 날이 되기를 희망합니다."

해리 왕자는 본격적인 연설에 앞서 자신이 매우 긴장했다는 사실을 인정했다. 그가 자신의 약점을 인정한 것은 진심을 보여주는 방식의 일종이다. 연사가 긴장했다는 말을 들은 청중은 그가 약간 실수를 하더라도 너그럽게 용서해준다. 이것이 바로 진심의 힘이다. 청중은 진심으로 이야기하는 사람을 신뢰한다. 연사가 마음을 활짝 열고 진심으로 다가간다면 청중은 언제나 받아들일 준비가 되어 있다.

Ted 65

잊지 못할 연설로
마무리하라

연설의 끝은 처음보다 훨씬 중요하다. 결론은 주제를 반복하며 강조하는 것 외에도 긴 여운을 남기는 역할을 한다. 완벽한 결론으로 마무리되는 연설은 청중에게 잊지 못할 기억을 선사한다.

행위예술가 이재림은 TED 무대에서 대담한 생각을 나누었다. 요지는 인간의 죽은 유체를 버섯 균이 먹도록 하면 친환경적인 장례를 치를 수 있다는 것이다. 인간의 몸은 수백 가지의 독성 물질을 포함하고 있어서, 화장을 한다고 해도 대기 중에 흩뿌려져 환경을 위협하기 때문이다. 이재림은 말했다.

"무한 매장 프로젝트(Infinity Burial Project)는 매장 시스템의 대안으로서 유체를 부패시키고 독소를 정화하기 위해 버섯을 이용합니다. 이 프로젝트는 몇 년 전 새로운 합성 버섯을 만들고자 하는 꿈을 가지고 시작했습니다. 이 합성 버섯은 우리 몸을 부패시키고 독소를 정화하는 것은 물론이고, 식물의 뿌리에 영양소를 제공하고 깨끗한 비료를 남깁니다. 하지만 저는 새로운 합성 버섯을 만드는 것이 거의 불가능하다는 것을 깨달았습니다. 하지만 다행히 흙 속의 환경 독소를 정화할 수 있다는 식용 버섯들이 존재했습니다. 그래서 저는 독소를 정화하는 식용 버섯들이 제 몸을 먹을 수 있게 훈련시켰습니다."

이재림은 그녀가 설계한 연구 단계의 '버섯 수의'를 공개했다.

"죽음을 거부하고 유체를 보전하는 현재의 문화에서 죽음과 부패를 받아들이는 문화로 바뀌어야 한다고 생각합니다. 인간은 흙으로부터 와서 흙으로 돌아간다는 말이 있습니다. 이처럼 우리가 환경과 밀접하게 연결되어 있다는 사실을 이해한다면, 인류의 생존이 우리 행성의 생존에 달려 있다는 사실을 깨달을 겁니다. 저는 이것이 환경에 대한 진정한 책임의 첫걸음이라고 믿습니다."

이재림의 연설은 핵심 주장을 뒤에 배치하는 미괄식 구조를 취한다. 이재림은 인체의 독성 물질이 환경을 오염시킨다는 이야기를 시작으로 '버섯 수의'를 개발하게 된 과정을 설명했다. 결론에서는 환경과 지구의 관계를 강조하며, '버섯 수의'가 환경에 대한 책임 있는 첫걸음이 되길 기원했다. 그녀는 오래된 격언을 인용해 연설의 주제를 드러내며 이야기를 마무리했다.

연설의 결론은 모든 연설에서 가장 중요한 역할을 한다. 연설 경험이 별로 없는 연사는 자신감도 부족하고 청중에게 주제를 효과적으로 전달하는 방법도 잘 모른다. 하지만 그들도 결론이 중요하다는 말은 많이 들어서 다른 부분은 요약 카드를 보며 말해도, 마지막 말만큼은 한 글자 한 글자 열심히 외워서 말한다.

결론은 모든 것을 사전에 완벽하게 준비해야 한다. 즉석에서 생각나는 대로 마무리하려고 했다가는 연설을 크게 망칠 수 있다. 미국 소설가 토마스 울프(Thomas Wolfe)는 말했다.

"훌륭한 연설은 청중이 가장 흥미를 느끼는 순간 끝나는 연설이다."

연설이 고조되었을 때 청중의 대뇌피질은 흥분 상태가 되어 집중력이 크게 상승한다. 이때 갑자기 연설이 끝나면 청중의 머릿속에 깊은 인상이 남는다. 하지만 초보 연사들은 결론도 내리지 않고 서둘러 연설을 끝내버려 종종 청중에게 불쾌감을 주기도 한다. 이것은 대화를 하다가 갑자기 말을 끊고 밖으로 나가버리는 것처럼 무례한 행위다. 앞에서 아무리 완벽한 연설을 했더라도 마무리를 제대로 하지 않으면 연설 전체를 망치는 것과 같다.

▋ 연설을 완벽하게 마무리하는 방법

링컨은 대통령 취임식에서 이렇게 말했다.

"전쟁이 초래한 재앙이 하루 빨리 사라지기를 진심으로 기원합니다. 3,000년 전의 말씀대로 '주의 심판은 확실하며 정의롭다.'라고 말해야 합니다."

링컨은 마지막에 이렇게 말했다.

"어느 누구에게도 원한을 품지 않으며, 자비로운 마음으로 하나님의 정의를 굳게 믿고 우리의 과업을 끝맺겠습니다. 이 나라의 상처에 붕대를 감고 전쟁터에서 쓰러진 병사와 그 미망인, 고아를 보살피겠습니다. 그리고 미국과 모든 나라와의 관계에서 영구적인 평화를 달성하기 위해 노력하겠습니다."

링컨은 취임사에서 국민들에게 희망과 믿음을 심어주기 위해 '나라의 상처에 붕대를 감고', '전쟁터에서 쓰러진 병사와 그 미망인, 고아를 보살피는' 등 구체적인 방법을 제시하고, 강력한 어조로 연설을 마무리했다.

연사는 결말을 서둘러 대충 마무리해서는 안 되며, 반드시 자신의 주장을 잘 정리해서 청중에게 알려줘야 한다. 이때 연사의 주장이 너무 광범위하면 청중에게 혼란을 줄 수 있다. 그러면 청중은 연사의 주장 대신 별로 중요하지 않은 다른 내용만 기억하게 될 것이다. 따라서 연사는 결론에서 자신의 주장을 간단하고 명료하게 정리할 수 있어야 한다.

　흥미로운 이야기로 연설을 마무리하는 방법도 있다. 이때 이야기는 주제와 연관된 짧은 것이어야 한다. 그러면 청중에게 웃음과 함께 깊은 인상을 남길 수 있다. 그 밖에도 반문을 던지며 끝나는 결론도 있다. 반문식 결론은 무거운 주제에 주로 사용되며 청중에게 생각의 여지를 제공한다. 이처럼 연설의 결론은 정해진 게 없으며, 연설 내용과 주제에 따라 적절한 방법을 선택할 수 있다.

Part 10

연설을 성공으로
이끌어주는 필살기

Ted **66**

옷차림도
연설의 일부다

　TED 컨퍼런스에 참석한 남성 연사들은 대부분 정장을 갖춰 입거나 간단한 셔츠 차림으로 무대에 오른다. 여성 연사들은 남자보다 색깔이 더 들어간 커리어 우먼 차림으로 연설을 한다. 민소매 원피스를 입고 나타난 여성은 거의 없었다. 여성 연사들은 작은 귀걸이나 간단한 목걸이를 착용하고 헤어 액세서리는 다소 화려한 것을 선택하는데, 대부분 연설 주제와 어울리는 것들이다.

　TED는 연설 내용과 주제 외에도 연설을 경험하는 것 자체를 중요하게 생각한다. 다시 말해, 연사가 청중에게 전하는 시각적, 청각적 느낌을 중요시하는 것이다. 청중은 18분 간 무대에 선 연사를 유심히 보게 되는데, 연사가 어울리지 않는 색깔과 디자인의 옷을 입고 왔다면 보자마자 인상을 찌푸릴 것이다. 그런 연설은 이미 실패한 거나 마찬가지다. 이처럼 연사는 복장만으로 연설의 매력을 더할 수는 없지만, 어울리는 복장을 갖춰 입는다면 청중에게 좋은 인상을 남길 수 있다.

무대에 막 올랐는데 청중이 갑자기 수군거리며 삿대질을 해서 난감해했던 연사들이 많을 것이다. 그것은 대부분 그들이 연설 장소에 어울리지 않는 옷을 입고 왔기 때문에 일어난 일이다. 청중은 장소에 적합하지 않은 옷을 입은 연사를 보면, 그의 연설 능력을 의심하거나 품격이 떨어진다고 생각한다.

연사의 옷차림은 연설에 영향을 미친다. 청중은 무대에 오른 연사가 말을 시작하기 전에 그의 복장을 먼저 보는데, 상황에 어울리지 않거나 지나치게 튀는 복장은 연설에 대한 집중력을 떨어뜨릴 수 있다.

▌연설의 집중도를 높여주는 옷차림

2014년 영국 일간지 《더 데일리 텔레그래프(The Daily Telegraph)》 8월 29일 보도에 따르면, 버락 오바마 대통령은 백악관에서 개최한 기자회견에 베이지색 양복을 입고 나타나 매스컴의 비웃음을 샀다.

이날 기자회견은 이슬람 수니파 무장반군 이슬람국가(IS)에 대한 공습과 러시아의 우크라이나 침공과 같이 무거운 사안을 얘기하는 자리였는데, 다소 가벼워 보이는 베이지색 양복은 분위기에 어울리지 않았다. '독설'로 유명한 뉴욕 신문사는 오바마 대통령의 대선 구호였던 '예스 위 캔(Yes, We Can)'을 패러디해 '예스 위 탠(Yes, We tan, 우린 햇볕에 그을릴 수 있다)'이라는 글을 싣기도 했다. 오바마는 평소 즐겨 입는 무채색 계열의 양복과 흰 셔츠에 대해서도 지나치게 단조롭다는 언론의 비난을 받아왔지만 이날 새롭게 시도한 베이지색 양복은 여론을 더 악화시키고 말았다.

루스벨트 대통령과 케네디 대통령은 옷을 잘 입기로 유명했는데, 국민들에게 신뢰감을 주면서도 품격 있는 의상으로 좋은 평가를 받았다.

특히 케네디 대통령은 영국에서 유학했던 영향을 받아 어깨 패드를 줄인 더블 버튼 재킷을 유행시키기도 했다.

연사들은 단정하고 깔끔하게 입으면 그만이라고 생각하지만, 실제로 청중은 그렇게 받아들이지 않는다.

▌연설에 어울리는 옷차림

체형에 맞는 옷을 선택하라

옷차림은 자신의 이미지를 보여주는 역할을 한다. 따라서 자기 체형에 어울리는 옷을 선택해야 한다. 마른 체형이라면 가로 줄무늬 옷을 입어 생기발랄한 분위기를 연출할 수 있다. 이때 주의해야 할 점은 피부색에 어울리는 색을 고르는 것이다. 오바마 대통령이 언론의 뭇매를 받은 것은 검은 피부에 어울리지 않는 베이지색 양복을 입었기 때문이다.

자기에게 어울리는 옷을 입어라

어떤 옷이든 유행에 상관없이 자기에게 어울리는 옷을 입는 게 중요하다. 자기 몸의 장점과 단점을 정확히 파악하고 있다면, 어떤 옷을 피해야 하고 어떤 옷을 입어야 하는지 잘 안다.

정장은 언제나 옳다

어떤 옷을 입어야 할지 모르겠다면 정장을 입자. 남자라면 '3색 원칙'을 따른다. 한 번에 3가지 이상의 색을 입지 않는 것인데, 이때 같은 계열의 색은 하나의 색으로 간주한다. 게다가 옷깃이 있는 옷을 입으면 실패할 확률이 줄어든다. 옷깃이 없는 티셔츠나 운동복이 아니라 옷깃이 있는 정장을 입는다.

청바지는 되도록 자제한다. 비공식적인 장소에서 부드러운 이미지 연출을 위해 입는 것은 괜찮다. 일반적으로 정장은 버튼이 있는 것을 가리키며, 지퍼가 달린 상의나 재킷은 정장에 속하지 않는다. 펑크나 록 스타일처럼 화려하고 튀는 옷은 연설 무대에 어울리지 않는다.

여자는 좀 더 선택의 폭이 넓다. 하지만 여자에게도 중요한 건 상황에 어울리는 옷을 입는 것이다. 연설 주제가 밝고 경쾌하면 색깔이 들어간 옷을 입어도 좋다. 액세서리는 과하지 않게 착용한다.

Ted 67

연설대는
소통의 장애물이 아니다

TED 연설 구역은 원형으로 설계되었다. 전면은 청중이 반원형으로 둘러싸고 있고, 연설대는 연사의 다리가 보일 정도의 높이로 만들어졌다. 하지만 무대에서 연설대를 이용하지 않는 연사들이 많아서 연설대는 늘 무대 구석으로 밀려나 있다. TED 연설 무대는 고대 중국에서 공자나 맹자가 가르침을 전수하던 장소와 아주 유사하다. 당시 제자들은 넓은 풀밭의 큰 나무를 중심으로 둥글게 모여 앉아 스승의 가르침을 들었다.

TED 창시자 크리스 앤더슨은 연사들이 무대 뒤쪽에 편하게 앉아 원고를 보며 읽는 것을 바라지 않았다. 그리고 연사들이 연설대 뒤에 숨어 머리만 빼끔 내밀며 이야기하는 것을 원하지도 않았다. 앤더슨이 바란 건 TED 연설에 참석한 연사들이 청중과 아이디어를 나누며 진심으로 소통하는 것이다.

일부 연사들은 무대에 오르자마자 연설대를 잡고 혼자서만 떠들다 들어간다. 그러면 청중은 연사의 상반신밖에 볼 수 없다. 그렇게 보면, 연설대는 연사와 청중의 소통을 가로막는 장애물이다.

연설 경험이 거의 없는 연사에게 연설대는 훌륭한 '요새'다. 연설대 뒤에만 있으면 청중의 무수한 눈동자로부터 자신을 지킬 수 있기 때문이다. 하지만 연설대 뒤에 숨어 한 걸음도 내딛지 않는다면 완벽한 연설은 기대하기 어렵다. 용감하게 연설대를 벗어나 사람들과 눈을 맞추고, 자신의 모습을 드러내는 연사만이 청중과 더 깊이 교류할 수 있다.

청중과 멀리 떨어져 혼자만 떠들어대는 연사는 청중의 호감을 살 수 없다. 연설대라는 장애물을 뛰어넘는 것부터 시작해야 한다. 청중에게 연사의 걸음걸이와 옷차림, 제스처 등을 보여준다면 그들과의 물리적, 심리적인 거리감도 금세 좁혀질 것이다.

▌자신의 모습을 드러내라

청중과의 거리를 좁히고 싶다면 다음과 같은 사항에 주의해야 한다.

연설대가 필요하지 않다면 사용하지 않아도 되며, 무대 약간 앞쪽에 서서 연설하는 게 가장 적당하다. 연설을 시작하자마자 스크린 쪽으로 걸어가는 것은 좋지 않다. 무대 앞쪽에 서면 청중과의 심리적인 거리를 좁히는 데 큰 도움이 된다.

연사는 청중을 자세히 살피고 적절한 호칭을 사용한다. 예를 들어 학생이라면 '학생 여러분'이라고 부르는 게 '여러분'이라는 포괄적인 호칭보다 낫다. 그리고 다양한 청중이 모인 자리라면, '신사', '숙녀', '선생님', '대표님', '청춘 여러분'과 같은 호칭을 사용해 일일이 인사한다.

팔짱끼는 것처럼 방어적인 동작은 지양한다. 팔짱을 끼거나 고개를 숙이는 동작은 상대방이 접근하지 못하게 방어하려는 심리에서 비롯된다. 연사가 방어적인 동작을 취하면 청중은 불편함을 느끼는 것은 물론이고, 연사가 진심으로 대한다는 인상을 받지 못한다.

무대에서는 왔다 갔다 하며 자주 움직이는 게 좋다. 무대 가운데에서 꼼짝도 안 하고 서서 계속 이야기하면, 무대 양쪽에 앉은 청중은 불만을 느낄 수 있다. 연사 입장에서도 18분 동안 움직이지 않고 가만히 서 있으면 힘들다. 하지만 쉬지 않고 움직이면 청중의 집중력이 떨어질 수 있으니 적당히 움직이도록 한다. 어쩔 수 없이 연설대 뒤에 서 있어야 한다면 몸을 좌우로 흔들지 않도록 주의한다.

그 밖에도 자신을 숨기고 싶은 마음을 극복해야 한다. 연사가 손을 주머니에 계속 넣고 있으면 청중은 그가 뭔가를 숨기거나 연설을 소홀히 생각한다는 오해를 할 수 있다. 뒷짐을 지거나 손을 일자로 늘어뜨리거나 배 위에 얹는 것도 보기 흉하다. 가장 좋은 것은 자연스럽게 팔을 들고 연설 내용에 적절한 제스처를 취하거나 손바닥으로 수박을 자르는 동작을 취하는 것이다. 또는 요약 카드를 손에 들고 제스처를 할 수도 있다.

이처럼 자신의 모습을 드러내고 청중에게 진심으로 다가가는 연사만이 청중과의 공감대를 형성할 수 있다.

Ted 68

소품으로
시선을 끌어라

TED 컨퍼런스에서 소품을 사용한 연사는 많지 않다. 하지만 알맞은 소품을 잘 사용한다면 좋은 효과를 기대할 수 있다. 연설 주제에 어울리는 독특하고 참신한 소품이라면 청중의 시선을 한 번에 사로잡는 것도 가능하다.

빌 게이츠는 TED 무대에서 마이크로소프트가 아닌 기부활동에 대한 이야기를 들려주었다.

"한 가지 문제를 제기해보고 싶군요. 모기에 의해 전염되는 병을 어떻게 근절할 수 있을까요? 모기에 의해 전염되는 말라리아는 수천 년간 인류의 목숨을 위협해 왔습니다. 아프리카 사람들의 유전자를 분석해보면, 그들은 말라리아에 대한 내성을 갖는 방향으로 변해왔습니다."

그는 계속 말했다.

"말라리아는 가난한 나라에만 존재합니다. 충분한 투자를 받지 못하고 있으니까요. 예를 들어볼까요? 발모제에 들어가는 돈이 말라리아 퇴치에 투입되는 돈보다 많습니다. 물론 대머리가 되는 건 끔찍한 일이죠. 이제 더 많이 가진 국가가 고민할 차례입니다. 말라리아는 일 년에 100만 명이나 되는 목숨을 앗아가는데도 엄청나게 과소평가되고 있습니다. 2억 명이 넘는 인구가 말라리아로 고통받을 위기에 처해 있습니다. 말라리아가 창궐하는 곳에서는 경제가 돌아가질 않습니다. 말라리아가 발목을 잡고 있기 때문입니다. 말라리아는 모기에 의해 전염되는 병입니다."

빌 게이츠는 테이블 위에 놓인 상자를 보며 말했다.

"제가 모기를 좀 데리고 왔습니다. 여러분도 겪어보시라고요. 잠깐 좀 풀어놔 볼까요? 가난한 사람만 말라리아로 고생하란 법은 없잖아요. 지금 제가 푼 모기들은 깨끗하니 걱정하지 마세요."

그는 이어서 기부활동에 대한 이야기로 넘어갔다.

빌 게이츠가 무대에 '모기 상자'를 가져왔을 거라고 생각한 사람은 아무도 없었다. 하지만 그의 소품은 연설 분위기를 한껏 고조시켰다. 거기에는 유창한 그의 말솜씨도 한몫했다. 말라리아는 빌 게이츠가 말한 것처럼 열대 지방의 가난한 나라 사람들을 괴롭히는 주범이며, 유럽, 미국과 같은 선진국 사람들은 말라리아의 위험성을 잘 인지하지 못한다. 그가 모기를 풀어주며 "가난한 사람만 말라리아로 고생하란 법은 없잖아요."라고 말했을 때에 비로소 사람들은 말라리아가 주는 위험에 대해 깊이 생각해보게 되었다.

빌 게이츠는 소품에 대해 이렇게 말했다.

"연설을 풍성하게 만들기 위한 최고의 방법은 소품을 준비하는 겁니다. 골프채를 제대로 휘두르는 방법을 설명하기 위해 몇 시간을 떠들어야 한다면 듣는 사람도 짜증이 날 거예요. 직접 골프채를 가져와 시범을 보여준다면 훨씬 쉽고 빠르게 알려줄 수 있는데 말이죠."

이것이 바로 소품의 역할이다. 소품은 연설을 더 생동감 넘치고 직관적으로 이해할 수 있게 도와준다. 따라서 청중에게 무언가를 길게 설명해야 한다면, 소품을 적극적으로 활용하는 것이 좋다.

▌연설을 풍성하게 만들어주는 소품

크로스컨트리 스키 선수 자닌 셰퍼드(Janine Shepherd)는 올림픽에서 메달을 따는 꿈이 있었지만, 자전거 훈련을 하던 중 교통사고를 당하면서 꿈이 무산되고 말았다. 자닌은 TED 무대에 똑같은 의자 5개를 놓고 연설을 시작했다.

"삶이란 기회를 만들어내고 또 쟁취하는 것입니다. 제게는 그것이 올림픽이었어요. 그 꿈이 제 존재 의미였고, 행복이었어요."

자닌은 첫 번째 의자에 앉으며 말했다.

"크로스컨트리 스키 선수이자 호주 스키 대표 팀 선수로서 저는 동계 올림픽을 준비하며 동료 선수들과 자전거 훈련을 하고 있었어요. 시드니에 있는 환상적인 블루마운틴을 향해 달리던 그날은 완벽한 가을날이었습니다. … 갑자기 모든 것이 깜깜해졌어요."

자닌은 두 번째 의자에 앉아 중환자실에서 죽음과 사투를 벌였던 이야기를 들려주었고, 세 번째 의자에서는 중환자실에서 척추 병동으로 옮겨진 이야기를 들려주었다. 그리고 네 번째 의자에 앉으며 이렇게 말했다.

"전 우울해졌어요. 휠체어를 타야 했고 하반신은 아무것도 느끼지 못하며 소변 통을 달고 살아야 했죠."

자닌은 다섯 번째 의자로 옮겨 앉아 재활치료를 시작하게 된 이야기를 들려주었다. 그녀는 비행기를 타고 블루마운틴을 지나갔다.

"그때 앤드류가 산을 가리키며 산을 향해 날라고 했어요. 전 그 산을 보며 깨달았죠. 그 산은 블루마운틴이었어요. 모든 것이 시작된 곳 말이에요."

자닌 셰퍼드는 5개의 의자에 순서대로 앉으며 이야기를 전개했다. 이처럼 소품은 다양한 용도로 사용되어 연설을 풍성하게 만들어준다.

▎연설에서 소품을 사용할 때 주의할 점

소품은 잘 보이는 장소에 두어라

소품은 무대 왼쪽이나 오른쪽 측면에 두는 것이 가장 적당하다. 그림 같은 소품은 관련 내용을 언급할 때 가져왔다가 말이 끝나면 다시 제자리에 돌려놓는 것이 좋다. 그렇지 않으면 청중의 집중력을 소품에 빼앗기게 된다.

소품과 관련된 내용을 말하며 보여주어라

칠판을 사용할 거라면 미리 필요한 내용을 적어놓고 흰 종이로 덮어 준비한다. 관련된 내용을 언급할 때 종이를 걷어 보여주고, 말이 끝나면 다시 종이를 덮거나 무대에서 치워야 청중의 시선이 분산되지 않는다.

청중에게서 시선을 떼지 마라

소품을 설명할 때 청중에게 향하던 시선을 거둬서는 안 된다. 청중이 소품에 시선이 쏠리더라도 연사는 청중과 소품을 번갈아가며 말해야 한다. 시선이 소품에 머물러 있으면 청중의 반응을 세심하게 살피기 어렵다.

소품은 연설을 더 풍성하게 만들어주는 역할을 한다. 자주 사용되는 소품으로는 칠판과 화이트 보트가 있다. 면밀하게 검토하지 않은 소품은 함부로 사용하지 않는 것이 좋다. 잘못해서 청중의 집중력을 소품에 빼앗기면, 소품을 사용하지 않느니만 못하기 때문이다.

Ted 69

PPT의
리듬감을 살려라

연설은 다중매체 기술과 함께 발전해왔다. 연사들은 조명과 음향 효과는 사용하지 않아도 PPT 기술은 종종 사용한다. TED 무대 뒤편에 설치된 대형 슬라이드 스크린은 여러 기업과 강연에서도 자주 활용되고 있다.

사진작가 프랜스 랜팅(Frans Lanting)은 슬라이드로 아름다운 자연을 보여주었다.

"자연은 저의 뮤즈이자 열정입니다. 내셔널 지오그래픽의 사진작가로서 저는 많은 사람을 위해 자연을 그려왔습니다. 하지만 5년 전, 저는 개인적인 여행을 떠났습니다. 인생의 이야기를 시각화하고 싶었거든요. 이것은 정말 힘든 일이었습니다. 이 일을 하며 그만두고 싶었던 적도 많았지만 예상 밖의 일들도 많이 일어났죠. 오늘 저는 그 일들 중 한 가지를 여러분과 나누고자 합니다. 저는 멀리 떨어진 호주의 석호에 간 적이 있습니다. 30억 년 전 지구의 모습을 보고 싶었기 때문이죠. 하늘이 파랗게 되기 전의 모습 말입니다."

프랜스는 슬라이드 화면을 보며 계속 말했다.

"우리의 여행은 우주에서부터 시작됩니다. 시간이 흐르면서 물질들이 구체(球體)로 압축되는 곳이죠. … 물은 생명의 열쇠입니다. 그러나 고체 상태에서 그것은 잠재된 힘을 가지고 있습니다. 그것이 사라지면 지구는 화성처럼 변하고 말 겁니다."

스크린에는 말라버린 행성 사진이 보였다. 프랜스는 계속 바뀌는 사진을 보며 말했다.

"흙과 미네랄은 기질(基質)이 됩니다. 박테리아가 있네요. 그들은 증식하기 위해 배우고, 점점 두꺼워집니다. 외계의 하늘 아래에서 생명체가 자랍니다."

프랜스 랜팅은 직접 찍은 사진들을 보여주며 설명하기 위해 연설 내내 슬라이드를 사용했다. 물론 프랜스의 연설 방법이 일반적이지는 않다. 보통 슬라이드는 연설을 더 직관적이고 생동감 있게 표현하기 위한 보조적인 용도로 사용된다. 이때 슬라이드는 일종의 소품일 뿐이다.

크리스 앤더슨은 말했다.

"TED 연사들은 슬라이드 스크린을 잘 사용하지 않고, 그것을 필요로 하지도 않아요. 사진이나 그림을 좀 더 생동감 있게 보여주고 싶다면 슬라이드를 사용해보세요. 하지만 그게 아니라면 최대한 사용을 자제해주세요."

그가 이런 말을 한 이유는 슬라이드는 만드는 단계에서부터 실패의 위험을 안고 있기 때문이다. 슬라이드는 사진과 텍스트로 만드는데, 조금이라도 실수하면 연설 전체에 치명적인 피해를 줄 수 있다. 크리스 앤더슨이 "최대한 사용을 자제"해 달라고 한 또 다른 의미는 평소

PPT를 잘 만드는 연사도 연설 무대에서 좋은 반응을 얻지 못하고 있으니 그럴 바에는 차라리 사용하지 않는 게 낫다는 뜻이다.

┃ 리듬감을 살리는 것이 중요하다

인류학자인 웨이드 데이비스(Wade Davis)는 아름다운 사진과 유창한 화술로 자신의 고향을 소개했다.

"이것은 티베트나 아마존의 이야기가 아닙니다. 그렇다고 여러분을 북극권 지역 이누이트족의 삶이나 뜨거운 사하라 모래사막으로 데려가려는 것도 아닙니다. 이것은 사실 제 고향에 대한 이야기입니다."

커다란 스크린에 아름다운 사진이 나타나자 데이비스는 계속 말했다.

"이곳은 탈탄(Tahltan) 족과 브리티시 콜롬비아 원주민들에게는 성스러운 곳으로 알려진 땅입니다. 하루나 이틀 정도 회색곰과 늑대의 자취를 따라가다 보면 북서쪽 해변의 위대한 문명들을 일으켰던 물의 원천에 이릅니다. 이곳은 정말 아름다운 곳입니다. 제가 가본 곳들 중 가장 멋진 야생 지역이죠. 캐나다인들은 이곳이 영국의 어떤 곳보다 뒤처지지 않는다고 생각합니다.

브리티시 콜롬비아 북서부는 오리건 주와 크기가 비슷합니다. 여기에 길이 하나 보이죠. 이 가느다란 리본 모양의 아스팔트는 유콘으로 가는 해변 산악지대 옆을 아슬아슬하게 올라갑니다. 1970년대 초반에 도로가 막 완공되었을 때, 첫 관리원이 된 저는 그 길을 따라갔었죠."

글자에 그림을 더한 연설은 청중에게 시각적, 청각적 자극을 동시에 줄 수 있다. 하지만 그러기 위해서는 그림이 바뀌는 속도에 맞게 설명할 수 있어야 한다. 그렇지 않으면 내용이 뒤죽박죽되어 연설을 망칠 수 있다.

❘ PPT를 사용할 때 주의할 점

슬라이드의 글을 보고 읽지 마라

원고를 외운 연사도 막상 스크린에 적힌 글을 보면 자기도 모르게 읽어버린다. 그러면 연설의 흐름도 깨지고 청중도 번거롭게 느낀다. 스크린을 보며 읽는 것과 원고를 들고 읽는 것은 큰 차이가 없다. 청중이 눈으로 읽는 속도가 연사가 읽어주는 속도보다 훨씬 빠르다는 사실을 잊어서는 안 된다. 이미 눈으로 다 읽은 글을 연사가 느리게 읽고 있다면 얼마나 답답하겠는가? 또는 연사가 청중을 무시해서 자세히 설명해준다는 오해를 살 수도 있다.

미리 설명하지 마라

연사는 슬라이드가 바뀌는 속도에 맞춰 그에 관련된 설명을 한다. 아직 슬라이드가 바뀌지도 않았는데 다음 슬라이드에 대한 설명을 미리 해서는 안 된다. 그렇지 않으면 청중의 집중력도 떨어지고 연설 분위기도 망칠 수 있다.

Ted **70**

완벽한 PPT를 만들어라

　PPT를 사용하면서도 그것이 연설에 얼마나 큰 도움을 주는지 모르는 연사들이 많다. 그들은 PPT를 사용하고도 기대했던 것보다 효과가 크지 않으면, 그것 때문에 연설을 망쳤다고 생각한다. 단언컨대, PPT가 연설을 망친 게 아니라 연사가 PPT를 망쳤을 가능성이 훨씬 크다.

　통계학자 한스 로슬링(Hans Rosling)은 PPT의 고수다. 그가 연설에서 PPT를 효과적으로 활용할 수 있는 이유는 PPT를 완벽하게 만들기 때문이다. 한스는 TED 컨퍼런스에서 〈아시아의 도약〉이라는 연설을 하며 PPT를 최대한 활용했다. 그는 인도, 미국, 영국, 일본의 평균 소득과 평균 수명을 비교했다. 화면에서 가로 축은 1인당 평균 수입, 세로 축은 평균 수명을 가리킨다.

　"우타 프라데시는 인도에서 가장 큰 주인데, 인도 전체 평균과 비교하면 수입도 적고 건강 상태도 나쁩니다. 케랄라는 둘 다 높은 편입니다. 케랄라의 건강 상태는 미국과 같지만 경제는 그에 못 미치죠. 그리고 뭄바이가 있는 이곳

마하라스트라는 힘차게 앞으로 나아가고 있습니다. 현재 인도의 큰 차이는 주 내부에서 일어나고 있지만 큰 문제는 아닙니다. 대단위 지역별 빈부 차이가 크면 장기적으로 어려움을 겪는데, 가난한 사람들이 사는 지역 근처에 발전 지역이 있으면 빈부격차 문제를 좀 수월하게 해결할 수 있거든요. 이게 다가 아닙니다. 여기 미국을 좀 보세요."

한스는 컴퓨터를 조작해 PPT 화면에서 워싱턴을 가리키는 작은 점이 도표를 벗어나게 했다.

"워싱턴은 밖으로 벗어났네요."

워싱턴이 도표를 벗어난 것은 1인당 평균 소득은 미국이 가장 높지만 평균 수명은 그에 미치지 못한다는 것을 뜻했다.

"워싱턴은 경제적으로는 이렇게 부유한데 건강 상태는 케랄라 주민만도 못하군요. 재미있죠? 제 생각에는 케랄라 주가 미국의 의료보험 제도를 고쳐주는 사업을 하면 괜찮을 것 같군요."

한스 로슬링의 PPT 설명은 연설 내용과도 잘 어울렸고 상당히 흥미진진했다. 특히, '워싱턴'이 도표 밖으로 벗어났을 때는 청중석이 웃음바다가 되었다. 이것은 한스가 PPT를 만드는 단계에서부터 예상하고 집어넣은 효과로, 아주 만족스러운 결과를 얻었다.

PPT는 만드는 과정에서 주의해야 할 것들이 많다. PPT는 화려한 효과로 청중의 시선을 단번에 사로잡지만, 상대적으로 연설에 대한 집중력은 크게 떨어진다. PPT를 만드는 기술은 뛰어나지만 막상 완성된 PPT를 보면 기대에 미치지 못할 때가 있다. 또는 많은 시간과 노력을 들여 만든 PPT가 연설에서 큰 역할을 하지 못하기도 한다. 이런 상황이 몇 번 반복되면 연사도 PPT에 대해 신뢰하지 않게 된다.

잘 만든 PPT는 지나치게 화려한 효과로 연설을 방해하지 않으며 연설과 잘 녹아들어 이질감이 느껴지지 않는다. 완벽한 PPT를 만들기 위해서는 연설 원고를 작성할 때와 같은 태도로 임해야 한다. PPT는 연설을 요약하거나, 사진 몇 장만 갖다 붙이면 끝나면 단순한 작업이 아니다.

▌연설 PPT의 수준을 향상시키는 방법

간결하게 만들어라

슬라이드를 연설 원고로 생각해서는 안 된다. 슬라이드에 연설 내용을 전부 집어넣어 글자로 빽빽한 PPT를 보고 싶어 하는 사람은 아무도 없다. 청중석은 스크린과 멀리 떨어져 있어서 글자가 너무 많으면 잘 보이지 않는다. 글자가 잘 보인다고 해도 그것을 일일이 읽는 청중은 없다. 청중은 연설을 들으러 온 것이지 슬라이드에 적힌 내용을 읽으려고 온 것이 아님을 명심하자.

스티브 잡스의 PPT를 예로 들어보자. 잡스는 슬라이드를 한 장의 사진과 간단한 문구로 채웠고, 배경은 글자와 대비되는 단색을 사용했다. 그리고 특별한 효과는 집어넣지 않았다. 이처럼 많은 글자를 넣지 않아도 간결하게 내용을 전달할 수 있어야 한다.

지나치게 화려한 효과는 피하라

친구의 생일 파티와 같은 비공식적인 장소일지라도 슬라이드에 지나치게 화려한 효과는 사용하지 않는 게 좋다. 규격에 맞는 기본형 슬라이드는 화려한 효과로 사람들의 시선을 끌지는 못하지만, 비난이 대상이 되거나 분위기를 망칠 일도 없다. 물론 원한다면 다양한 효과를 추가할 수 있지만, 3개를 넘지 않는 선에서 복잡하지 않게 만든다.

동영상을 활용하라

연사들은 종종 연설에 동영상을 활용한다. 적절한 동영상은 어떤 말보다 더 설득력을 가진다. 예를 들어 자연재해 피해를 입은 지역을 설명할 때 청중에게 현지 동영상을 보여주면 훨씬 빨리 상황을 파악할 수 있다. 이때 너무 긴 동영상은 청중의 집중력을 떨어뜨릴 수 있으니 1분을 넘지 않는 게 좋다. 예술이나 디자인처럼 추상적인 내용을 전달할 때도 청중의 이해도를 높이기 위해 동영상을 적극 활용한다.

'20원칙'을 지켜라

슬라이드 제작 경험이 많지 않다면 '20원칙'을 따른다. 연설에 사용할 슬라이드는 20장 이하로 만들고, 슬라이드 설명은 20초 이내로 마친다. 그래야 청중의 집중력이 떨어지지 않는다.